普通高等学校教育学系列教材

教育传播学

JIAOYU CHUANBO XUE

第2版

主　编◎奚晓霞

副主编◎吴敬花　董秀文

西南大学出版社

国家一级出版社　全国百佳图书出版单位

目录 MU LU

第一章　绪论

伴随着社会的不断进步、科学技术的突飞猛进，人类的实践范围日益扩大，人类的生存与发展空间得到了极大的拓展。教育传播作为人类实践活动的一种具体形式，其沟通和传播的思想、手段与工具亦不例外地在社会发展与科技进步的推动下，正在发生着改变，现代教育传播活动日益多元化和全方位化。

教育传播学是教育学与传播学等多个领域相结合而形成的一门交叉而独立的学科。教育中有传播，传播中有教育，二者相互需要、相互支持。

第一节 传播概述

人类社会是以生产劳动为基础，按照各种关系结合在一起的人的总体。人类为了生存与发展，必须进行生产劳动，在生产劳动的过程中，人和人之间建立起各种关系，如分工关系、协作关系、产品分配关系、领导与被领导的关系，以及婚姻关系和家庭关系等。这林林总总的关系，人类又靠什么来维系呢？靠的是人类社会的信息交流活动。

一、传播的定义

作为社会的人，必然要与他人发生联系，与社会发生联系，这些联系都要通过信息交流才能建立。可以这样说，人与人之间的信息交流活动是构成人类社会的基本链条，是人与人之间各种关系的基本纽带。没有信息交流，人们就无法与他人和外界发生联系，也就无法从事社会生产和社会活动。传播就是人与人之间所进行的信息交流和沟通，是人类社会普遍存在的一种现象。

在中国古代文籍中，我们可以查到一些与“传播”相近的词和提法：“传”“播”“宣”“扬”“告”“流”“布”等。如《墨子·所染》中：“此五君者所染当，故霸诸侯，功名传于后世。”《文心雕龙·檄移》中：“明白之文，或称露布……播诸视听也。”“传”与“播”合为“传播”一词，最早约见于《北史·突厥传》：“宜传播天下，咸使知闻。”意为广泛地宣扬，让大家都知晓，与今天的“传播”的含义已十分相近。[①]

“传播”一词译自英文“communication”，也有人将其译成“沟通”“传通”等。“communication”这个词来源于拉丁文“communicare”，意思是“共用”“共享”；在希腊文中源于两个词根，其中“cum”是指与别人建立一种关系，“munus”则指产品、作品、功能、服务、利益等。古罗马时期的政治家西塞罗(Cicero)把“communication”定义为把握一件事情或与别人建立一种关系。后来，“communication”这个词就意味着一个发送者、一个中介和一个接受者，从而界定人与人之间的传递关系和交换关系。

真正要给“传播”下一个非常确切的、科学的定义是极为困难的一件事情，正如西奥多·克莱文杰(Theodore Clevenger)所说：“从学术或科学的角度对传播下定义所遇到的困扰不解的问题来自这一事实，即动词传播(communicate)在普通词汇中沿用已久，因此很难把它作为科学用语使用。真的，它是英语中使用最为频繁的词语之一。”[②]什么是传播？国内外迄今仍是众说纷纭，五花八门。早在1976年，美国传播学者弗兰克·丹斯(Frank Dance)在《人类传播功能》一书中对传播的定义所进行的统计结果显示有126种。到目前为止，有

---

① 邵培仁.传播学[M].北京：高等教育出版社，2000：27.

② Theodore Clevenger, Jr(1991). Can One Not Communicate? A Conflict of Models. Communication Studies 42, p. 351.

关传播的定义至少有140种之多。弗兰克·丹斯提出了把传播和其他事物区分开来的几个基本因素：观察水平或抽象性、目的性、规范性判断。[①]

目前，在通行的传播学著作中对“传播”的定义主要有三种。

1. 社会学视角

美国社会学家库利(C. H. Cooley)在1909年出版的*Social Organization：A Study of the Larger Mind*一书中给传播下的定义是：“传播指的是人与人关系赖以成立和发展的机制，包括一切精神象征及其在空间中得到传递、在时间上得到保存的手段。它包括表情、态度和动作、声调、语言、文章、印刷品、铁路、电报、电话以及人类征服空间和时间的其他任何最新成果。”库利突出强调了传播的社会关系性，把传播看作人与人关系得以成立和发展的基础。与他同时期的美国芝加哥学派学者帕克(R. E. Park)认为，所谓传播，就是“个人能以某种意识，到达某种程度，对别人采取态度与观点的一种社会心理过程”。20世纪80年代，美国传播学者詹姆斯·凯利(J. W. Carey)认为，传播的最高表现并不在于信息在自然空间内的传递，而是通过符号的处理和创造，参与到人们所构造和维持的、有意义的、成为人的活动的制约和空间的文化世界之中。因此，在他看来，传播活动旨在定义人们活动的空间和人们在这一空间中扮演的角色，从而确立社会的关系和秩序，确认与他人共享的观念和信息。

2. 符号学或语义学视角

美国学者皮尔士(C. S. Peirce)在1911年出版的*The Law of the Mind*一书中认为，传播即观念或意义(精神内容)的传递过程，而观念或意义必须通过“像”或者符号才能得到传达。皮尔士对传播的定义强调“像”或符号作为意义载体在传播中的重要作用。

3. 把两者结合起来的视角

威尔伯·施拉姆(W. Schramm)在1954年最早提出了传播即“共享”信息的观念，他在一文中写道：“当我们从事传播的时候，也就是在试图与他人共享信息——某个观点或某种态度……”他认为传播是一种关系，是一种共享的活动。这意味着传播是在一定社会关系中发生的，这样才能与他人交流、交换和共享信息。其他学者的定义如“通过社会的互动而共享意义”“通过符号或象征手段而进行的社会互动”等都表达了这样的意思，即传播是一种信息交流、传递、交换和共享的行为和过程。

邵培仁先生在其所著的《传播学》一书中，将有关传播的代表性定义分为五类。[②]

1. “共享”说

这类定义源于拉丁文“communicare”的含义。亚历山大·戈德的定义为：传播“就是使原为一个人或数人所有的化为两个或更多人所共有的过程”(A. Gode，1959)。威尔伯·施拉姆的定义更进一步：“我们可以给传播下一个简单的定义，它即是对一组告知性符号采取同一意向。”(1971)这类定义强调传播是信息的共享，“乃是设法建立共同性，也就是设法共同享有一则消息、一个观念，或者一种态度”(徐佳士，1987)。

---

① Frank E. X. Dance. (1970). The Concept of Communication. Journal of Communication 20, p. 201—210.

② 邵培仁. 传播学[M]. 北京：高等教育出版社，2000：28—30.

2."影响"说

美国传播学者霍夫兰、贾尼斯和凯利对传播的定义为:传播是指"某个人(传播者)传递刺激(通常是语言的)以影响另一些人(接受者)行为的过程"(C. Hovland, I. Janis & H. Kelly, 1953)。奥斯古德等人认为:"传播就是一个系统(信源),通过操纵可选择的符号去影响另一个系统(信宿)。"(C. Osgood, 1957)沃伦·韦弗认为,传播是"一个心灵影响另一个心灵的全部程序"(W. Weaver, 1949)。这类定义强调传播者传递信息的目的性和影响性,把传播者目的的实现和受播者行为的改变看作一切传播的基本特征,并据此检测传播活动是否进行和进行得怎样,而忽视了人类传播活动中还有一些信息并非向受众有目的地施加影响的事实。

3."反应"说

这类定义吸收了心理学中刺激—反应论的观点,其含义极为广泛和模糊。史蒂文斯的定义是:传播"是一个有机体对于某种刺激的各不相同的反应"(S. Stevens, 1966)。理兹的看法是"一个来源透过对讯息(不管是语言或非语言、记号或符号)的传达,能使接受者引起反应的过程"(L. Rich, 1974)。这一定义在强调传播的广泛性和受者反应的必然性的同时,抛弃了传播的社会性和受者的能动性。

4."互动"说

"互动,甚至在生物的层次上,也是一种传播;不然,共同行动就无法产生。"(G. H. Mead, 1963)格伯纳后来进一步解释道:所谓传播,就是"通过讯息进行的社会的相互作用"(G. Gerbner, 1967)。瓦茨罗维克也认为:"在互动的情境中,有讯息价值的所有活动都是传播。"(1967)这些定义借用社会学术语,强调了传播者与受播者之间通过信息传播相互作用、相互影响的双向性和互动性。但是,人类传播不仅仅是一种简单意义上的一来一往的讯息互动,而是一种复杂的、多向的、有目的的、符合需求的信息交流与沟通。

5."过程"说

希伯特认为:"传播的确可视为一个过程,过程就是一系列的活动及运行永远向着一个特定的目标在行动。传播不是一个被时间和空间所固定的静止的实体。传播是一个恒动过程,用以运送意义,传递社会价值,并分享经验。"(F. Siebert, 1974)美国传播学者贝雷尔森等人认为,传播是运用符号——语词、图片、数字图表等来传递信息、思想、感情、技术以及其他内容的行为或过程。这类定义强调了信息由传播者经媒体流向受播者这一过程的完整性和连续性,它要求传播有始有终,传播的效果最终才能显示出来。如果传播缺乏基本要素或者传播中断、阻塞,就不能构成传播的过程和发挥特有的功能。

依据我们对传播和传播学理论体系的理解,并参考上述各种观点,我们将传播的定义概括为:传播是传受双方借助媒体和符号,通过信息的交流和沟通,达到相互影响的活动过程。

总而言之,传播的本质是信息交流、传递、交换和共享的行为和互动过程。这是从意义交流的角度对传播的本质进行的界定。同时我们也说,传播也有一种社会控制论意义上的界定,毕竟传播是在具体的社会关系中进行的一个过程,是一个大的社会信息系统,要保持系统的正常运行就需要对系统进行控制，方法就是有及时的信息反馈，进而对信息系统进行改进，起到系统修正的作用，从而实现对社会系统的控制。美国主流传播学派之所以被称为“管理学派”，就是有这样一个前提，即把传播看作一种社会控制。

二、传播的类型

传播活动是世间的一种普遍现象，根据不同的标准和不同的立场，传播可以分成各种不同的类型。为了便于进行传播现象的研究，学者们根据传播的方式、对象、性质及作用的不同，将存在于宇宙间的传播活动（广义传播）进行了如下的分类。

第一，大自然的传播。大自然的传播指宇宙间除动物（包括人类）之外的自然界，如山、水、植物等的传播活动。

第二，动物的传播。动物的传播指除人类以外的动物与动物之间利用各自特定信号进行联系与交流的传播活动。

第三，人类的传播。人是目前地球上进化最成功的动物。人类拥有属于自己的语言符号系统，他们不仅善于运用自己的语言符号，还善于运用自身的动作姿态去传播信息，互相交流和沟通。与此同时，人类还非常善于在自己的传播活动之中发明、创造和使用各种媒体。

第四，机器的传播。人类在制造机器、运用机器的过程中，使很多机器也具有信息交流和传播的功能，这就是机器的传播。

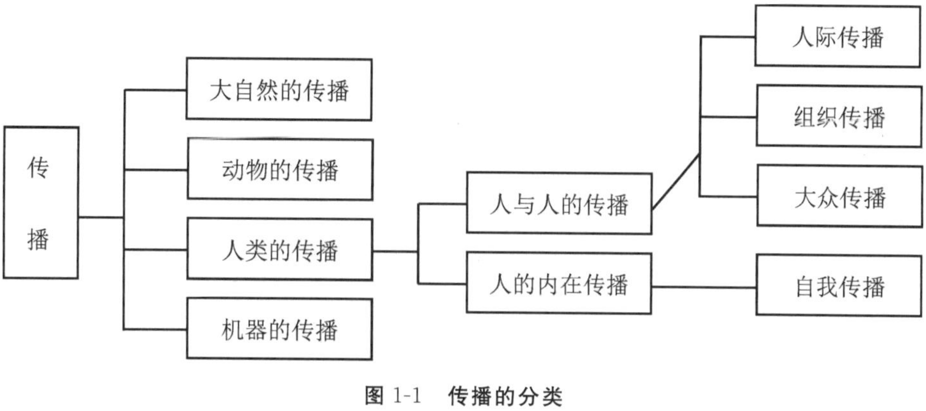

图 1-1　传播的分类

由于人类的高度智能性，人类传播成为其中最活跃、最复杂和最进步的传播形式，其独特性也使其有别于对其他类型传播的研究。按照传播活动范围的大小、接受者范围的大小，在传播的层次这一领域大多将人类传播的类型分为：自我传播、人际传播、组织传播、大众传播。其中，自我传播属于人的内在传播形式，人际传播、组织传播和大众传播则属于人与人之间的传播形式。这几个不同层次的具体传播形式在实际的传播实践中不是绝对区分的，常常在许多方面互相关联。

（一）自我传播（intrapersonal communication）

自我传播又被称为人的内向交流，指每个人自我信息的沟通。其最大的特点是传播者和传播对象是同一个人。如自言自语、独自思考、自我反省、内心冲突等在个人内心完成的信息交流活动。

人类的自我传播基本上属于心理学研究的范畴，是人类最基本的传播活动，是人类一切传播活动的基础和前提，是传播学对信息范围进行研究的第一个层次。自我传播集中体现了神经生理和心理机制的一种反馈现象。自我传播在人体内部的传播过程主要由感觉器官、大脑和反应器官三种生理器官对信息的接收和处理来完成。

根据高蕴琦等人的观点，自我传播主要表现为以下三种形式。①

1. 外刺激传播

外刺激传播指人的感觉器官接收到外界环境的信号刺激，经过大脑等中枢神经系统处理后，使反应器官产生反应的传播过程。如早晨出门之前，往窗外看一下，如果发现正在下雨，则转身去拿雨伞。其中，正在下雨便是一个外刺激信息，通过人的感觉器官——眼睛感知后，传给大脑，大脑根据接收到的信号做出判断，并向反应器官发出拿雨伞的指令。

图 1-2　外刺激传播过程

2. 反射性传播

反射性传播就是我们通常所说的条件反射。进行条件反射时，人的感觉器官接收到外界刺激信号后，不经过中枢神经系统的处理，而直接使反应器官发生反应。

图 1-3　反射性传播过程

3. 思维性内在传播

思维性内在传播无外界刺激信号或无自身产生的刺激信号直接作用于感觉器官，只有神经系统在活动，有时反应器官会参加，如做梦、闭目思考问题等。

图 1-4　思维性内在传播过程

(二)人际传播(interpersonal communication)

人际传播是人类传播活动中最原始、最悠远、最普遍、最基本的传播形式，指个体与个体之间借助语言和非语言符号进行的信息交流和沟通活动。基于人际传播媒体形式的差异，我们还可以进一步把人际传播划分为直接传播和间接传播两种形式。所谓直接传播，指的是传播者和受播者(传播对象)之间无须经过传播媒体而面对面地直接进行信息交流的过程。直接传播主要是通过口头语言、类语言、体态语等进行的信息交流。间接传播是指在现代社会里的各种传播媒体出现后，人际传播不再受到距离的限制，可以

---

① 高蕴琦等. 教育传播学[M]. 上海：上海教育出版社，1992.

通过各种传播媒体进行的远距离信息交流。间接传播大大拓展了人际传播的范围。[①]

个人独白或自言自语等仅仅为了满足自己的需要而发出的语言,不会构成人际传播。人际传播具有明显的社会性特征,人际传播的语言是具有社会性的语言。在人际传播、组织传播、大众传播三种传播方式中,人际传播具有最大的双向性和产生效果的即时性,在人类社会中进行得最为频繁,传播的信息总量最多,传播的实际影响也极大。人际传播的特点如下。

1. 传播者与受播者一般是固定而明确的

人际传播中的传播者与受播者多为互相认识的人或间接认识的人,互相也有所了解,甚至熟悉。另外,由于参与人际传播的人数一般不会很多,所以传受双方都是固定而明确的。

2. 信息传播的符号系统多,感官参与度高

在直接性的人际传播活动中,由于是面对面交流,可以使用语言和大量的非语言符号,如表情、姿势、语气、语调等。人体全部感觉器官都可能参与进来,以接收信息和传递信息。即使是间接性的人际传播活动,人体感官参与度也相对较高。

3. 信息反馈迅速、及时、准确、量大

由于人际传播中,传播者与受播者多感官参与,他们能够很容易地看到、听到或感觉到对方的反应,然后根据自己的判断,及时地做出反应和调整自己的传播行为。相对于其他有中间媒介[②]的传播形式,面对面的直接传播的信息反馈最迅速、最及时、最准确,反馈的信息量也是最大的。

4. 传播内容具有保密性

人际传播的传播者与受播者多为熟人或朋友,彼此之间交流的信息内容一般来说是私密的,是不公开的,因此具有一定的保密性。

人际传播,涉及传播的双方、多方之间心理、智力之间的微妙关系,每个人都是信息的发出者,同时又是信息的接收者,即在影响别人的同时,也受到他人的影响。传播学的研究结果显示,人际传播要圆满进行并取得效果,必须具备五个要素:开放性(openness),移情作用(empathy),支持性(supportiveness),积极性(positiveness),平等性(equality)。

(三)组织传播(organizational communication)

组织就是有序化的人群体,人类社会本身就是各种各样组织的综合架构。组织,首先要有既定的共同的目标,其次要有协调的统一的系统,再次要有具有普遍约束力的为组织成员共同遵守的规范,而这些都离不开信息的沟通和联系。任何组织都是同信息传播同步生成的,组织的目标、系统、规范的形成和运作都离不开传播。

组织传播也被称为团体传播或群体传播,发生于大型的合作网络中,是指组织成员或组织与组织之间凭借组织系统的力量所进行的有领导、有秩序、有目的的信息传播活动。

---

① 冯云廷,李怀.企业形象设计(第二版)[M].大连:东北财经大学出版社,2003.

② 本书对"媒介"与"媒体"的概念未作严格区分。

组织传播最主要的特征就是传播必须凭借组织自身的系统进行，实际上几乎包括了人际传播和群体传播的所有方面，包含了诸如组织的结构与功能、人的关系、传播和组织过程以及组织文化等。① 组织传播的特点如下。

1. 传播有一定的组织

组织传播是有领导、有目的、有秩序的传播活动，传播者不是以个人名义，而是以组织或团体的名义进行传播。不是任何人都可以成为组织传播的受播者，通常只有组织成员才能参与传播活动。具体的传播活动也是在有领导、有组织的前提下进行的。

2. 传播有一定的规模和范围

组织传播活动的参与者一般在三人以上，多者可以上百人、上千人。组织传播的传播范围是有界限的，因此组织传播是具有一定规模和范围的。

3. 受播者相对固定和明确

由于组织传播的组织性和目的性，其受播者大都为组织成员，因此组织传播的受播者相对是固定而明确的，甚至有时组织成员接受组织传播带有一定的强制性。

(四)大众传播(mass communication)

大众传播是传播学研究的一个重要领域，通常研究的是公共传播，其他几个层次的传播形式的许多方面与大众传播过程都有关联。它是社会的耳目，是传达社会价值观的主要源泉和工具，并为社会提供认识自身的集体声音。

根据对传统大众传播的理解和习惯表达方式，我们认为传统大众传播是指职业传播者通过大众传播媒体，向社会公众定期传播信息的一种信息交流活动。

1. 传统大众传播的核心特征

第一，它针对较大数量的、异质的和匿名的受众。

第二，消息是公开传播的，安排消息传播的时间，通常是以同时到达大多数受众为目的，而且其特征是稍纵即逝。

第三，传播者一般是复杂的组织，或在复杂的机构中运作，因而可能需要庞大的开支。

2. 传统大众传播的基本特点

(1)传统大众传播的传播者必须是职业传播者

大众传播的传播者担负着大众传播信息的采集、编辑、传递和发行等工作，对传播的信息起着过滤和把关的作用，又被称为“把关人”或“守门人”(gatekeeper)。因此，大众传播的传播者必须是经过专门教育、专门训练，并且掌握专门的技能和技巧的专业人员(如记者、编辑、导演、发行人、节目主持人、摄影师、出版者等)或由这些专业人员所组成的社会团体、集团和机构(如报社、电台、电视台、出版社、电影制片厂等)。

(2)传统大众传播活动必须借助大众传播媒体

传播者要把信息传播出去，受播者想要接收信息都必须借助大众传播媒体才能进行，“大众传播媒体既是了不起的信息增值者，也是信息的很长的输送管”。随着社会的不

---

① [美]斯蒂文·小约翰. 传播理论[M]. 陈德民，叶晓辉，译. 北京：中国社会科学出版社，1999:27.

断进步和发展，大众传播媒体日益复杂化和现代化，不管大众传播媒体在今天和未来有怎样的变化，它在大众传播活动中都是不可或缺的环节和重要因素。

(3)传统大众传播的信息是公开的

大众传播的信息内容包罗万象，涉及政治、经济、文化、教育、科学、技术、生活、娱乐等诸多方面。社会公众(受播者)只要支付一定的费用或免费，就可以获得通过大众传播媒体所传播的信息。因此，大众传播的信息是公开的、非秘密的、非私人的。

(4)传统大众传播活动按照事先约定的时间，定时地、周期性地进行

大众传播活动一般是按照与受播者事先约定好的时间，定时播放，定期出版，周而复始。如报纸有晨报和晚报、日报和非日报之分。晨报一般是早晨出版，而晚报一般在下午出版；日报会在每天的固定时间出版，而周报则会在每一个星期的某一天准时出版。报纸和期刊属于周期性的大众传播媒体，广播与电视则属于定时的大众传播媒体，其节目的播出按照事先已经安排好的时间表进行，如中央电视台的《新闻联播》节目，每天晚上七点准时开始。

(5)传统大众传播的对象是分散的、广泛的和不确定的

大众传播的对象不是固定的、集中的社会团体或组织，而是数量众多、范围广泛、分散、隐匿、流动的人群。由于大众传播信息内容的广泛性以及所使用的大众传播媒体的极大影响力，大众传播拥有不同文化水平、不同政治观点、不同信仰、不同年龄、不同阶层的受众。这些受众在地域上的分布也是非常广泛的，东南西北，各处都有，同时也是不固定的，今天是这种大众传播活动的受播者，明天也许就不是了，或者变成了另一种大众传播活动的受播者。也就是说，使用大众传播媒体的人对大众传播媒体和信息具有极强的选择性，他们是可能经常发生变化的，这也是令大众传播的传播者很难把握的一个问题。

(6)传统大众传播的反馈不及时，效果不直接

由于大众传播的传播者与受播者之间有大众传播媒体这个中间媒介，因此他们之间的联系是间接的、松散的，具体表现在大众传播的传播者很难直接而及时地听到、看到或感觉到受众对他们所传播内容的反应，整个传播过程的反馈很缓慢，而且不及时，从而导致传播的效果不直接。这也是传统大众传播相对于其他传播类型最大的弱点所在。

随着科学技术的日新月异，传统大众传播媒体受到了巨大的挑战，传播过程中新技术的应用对传统大众传播的定义也提出了质疑，大众传播的定义与特征也随之悄然发生着变化。比如，一些新的媒体(如互联网、内含电脑光盘的书籍等)是否属于大众传播媒体还有待进一步探讨。

美国提出“信息高速公路计划”后，互联网的发展骤然加速。如今，它已成为在社会各个领域都拥有巨大影响力的全球信息系统。而作为第四媒体的互联网，具备大众传播的基本功能，是一种新型大众传播媒体。相较于广播、报刊、电视等传统媒体，以“去中心化、平民化、个性化、即时性、交互性”等为特征的互联网，[①]让大众传播的传播者不再仅仅

① 任艳妮.大众传媒环境下大学生思想政治教育传播有效性研究[D].西安：西北工业大学，2015.

局限于职业传播者，还包括普通的大众，技术的发展使得一些非制度化组织和个人也可以进行信息传播。① 同时，互联网还加快了大众传播的速度，加强了大众传播的反馈机制。

网络和新媒体给传统大众传播带来了挑战，同时也带来了机遇。如今，各种传统媒体都在与互联网和新媒体融合，逐步实现自身的数字化转型，大众传播的定义、手段和效果都在与时俱进。

三、传播的功能

人类进行信息交流活动，在于交流思想、感情、经验、消息等，借以达到互相了解、互通情报、与外界保持一定联系的目的。传播对社会生产、社会进步，以及人类社会生活都起着极大的作用，传播行为的全部意义是难以从表面上看出来的，每一个传播行为，每一个传播者和受播者，都各自有一套目的和原因。人类传播起什么作用，理应得到更系统的解释和探讨。

默顿(R. K. Merton)认为，功能是指那些可以观察到的有助于一个特定体系的适应或调整的结果。从功能释放的效应来看，有正功能和负功能；从功能呈现的方式来看，有显性功能和隐性功能；从功能应用的区位来看，有思想功能和交际功能；从功能产生的渠道来看，有个人功能、组织功能和社会功能。正功能是指可以观察到的有利于体系的适应或调整的结果；负功能又被称为功能失调，指可以观察到的不利于体系的适应或调整的结果。显性功能指已经达到的，明显显现出来的结果；隐性功能指暂时还没有显现或还没有达到的结果，因此又被称为潜伏功能。

20世纪以来，社会信息的迅猛增加，多种媒体的快速发展，促使人们全面地去研究和探讨传播的作用与功能。就"传播的功能是什么"这个问题，不同研究领域的学者都做出了自己的回答。

(一)传播的心理功能

瑞士儿童心理学家让·皮亚杰(J. Piaget)研究儿童的成长心理后归纳出了两项简单的传播功能：社交功能和内传功能。他把儿童的谈话分为社交性的和自我中心性的，皮亚杰说，当一个孩子进行社交性谈话时，"这个孩子是在对听者讲话，注意自己谈话的观点，试图影响对方或者实际上是同对方交换看法……"在进行另一种谈话时，"孩子并不想知道是对谁讲话，也不想知道是不是有人在听他讲。他或者是对他自己讲话，或者是为了同刚好在那里的任何人发生联系而感到高兴"。但是后来进行的研究表明，孩子讲话明显出于社交性的要比皮亚杰所认为的多得多——可能有百分之九十。

另一些心理学家认为有很多传播实际上是一种工具行为。学识渊博的心理学家爱德华·托尔曼(Edward Tolman)曾经称："人类讲话只不过是一种工具，本质上与绳子、棍子、盒子等其他工具没有什么不同。"例如，"就指挥命令而言，这是十分明显的。指挥

---

① 尹辉.当代大众传播视域下的我国意识形态安全研究[D].兰州：兰州大学，2015.

命令的后果是讲话的人通过指挥命令让他的下属做某件事。前者不需要卡住后者的脖子，真的推着他去完成要他做的事，讲话的人通过指挥命令取得同样的结果"。

与这种看法在某种程度上形成对照的是威廉·斯蒂芬森(William Stephenson)在《大众传播的游戏理论》中的探讨。他集中谈的不是传播的旨在实现改变的工具行为，而是有关传播的目的不是完成任何事情而只是一种满足感和快乐感的部分。

皮亚杰、托尔曼和斯蒂芬森作为心理学家主要从心理学的角度，关心传播的个人功能。这些单因素的探讨方法只能说明传播行为的一个部分。

(二)传播的社会功能

人类的传播活动是结合个人行为与社会关系的一种信息交流活动，要深入而全面地了解传播的功能，必须同时考虑人与社会的关系。传播学的几位创始人对传播的社会功能进行了研究。

传播学的创始人之一、社会学家和心理学家拉扎斯菲尔德(Paul Lazarsfeld)提出了大众传播的三种社会功能：授予地位的功能，促进社会准则的执行，麻醉精神的消极功能。授予地位指大众传播媒体能使个人或集体的地位合法化，从而给这个人或这个集体以声望，并提高它们在社会当中的地位及权威性；大众传播媒体还可以通过其影响力，发起有组织的社会行为，或通过揭露某些背离社会准则的行为，重申社会准则，并促使社会准则的实行；麻醉精神被拉扎斯菲尔德认为是不为人们所注意、基本被忽视的一种消极功能，也是一种负功能。他认为，大众传播向读者、听众和观众提供大量的信息，因而人们把大量的时间和精力用来阅读、收听和收看这些信息，而用来参与社会活动的时间就越来越少，变积极参与社会实践活动为消极议论社会实践活动，也就是说，人们只能消极地从大众传播活动中来认识和了解社会，结果在政治上变得冷漠而迟钝。"就这一点而言，大众传播可以算是最高尚、最有效的一种社会麻醉品。"

传播学的另一位奠基人、美国著名政治学家哈罗德·拉斯韦尔(Harold Lasswell)在一篇精辟的文章中指出传播有三种社会功能：环境监视，使社会各个不同部分相关联以适应环境，使社会遗产代代相传。对环境进行监视是指人们通过大众传播活动了解外部发生的重大事件，了解周围环境的变化；为了适应外界环境的变化，构成社会的各个部分必须建立相互联系，并且协调行动；传播活动可以使包括文化、教育、知识、伦理、道德、观念、法制等在内的社会遗产代代相传，为后世继承和发扬。

查尔斯·赖特(Charles Wright)在《大众传播：功能的探讨》一书中从社会学的角度勾画对传播的看法时，通过发展十二类模型和功能目录，在拉斯韦尔的三种功能之外又增加了第四种功能——娱乐。拉斯韦尔无疑是由于认为它并非政治进程中的一个必不可少的部分而略去了那种功能。赖特把第二种功能，即协调称为解释和规定，把第三种范畴功能，即社会遗产传递用社会学名称称为社会化。

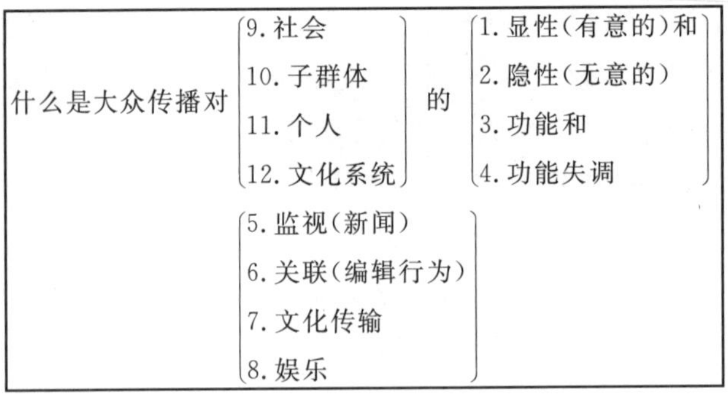

图 1-5　赖特的传播功能模型①

另一位社会学家梅尔文·德弗勒(M. L. DeFleur)在他的著作《大众传播学诸论》中，对这些范畴做了补充，不过没有从本质上改变这些范畴。他说，传播行为是“一个表达团体规范的手段，通过这个手段行使社会控制，分配各种角色，实现对各种努力的协调，表明对未来的期望，使整个社会进程持续下去……要是没有这种影响的交流，人类社会就会崩溃”。

国际传播问题研究委员会在《多种声音，一个世界》(1980)长篇报告中以全球眼光归纳了八种传播功能：①获得消息情报；②社会化；③动力；④辩论和讨论；⑤教育；⑥发展文化；⑦娱乐；⑧一体化。

以上是学者们从社会的角度对传播功能的审视，由于他们所处时代的局限性，以及所研究领域的单一性，他们对传播功能的理解仍然流于片面性和简约性，存在缺点和不足。

(三)传播的功能

传播学的集大成者威尔伯·施拉姆对前人的研究成果加以整理，并结合自己的研究成果，进行归纳、分析和总结，得出了较为全面的传播的功能，并且认为每种功能都有一个外向的方面和一个内向的方面(如表 1-1 和表 1-2)。

表 1-1　传播的功能

政治功能	经济功能	社会功能
监视(收集情报)	收集关于资源和买卖机会的信息	收集关于社会规范等的信息
协调(解析情报；制定、传播和执行政策)	解释这种信息，制定经济政策	协调公众意愿，行使社会控制
社会遗产、法律和习俗的传播	开创经济行为	向社会的新成员传递社会规范和作用的规定 娱乐(消遣活动)

① [美]斯蒂文·小约翰. 传播理论[M]. 陈德民，叶晓辉，译. 北京：中国社会科学出版社，1999：590.

表 1-2　传播的外向功能与内向功能

传播功能	外向方向	内向方向
社会探测 操纵、决定、管理 指导 娱乐	寻求和传递信息 劝说、指挥 寻求知识、传授 接收信息	解释、决定 学习 享受

根据施拉姆的观点，一般将传播的功能归纳为探测、协调、教育和娱乐四个方面。

1. 探测

探测社会环境，收集社会环境信息是传播的第一个基本功能。社会环境包括了政治环境、社会环境、经济环境、地理环境等。我们日常生活中的各类传播活动，其中相当一部分是起收集社会环境信息的作用。施拉姆用“社会雷达”来比拟这一功能是非常恰当的，雷达的功能就是对周围环境进行监视，寻找目标，根据所接收到的信息去确定目标的性质与方位等。传播的具体探测功能主要体现为个人日常生活的探测、生产部门的探测、商业部门的探测，以及政府部门的探测。

2. 协调

通过传播可以协调个体或群体的行为，也就是通过传播活动将探测到的各种信息进行分析之后，制定相应的对策去有效地协调个人与个人、个人与社会各部门，以及社会各部门之间的活动。

传播一般通过解析信息、制定对策、传播操纵和决定执行四个环节来完成个体或群体行为的协调。

图 1-6　传播的协调过程

3. 教育

教育主要是向后一代传递前人的思想、经验、知识和技能等，是一种有目的、有组织的系统的传播行为。人的一生都需要接受教育，家庭教育、学校教育和社会教育会伴随人的一生。

(1)家庭教育

教育是一项系统工程。人的一生所受的教育，有许多是在家里进行的，因此家庭教育是教育的重要组成部分，是终身教育的重要基础。2015 年，《教育部关于加强家庭教育工作的指导意见》指出，要积极发挥家庭教育在少年儿童成长过程中的重要作用，促进学生健康成长和全面发展。

(2)学校教育

学校教育目标集中反映了社会对所有学生的要求。学校教育目标具有科学性，是一种科学的预见，它是依据客观社会要求、受教育者身心发展情况，在教育学、心理学等理论指导下确定的，比较符合客观实际和科学理论。学校教育目标具有清晰、明确、全面的特征，具有法定性质，常常是通过政府或教育部门颁布的文件而公之于全社会。一个人的基本知识、技能，以及思想观念大都是在学校期间受教育获得的，因此，学校的传播活动对人的成长、人才的造就起着非常关键的作用。

(3)社会教育

一个人的成长，除了家庭教育和学校教育以外，社会环境和大众传播媒体的影响力也是非常重要的。社会是进行公民道德教育的大课堂，家庭教育与学校教育是发展智力、形成良好思想习惯的基础性教育。现代社会发展突飞猛进，知识的更新日新月异，大量的知识与信息的吸取都是在学习者进入社会，踏上工作岗位之后进行的。因此，社会教育是实现终身教育的重要途径。

4. 娱乐

从中西方的思想发展历史来看，娱乐都曾被作为传承文明和实施教化的传播手段并在实践中加以利用。

现代社会竞争激烈，现代人会产生诸多的紧张、失落和压抑等情绪，还有生存竞争的巨大心理压力。人们从来没有这样强烈地需要娱乐，需要某种宣泄情绪和缓释心理压力的通道。媒体可以提供娱乐新闻和其他轻松休闲的节目，用轻松活泼的语言和幽默的风格营造出娱乐场，帮助人们"逃避"日常生活中的压力和负担，带来情绪上的解放感。

现在各种媒体更多地提供一些轻松活泼的文化休闲方式，用戏弄搞笑、调侃玩耍的方式带给人们信息，满足受众的享乐和游戏的心理需求。现代大众传播的娱乐功能日渐凸显，特别是电视这个强力媒体，娱乐节目占据了大量播出时段，成为同新闻资讯类节目相比肩的节目类型，电视娱乐也是家庭或个人休闲活动的重要选择。

以上我们论述的几种传播的功能往往是互相交叉、互相渗透、密不可分的。在探测、协调和娱乐的功能中，也有教育的成分；在教育的功能中，也存在指导学生去认识社会环境、适应社会生活的探测与协调功能；形式丰富的教育传播活动，同样也有娱乐的功能，寓教于乐。

第二节　教育传播

教育的过程就是传播的过程，教育具有人类一般传播活动所具有的基本要素和性质，是人类传播活动的一种具体表现形式。

一、教育传播的概念

魏奇和钟志贤在其著作《教育传播学》中指出，教育传播旨在遵循传播、教育、生理、心理学等客观规律，运用教育媒体，传播教育信息，以实现教育和教学的优化。

高蕴琦提出，教育传播是一种以培养和训练为目的而进行的传播活动。

黄鹂和吴廷俊在《教育传播学新探》一文中提出，教育传播是一种以培养和训练人为目的而进行的信息传播活动，也就是说，是一种有目的、有意识地进行教育的传播活动。它以教育过程为研究对象，以传播学为理论，采用传播学的视角和基本理论研究教育过程，其研究范围包含对教育者、受教育者、教育信息、教育媒介、教育效果等因素的探讨。

南国农、李运林为教育传播下了一个比较确切的定义：教育传播是由教育者按照一定的目的要求，选定合适的信息内容，通过有效的媒体通道，把知识、技能、思想、观念等传送给特定的教育对象的一种活动。它是教育者与受教育者之间的信息交流活动。[①]

根据教育传播的定义，并与其他传播形式相比较，我们不难看出，教育传播除了具有所有传播活动的共性之外，还具有独有的特征。

1. 受播者的特定性与自觉积极性

教育传播是根据受教育者的文化程度及身心特征来确定传递的信息内容的，教育传播的对象是特定而明确的。比如，让幼儿园的小朋友去听初中数学课，他们会听不懂，而让大学生去听，他们又会觉得太简单。

教育传播是一种目标非常明确，并且有组织的信息交流活动，因此受播者对教育信息的接收在一定程度上具有强迫性。比如，在课堂教学传播活动中，有严格的课堂纪律约束受教育者，有明确的学习目标督促受教育者，要求他们高度集中注意力去理解和记忆传播内容。教育传播要求受播者在接收传播信息时要充分发挥学习的自觉性与积极性。

2. 传播者的导控性

在教育传播活动中，为了保证传播活动的方向性与目标性，学习的内容、方向与进度等需由传播者——教师来进行引导和控制。引导与控制的程度则要由教育者根据受教育者的年龄大小和知识水平进行调整。一般传播者对年龄较小的受播者的导控性要强一些。

① 南国农，李运林. 教育传播学(第二版)[M]. 北京：高等教育出版社，2005：6—7.

3. 信息内容的系统性与目的的明确性

教育传播的信息内容大部分是经过提炼的,人类已有的知识、经验和技能,在形式上具有较强的结构性与系统性。针对具体教育传播活动,其信息内容也是严格按照教育培养目标所确定的教学计划与教学大纲的具体要求来进行选定,具有明确的目的。

4. 信息传播媒体的多样性

教育传播信息的传递可以运用各种媒体,只要是有利于教育传播效果产生和教育目标达成的媒体都可以用于教育传播信息的传递,所以教育传播的媒体具有多样性。当然,在具体的教育传播活动中,最有效的媒体的选择需要由信息的内容形式、受播者的身心特征及客观条件等因素来决定。

二、教育传播与教育技术的关系

教育传播学是教育技术学的理论基础,教育传播是教育者按照一定的目的和要求,选定合适的信息内容,通过有效的媒体通道,把知识、技能、思想、观念等传递给特定的教育对象的一切活动,是教育者和受教育者之间的信息交流过程;教育技术则是对学习过程和教学资源进行设计、开发、运用、管理、评价的理论和实践。二者的关系主要体现在以下几个方面。①

1. 从目的来看

教育传播与教育技术的总体目标都在于为教育服务,即为促进和改善人类学习的质量而服务。教育技术的具体目标是根据对人类学习和传播的研究,利用人力与物力资源的结合以促进更有效的教学。教育传播的目的则在于借助各种传播手段以及传播技巧来实现知识的传播,提高受教育者获取信息、分析信息、吸收信息、利用信息、交流信息的能力。

2. 从涉及对象来看

教育技术主要涉及学习过程和教学资源;教育传播则主要涉及教学中的传播系统、传播模式、传播内容、传播符号、传播通道、传播者与受播者、传播环境、传播效果等问题。教育传播过程中的学习过程各要素(教学者、学习内容、学习媒体、学习者)对应于传播过程的要素(传播者、信息、媒介、受播者),而教学资源(包括信息、人员设备、学习环境等)也与传播的各子系统相对应。

3. 从实践领域来看

从媒体发展的角度来考察,教育技术经历了视觉教育、视听教育、视听传播的发展轨迹,即借助视听媒体辅助和传播教学的模式以及其他资源以促进学习。我国的教育技术早期以电化教育的概念引进,当时主要研究视听媒体传播的应用,发展视听传播的功效正是教育技术的主要实践领域。教育传播理论的成果引入视听教学领域后,使其实践领域向一个崭新的方向发展,即由静态的、一维的工具手段的方向转向了动态的、多维的教

① 杜永刚. 教育技术问答9:教育传播学对现代教育技术的发展有怎样的影响?[EB/OL]. 有改动。

学过程的方向。

4. 从实践方法来看

教育技术运用系统方法为指导，统筹分析教育、教学中的各个要素，以及环境之间的联系，进行课程开发与教学设计，建立相关的策略方案来解决教育、教学中的问题，试行解决的方案并对试行结果进行修改，从而使教学过程顺利进行，达到最佳的教学效果。教育传播着重于对信息传递的方法进行处理。通过视听媒体传播的编码解码、媒体环境的选择、媒体传播技巧的实施来达到传播知识的效果。在教育传播活动前，传播者作为先行组织者，要为受播者设计相关的学习内容、学习途径、学习难度；在教育传播活动中，传播者要通过媒体传播信息的延伸功能将教学知识有效地传递给受播者；在教育传播活动后期，传播者要及时对受播者的反馈信息及疑难问题进行分析，设计补救措施和解决办法。

5. 从实践手段来看

在现代教育技术中，一个重要的教学手段就是运用先进的媒体进行教学活动。如投影媒体的运用有助于教学效果的提高；通过网上漫游，受教育者可以获取更多、更全的知识。而教育传播也主要是利用媒体来传播知识，并注重教学过程中的双向交流。在知识传播中，媒体的应用占有很大的比例，起到了重要的中介作用。通过现代媒体的研究与运用，媒体的传播效果更加显著与广泛。

三、教育传播的演进

人类的传播行为源远流长，人类传播能力与传播范围的发展历程也是艰难而漫长的。教育传播的发展史，也就是一部人类文明的进步史。人类从产生那天起，在依靠传播维持自己的生存与发展的同时，也把积累的经验与技能传给后代。人们通过接受教育来吸取先人留下的宝贵实践经验，获得与自然斗争的能力和知识，并制造出大量先进的工具，来改进和推动自然界朝着人类设计好的方向变革。当然，最初的教育传播是简单而原始的，随着社会的不断进步和发展，人类应用于教育传播的手段与工具也由自身的器官发展到各种传播工具。结合南国农、李运林的划分，根据传播手段与方式的发展过程，教育传播的发展过程可以划分为以下五个阶段。

1. 视动传播阶段

视动传播是原始社会人类交流的一种方式，是教育传播的萌芽。人类发展的初期，延续了动物属性的动作加叫声的传播方式，借助体态姿势和咿呀之语进行简单的信息交流。当时人们口头发出的声音不能单独传递信息，只是视动传播的辅助工具。

2. 口语传播阶段

“语言是从劳动中并和劳动一起产生出来的。”[①]人类由于社会劳动的需要，创造了语

① 恩格斯. 劳动在从猿到人转变过程中的作用[M]//中共中央马克思恩格斯列宁斯大林著作编译局. 马克思恩格斯选集(第4卷). 北京：人民出版社，1995：376.

言。人类在经历了漫长的牙牙学语之后，慢慢学会了借助音节来表达意思，口头语言在人类交往中逐渐成为主要的传播手段。分节语言的产生与发展是媒体形态第一次突破性变化，促成了传播媒介的历史性变化，使语言成为人们交流与沟通的主要工具。语词和其他符号的综合运用，使人们可以结为广泛的群体。口头语言除扩大了人与人之间的外部沟通，使之更加有效之外，也为人的内部沟通、为思想的交流提供了更加有效的方式，确立了思维与谈话相并行的规则。

口语传播是人类历史上最早的一种传播方式，具有简单性、丰富性、快捷性、通俗性和反馈性等其他传播形式所不具备的优越性。因此，直到已拥有多种传播媒介的今天，它仍然是人类进行教育传播与其他传播活动的一种基本方式。

与此同时，口语传播的发展不仅没有抑制非语言符号的传播，相反加速了非语言性宗教仪式、象征主义、音乐和艺术的发展。

3. 文字传播阶段

在语言诞生了很久之后，在人类传播发展的历史长河中出现了另一个里程碑——文字。在中国，传说黄帝时代的史官仓颉由图画整理出最初的文字。文字的出现是人类传播史上影响最深远的成就，标志着人类原始时代的结束和文明时代的开始，“由于文字的发明及其应用于文献记录而过渡到文明时代”①，文字语言与文明的定义紧密地联系在一起，成为文明、文化传承的利器。

从文字产生、纸的发明，到印刷术的兴起，经历了漫长的岁月，到公元7世纪初，印刷术的发明才使文字传播的特点与对社会的影响得到充分的发挥，人类信息的交流和传播速度及范围得到了新的发展。印刷术的发明是古代中国的伟大成就，比西方早了大约600年。然而，到15世纪中叶，德国人古腾堡却根据中国西传的印刷技术，改装西方的榨酒机，完成了印刷史上最伟大的革命之一：金属活字印刷。印刷业的诞生与崛起，使文字语言书面化。书面语言便于保存，它的发展削弱了记忆的重要性，它便于人们对信息进行独立和从未有过的从容审视，从而引发了媒体形态的第二次大变化，是人类传播史上又一次具有划时代意义的革命。印刷媒介的出现，更为语言传播添上了腾飞的翅膀。

文字传播使人类对后一代的知识、技能与经验的传播活动产生了根本的变革。在口语传播阶段，教育传播只是在家族中由家长或专职教师口授一些生产的经验与宗教的礼仪；进入文字传播阶段之后，书写成为与口语同样重要的教育传播工具，极大地丰富了教学内容与形式，进而出现了古代的学堂，改进了教学的组织形式；伴随着印刷术的出现，教科书应运而生，成为重要的教育传播信息的载体，同时，教学组织形式也随之发生变革，出现了学校的班级教学形式，从此教育传播得到迅速发展。

4. 电子视听传播阶段

20世纪20年代以来，由于工业革命推动了科学技术的迅猛发展，一些新的科技成果，如照相技术、幻灯机、无声电影等被引入教学领域，给传统的以手工操作为主的教学

---

① 中共中央马克思恩格斯列宁斯大林著作编译局. 马克思恩格斯全集(第21卷)[M]. 北京：人民出版社，2003：37.

送来了新的技术手段，促进了人类信息传播质量和效益的大幅度提高。

在社会需求、技术背景和教育思潮的影响下，20 世纪初美国的视觉教学开始出现。

20 世纪 20 年代末，由于有声电影和广播录音技术的发展及其在教育领域的应用，原有视觉教学概念已经不能涵盖当时的教学实践，视觉教学便发展为视听教学。视听教学初期，学校由于缺乏相应的设备、资料和专家的理论指导而发展缓慢，但在二战这特定的历史时期，视听教学却在工业和军队的训练中得到大力的发展。因为工业和军队需要对大规模的人员进行培训，只依靠传统的教学方法无法满足二战对人才培训的需求，因此必须开发有效的技术来完成这样的任务。利用有声电影技术，美国在短短六个月中，把 1200 万缺乏军事知识的老百姓，训练成为陆、海、空各兵种作战部队，把 800 万普通青年训练成为制造军火、船舶的技术工人。在这些成功经验的推动下，加上战时受聘去军队和工业界主持训练的视听教学专家返回教育部门以及视听设备逐渐普及，战后学校教育中人们对视听的兴趣重新高涨。视听教学得到了实践的检验和肯定，二战以后的十年是视听教学稳步发展的时期。视听领域开展了一系列的研究，重点探索视听媒体的特性及其对学习的影响。以杜威实用主义教育理论为基础的各种视听理论相继出现，在诸多关于视听教学的研究中，堪称代表的是戴尔（E. Dale）于 1946 年所著的《教学中的视听方法》一书。书中提出的“经验之塔”理论融合了杜威的教育理论和当时流行的心理学观点，成了当时以及后来的视听教学的主要理论根据。

进入 20 世纪 50 年代以后，随着视听设备和资料的剧增，教育电视的应用和程序教学的兴起，以及由拉斯韦尔等人在 20 世纪 40 年代创立的传播学向教育领域的渗透，人们开始从信息传播的角度对教学过程进行研究，教育传播进入教学过程与视听传播阶段，其标志是 1963 年美国视听教育协会成立的特别委员会，其提交的报告建议将视听教育的名称改为视听传播。其研究重点是教育媒体与教学过程（主要是教育信息在教学过程中的有效传播），主要指导理论是传播学理论和早期的学习理论和系统理论，新介入的媒体有电视、语言实验室、程序教学机等。该阶段的重要贡献是视听教育向视听传播的转变，从而使我们的研究视野从静态、一维的手段工具转向了动态、多维的教学传播过程，从根本上改变了教育传播领域的实践范畴和理论框架。研究主体也突破了狭隘的媒体界限，将原来的教育媒体作为教育传播的一个重要因素，开始从教学传播过程的角度考察教学媒体对辅助与改善教学的价值与作用，并扩大到研究传播者（教师）、受播者（学生）和整个教育传播过程。教育传播活动更加系统化，并且具有了可控制性和可测量性。

5. 多媒体互联网交互传播阶段

20 世纪 90 年代，数字语言为人们所认同，它是一种与任何传统语言都不相同的语言媒介。以数字语言为标志的第三次媒体形态的变化，更是震动了通信、传媒和教育领域。多媒体计算机技术和网络通信技术的完善和国际互联网的广泛使用，使人类信息的传播方式发生了一场前所未有的革命。网络媒体正在飞速发展，作为一种新兴的传播媒体，具有与其他媒体截然不同的特征：数字化、网络化、多元化、全球化、多媒体化、实时化、交互性、及时反馈等。所谓网络媒体，是指通过计算机网络传播信息（包括新闻、知识等信息）的文化载体。这种以数字化的方式存储、处理和传播，以比特为计量单位的电子媒体被人们称为“第四媒体”。毫不夸张地讲，网络媒体的出现，极大地改变了教育信息传播的模式，影响着人类知识的组织、传递与获取，提高了人们获取知识、读书学习的效率。多媒体互联网交互传播正改变着人类现有的教育传播观念、教育传播过程和教育传播方式。

从以上关于教育传播的演进过程，我们可以清楚地看到，教育传播媒体变革的间隔时间越来越短，而每次教育传播手段变革的同时也带来了教育方式的变革。从视动传播时的个别传授到口语传播和文字传播的小组教育，从印刷传播时的学校教育到电子视听传播时的远程教学的形成和发展，教育手段和方式得以丰富，教学活动变得更加直观和高效，受教育人群得以拓展。而多媒体网络交互传播方式的实施，使教育理念和教育方式得到了根本性的改变，也使教育传播媒体的科技含量更高，从而使教育教学活动得到更好的延伸和发展。

在以口头语言、文字语言、数字语言为特征的媒体形态的三次突变中，新媒体产生，比较旧的媒体不是死亡了——它们继续演进和适应，形成汇聚、复杂的传媒家族。因此，未来教育传播的发展要遵循科学发展观，坚持以教育主体为本，以系统观为基点，摆脱追新汰旧的媒体观，坚持媒体发展的互补观，多种媒体优化组合是未来教育传播永恒的主题。

第三节　传播学与教育传播学

一、传播学(communication science)

(一)什么是传播学

传播学从19世纪末开始形成，四名美国社会学家米德(George Herbert Mead)、库利、杜威(John Dewey)和帕克(Robert Ezra Park)最早开始关注和研讨传播问题，他们发现大众媒介的功能极其重要，于是开创了作为一个研究领域的美国传播研究。20世纪40年代传播学初具规模，西方的传播学作为一门在知识殿堂中堂堂正正的学科是从20世纪60年代开始的。

传播学兴起以后，改变了以前传播学研究依附于其他学科的状态，学科上取得的独立性使得传播学研究对象也具体化了，很快就有了自己稳固的研究基地。传播学代表了一种研究传播行为和现象的分析方法或框架。传播学作为一门独立的交叉学科，它是一门探索和揭示人类传播的本质和规律的科学，也是传播研究者对人类传播现象和传播研究成果进行系统分析和有机整合而发展形成的知识体系。[①]

(二)传播学的学术渊源

早期的传播学家们大多是心理学家、社会学家、数学家或政治学家，涉足传播学的目的只不过是检验他们自己的一部分理论，这形成了传播学的多学科和交叉性特点，众多的相关学科为传播学奠定了坚实的理论基础。

传播学主要有两个来源：一是行为科学，二是信息科学。如果我们把传播学比作一条大河，那么这两个来源就是它的两条支流，而这两条支流又有各自的更小支流。也就是说，这两个来源实际上是两组学科群，而不仅仅是两个学科。

1. 行为科学

行为科学包括社会学、心理学、社会心理学、政治学、宣传学、新闻学、人类学、语言学、符号学等学科。

2. 信息科学

信息科学包括信息论、控制论和系统论，即俗称的“三论”，以及数学、统计学等。

在这两大来源中，传播学从行为科学那里继承了研究对象及学科领域，吸取了实证方法及科学理念，如设计问卷、调查访谈、抽样分析等；从信息科学那里借鉴了学科的核心概念与基本范畴，如信息、控制、系统等。另外，传播学在继承与借鉴其他学科的同时，还互相渗透、彼此依托。

---

① 邵培仁. 传播学[M]. 北京：高等教育出版社，2000：2.

(三)传播学与其他学科的关系[①]

传播学作为各门传统学科和新兴学科知识整合的产物和结晶,在其发展过程中,广泛而积极地吸收了政治学、社会心理学、人类学、新闻学、哲学等传统学科的精华,以及语言学、符号学、文化学、传媒学、信息学、接受学等各门学科的相关成果,并将这些知识、成果与传播学本身进行系统而科学的整合。因此,传播学与其他学科有着千丝万缕的联系,邵培仁先生在其《传播学》一书中将传播学与其他学科的关系主要归纳为以下几个方面。

1.传播学和社会学的关系

在西方,人们曾经将传播学看作社会学的分支学科。社会学诞生于前,而传播学产生在后。社会学以社会组织、社会行为、社会问题等为研究对象,范围较广泛;而传播学着重研究传播过程、传播行为、传播意识和传播关系等现象,对象较集中。传播学在形成中吸取、借用了社会学的一些知识和方法(如调查方法、统计方法),但也从其他许多新兴学科中吸取养料。如今,社会学和其他学科也开始用传播学的成果来丰富自己的研究内容。

2.传播学和心理学的关系

在传播学的形成过程中,心理学曾经助其一臂之力。作为研究心理活动规律的科学,心理学是通过挖掘传播现象发生的内在动力和情感因素来充实和丰富传播学研究的内容的,从而使偏重于宏观研究和过程研究的传播学能够从微观研究和心理研究方面取长补短,显得更具活力。传播作为一种最富有人性和人情的社会活动,也为心理学研究增添了新的研究内容和话语空间,而传播活动中的传播者、守门人、中介者和受众的心理现象及其活动规律,也是人们想了解的,这也使得心理学研究更具有现实感和实用性。这两者的相通之处就在于对传播心理的研究。

3.传播学与人类学的关系

传播学与人类学都是"关于人的科学",目的都在于描述和解释人类这一特殊的横跨整个地球和贯穿整个历史的自然和社会现象。但是,人类学的主题是研究人类的躯体和文化的各个方面,传播学的主题是研究人类的传播行为和文化世代流传的基本媒介。以往,人们过多地注视这两门学科的不同,而很少注意两者的互动互补。传播是人类的特权和标志,是文化载体和"社会水泥",也是人类文明和社会进步的助推器。人类学中的语言学派、文化学派和传播学派的理论可以给传播学者许多启示,而传播学中的符号理论、接受理论、功能理论也可以让人类学家大开眼界。

4.传播学与宣传学的关系

传播学与宣传学之间有着某种"血缘"关系,因为早期的传播研究有很大一部分是宣传研究。但是,这两者的区别也是明显的,不可以混同。传播学是把人类社会中一切信息传播现象都作为自己的研究对象,其中自然也包括宣传现象;而宣传学只把劝服性、观念性的传播现象看作自己的研究对象。传播学能够从更高的层次、更广的视野来揭示一般信息传播的本质和规律,从而可以更正确地指导包括宣传活动在内的一切传播活动;而宣传学只能从它自身的角度和层面来分析宣传现象、揭示宣传规律,进而指导自己的

---

① 邵培仁.传播学(修订版)[M].北京:高等教育出版社,2007:7—9.

传播活动，并且只能从某些方面深化和丰富传播学的内容，而不能简单地用来指导一般的传播活动。后来居上的传播学已成了各门分支传播学科的“统帅”，而宣传学说到底只是传播学的一门分支学科。

5. 传播学与新闻学的关系

威尔伯·施拉姆教授在 1982 年访华期间曾说过：“传播学就是大众传播学，而大众传播学就是广义新闻学。”这一观点曾产生过广泛影响，在一定程度上说明这两者在其演进过程中的确有密切的“血缘”关系，新闻学对传播学的诞生确实起着催产的作用，但它们之间既非“母子关系”，也非“父子关系”，新闻学至多只是个“助产士”的角色。新闻学以古老的“报学”研究为基础，是报刊新闻时代的产物，偏重于微观研究、局部研究、单向研究、业务研究或“术”的研究，其研究对象主要是新闻实践；而传播学是电子新闻时代的产物，以新兴学科的知识为基础，侧重于宏观研究、整体研究、双向研究、理论研究或“学”的研究，其研究对象概而言之就是人类社会的一切信息传播活动，即借助符号进行的意义象征活动。新闻学是具体科学的研究，对传播学研究有提供材料、充实内容的作用；传播学是一般科学的研究，对新闻学研究的内容和方法有规范、指导的作用。也有人认为，新闻学是一种专业研究，传播学是一种社会研究。

6. 传播学与历史学的关系

历史学是研究和阐明人类社会发展过程的科学，它可以帮助传播学研究已经过去的传播活动，探寻传播现象发生的先后次序和历史因素，揭示传播媒体变革的历史过程和基本规律，从而使传播学能够“论从史出”，使传播者能够“以史为鉴”，获得历史知识、历史智慧和历史经验，进而提高传播效果。作为以追求和提升人类传播智慧为主旨的传播学，它也可以让历史学者看到其在人类社会发展过程中所起的“社会水泥”和“人际润滑”的作用，和在政治、宗教、教育、文学、艺术等历史活动中的主导作用，进而在“以论观史”中会发现：传播既是人性的建筑材料，也是历史的建筑材料；人类一切与精神活动或精神文化有关的历史，其实都是传播的历史。历史学是一种静态的内向的研究，通过关注和分析已逝历史事实为现实服务；传播学是一种动态的外向的研究，通过关注和分析正在发生的传播活动现象为现实服务。

（四）传播学的五位奠基人及其主要贡献

20 世纪中叶，有五位美国学者对传播学的形成做出了开创性的贡献，所以被后人称为这个学科的五大先驱。他们是政治学家拉斯韦尔、社会学家拉扎斯菲尔德、心理学家勒温、社会心理学家霍夫兰和传播学集大成者施拉姆。

1. 拉斯韦尔

图 1-7　拉斯韦尔

拉斯韦尔（1902—1978）是著名的政治学家、社会学家、心理学家和传播学者，是美国现代科学的创始人之一。他毕业于芝加哥大学，获博士学位后在母校和耶鲁大学任教，曾任美国政治学会会长。他一生致力于打破学科间人为划定的界限，在政治学、传播学和社会学等多个领域都成为奠基者。他最早在宣传研究领域拥有很大的影响，致力于从宣传的角度研究人类传播。拉斯韦尔还对传播学的许多基本理论问题进行过深入研究。

拉斯韦尔对整个学科体系的影响尤为突出,他也是一位开宗立派的政治学家和行为主义的代表人物,他的研究推动了政治学的科学化。在政治学研究中,他有一个偏好的领域,就是宣传以及与此有关的问题,他的博士学位论文同时也是其成名作《世界大战中的宣传技巧》,全面地分析了第一次世界大战中的宣传策略及其效果,这部出版于1927年的著作至今还被视为传播研究的经典。他和贝雷尔森提出的内容分析法,成为传播学的主要研究方法之一。

拉斯韦尔对传播学的主要贡献就是1948年发表的一篇文章《传播在社会中的结构与功能》。在传播研究的历史上,这篇文章是个里程碑,它有两点突出的理论贡献:其一是提出了一个具有高度概括性的关于传播活动的运行模式("5W"模式),揭示了传播实践的总体规律;其二是围绕这个模式勾画了一个具有普遍适用性的关于传播研究的关注范围,提供了传播研究的核心体系。

拉斯韦尔认为,所有的人类传播活动均可分解为五大要素,或者说均由五大要素所构成,即传播主体、传播内容、传播媒介、传播对象、传播效果。由于在英文里,这五大要素的表述都含有一个"W",所以,拉斯韦尔的这个理论就被称为"5W"理论,或者叫"5W"模式。

表1-3 拉斯韦尔的"5W"模式

who	谁	控制研究
says what	说什么	内容分析
in which channel	通过什么渠道	媒介研究
to whom	对谁	受众研究
with what effect	产生什么效果	效果分析

2.拉扎斯菲尔德

拉扎斯菲尔德(1901—1976)是美籍奥地利人,著名社会学家和心理学家,主要从社会学和心理学的角度研究传播媒介,尤其是广播在社会中,进而在政治中的影响与作用。他毕业于维也纳大学,先后获应用数学、哲学、人文学和法学博士学位。拉扎斯菲尔德生命中的前30年是在维也纳度过的,其应用数学博士的教育背景为他的方法论专长提供了基本的技能,为他后来创建新的大众传播研究领域提供了手段,并为他将统计的方法引用到传播研究中开辟了新的思路。拉扎斯菲尔德是对后来的传播学研究方法影响最大的一位学者。

图1-8 拉扎斯菲尔德

1932年,拉扎斯菲尔德最早在维也纳运用实地调查法从事广播的研究。后来在美国哥伦比亚大学建立应用社会学研究中心,与著名社会学家默顿共事多年。在结合1940—1948年的民意研究而产生的《人民的选择:选民如何在总统选战中做决定》中,拉扎斯菲尔德明确阐述了意见领袖(opinion leader)和两极传播理论(two step flow communication),传播媒介主要是通过首先影响意见领袖,然后由意见领袖来影响更多的普通人。两极传播模式中意见领袖的出现,使人们开始认识到有另一种力量也在影响人们的思想、态度,而大众媒介的力量显然是有限的,使强效果论转入有限效果论，这是拉扎斯菲尔德对媒介效果研究的新的成果，为大众传播研究开拓了新的背景。他提出了“二级传播理论”（后发展为“多级传播学说”），为传播效果、传播机制研究开辟了道路。他还提出了“既有政治倾向的作用”“选择性接触机制”等很有影响的概念。

拉扎斯菲尔德对研究方法也做出了重要贡献，被称为传播学研究的“工具制作者”。他提倡三角测量法，即采用测量、收集资料和资料分析的多重方法以获得对研究对象的多侧面了解；他在社会研究中试图将定性方法和定量方法、参与性观察和深度访谈、内容分析和个人传记、专题小组研究和焦点访谈结合起来——这些都是拉扎斯菲尔德在方法论上的创新。他通过不断改进抽样调查技术和量化分析方法，为传播学赢得了来自其他学科的尊重。在引导传播研究趋向于效果研究方面，拉扎斯菲尔德的作用超出了任何其他个人。拉扎斯菲尔德的经验主义研究为美国早期的传播学开创了崭新的领域，并引起了一系列重要的方法论进展。

3. 勒温

图 1-9　勒温

勒温（Kurt Lewin，又译作卢因，1890－1947）是美籍德国社会心理学家，曾为柏林大学著名的实验心理学家。他毕业于柏林大学，获哲学博士学位。1933 年因受德国纳粹迫害而逃往美国。先在艾奥瓦大学执教，后去麻省理工学院主持群体动力学研究中心的工作。

勒温属于格式塔心理学派，是心理学上“群体动力论”和“场论”的最先提出者，曾在麻省理工学院创建了群体动力学研究中心，主要研究人类行为的动力和如何控制，二战期间主要从事传播媒介对军队士气的影响研究。他对群体传播很有研究，在群体归属以及群体规范对个人的影响方面颇有建树。他曾设计了关于群体传播的经典实验，并第一个提出了著名的“把关人”概念。把关理论对新闻或信息传播过程内在控制机制的研究有很大作用。他对群体怎样影响个人、群体相互间影响的效果、新闻媒介怎样影响群体的研究，推动了传播学的建立。

4. 霍夫兰

图 1-10　霍夫兰

霍夫兰（Carl Hovland，1912－1961）是美国实验心理学家，在耶鲁大学获博士学位。毕生研究人的心理对人的行为的影响，研究说服与态度的关系、态度的形成与转变、说服的方式、技巧与能力等。他是将实验心理学引入传播学研究领域的第一人。

二战期间，霍夫兰应聘担任美国陆军总部心理实验室主任，率领专家小组指导和研究美军的思想训练计划，研究军内教育电影对提高士气所起的作用和效果。战后回到耶鲁大学，主持传播与态度改变课题，出版了一系列丛书。霍夫兰对传播学最突出的贡献，一是将心理实验方法引入传播学研究；二是通过研究揭示了传播效果形成的条件性和复杂性，对否定早期的“子弹论”效果观起到了很大作用。1946 年到 1961 年间，霍夫兰领导的“耶鲁传播与态度变迁计划”，完成了超过 50 项实验。他们将研究成果结集出版，产生了一批关于态度问题的耶鲁丛书。1953 年出版的《传播与劝服》一书，描述了这些研究的理论框架和结果。

霍夫兰的研究在传播学研究史上占有重要的地位。虽然研究焦点不在大众传播，但其发现有助于我们更了解说服的过程——这是大众传播研究中很重要的课题之一。他在研究中提出的一些概念，如可信度、对宣传的免疫力、恐惧诉求、睡眠效果等，都是引导后来研究的起点。

5. 施拉姆

图 1-11 施拉姆

施拉姆 1907 年生于美国俄亥俄州，1987 年卒于夏威夷檀香山，享年 80 岁。施拉姆家中有音乐方面的传统，母亲系音乐老师。受家庭传统的熏陶，施拉姆从幼年起即擅长吹长笛。大学时代他学的是希腊语和拉丁语，于 1928 年以优异的成绩获得文学学士学位。大学毕业后，他利用吹长笛获得的奖学金到新英格兰音乐学院学习，并成为波士顿民用交响乐团中的长笛吹奏者。攻读硕士期间他在哈佛大学学习美国文学，于 1930 年在该校获文学硕士学位。随后，他在艾奥瓦大学攻读美国文学专业的博士，于 1932 年在该校获哲学博士学位。

施拉姆为传播学的学科建设立下了不可磨灭的功勋，人们称他为“传播学鼻祖”“传播学之父”。他建立了第一个大学的传播学研究机构，编撰了第一本传播学教科书，授予了第一个传播学博士学位，也是世界上第一个具有传播学教授头衔的人。他曾亲自建立了四个传播研究机构，在这些机构培养出的大批研究生中，很多人后来都成为美国当代著名的传播学者。1948 年，施拉姆创办了伊利诺伊大学的传播学研究所，并在那里开设了传播学硕士和博士学位课程。1950 年，世界上第一个传播学博士学位在伊利诺伊大学获得通过，施拉姆正式担任该校传播系系主任。1955 年，施拉姆又在斯坦福大学创办了一个传播学研究所。1973 年，施拉姆出任夏威夷东西方研究中心传播研究所所长。

1907 年的美国，传播手段无法同今天相比。在施拉姆的出生地，来自外面的传播渠道只有教堂和镇上的会议。在尚无广电媒介的情况下，除非一个人学会了读书识字，否则便无从接触传媒信息。也许正是因为施拉姆幼年时生长在没有大众传播的背景下，所以他尤其意识到大众传播对青少年的影响，这可能与他后来的研究兴趣和领域不无关系。施拉姆著述颇丰，他曾主编了世界上最早的一批传播学教材，出版过近 30 部论著，还开辟了几个新的研究领域，如电视对儿童的影响问题、国际传播中的信息流通问题、传播与第三世界国家发展之间的关系问题等。

施拉姆对传播学的巨大贡献在于他在前人研究的基础上，将拉斯韦尔、拉扎斯菲尔德、霍夫兰等人的研究加以综合、整理，第一次跨出特定学科的樊篱，把美国的新闻学与社会学、心理学、政治学等其他学科综合起来进行研究，把传播学作为一个独立的新兴学科，对已有的全部传播研究成果加以整合、提炼，使之系统化、科学化，为传播学勾画出一个完整的学科框架，使其成为一门独立自主的学科。因此，施拉姆是传播学的集大成者和完善者，一些学者认为，他“使传播科学从梦想变成了现实”。施拉姆的学生、传播学者坦卡德(J. W. Tankard)曾经对施拉姆有过这样的评价：“施拉姆对这门学科的最大贡献或许并不在于他自己的理论观点，尽管这些理论观点很重要，而在于他对传播的核心问题所勾勒的学说框架。也正是在这一点上，他使这门学科得以完善。”

他创立传播学的标志是1949年由他编撰的第一本权威性的传播学著作《大众传播学》的出版。这本书收录了政治学家、心理学家、社会学家、语言学家以及许多其他学科的专家对传播学的研究成果。施拉姆当时还仅限于挖掘前人和他人的传播研究成果，并加以整理，使之系统化。

施拉姆在其最后一部手稿中对传播学的未来曾做出这样的预言：传播学在不久的将来，会通过一个合并和重新确认的阶段。在那时，现在被称为新闻学、言语传播学、电影学、大众传播学和信息科学的大学机构将合并成被简单地称为“传播学”的更大机构。这种名称的改变是至关重要的，因为它意味着过去与传播相关的、以传播渠道及每一种传播渠道背后的媒体产业为基础的机构的区分将不再受到重视，而是更有利于围绕传播学的核心范式建立一种理性的统一体。

二、教育传播学

教育传播学旨在综合运用传播学和教育学的理论和方法，研究和揭示教育信息传播活动的过程与规律，以求得最优化的教育效果。[①]

（一）教育传播学的研究范围

教育传播学是一门涉及现代社会大教育的学科，通过对教育信息传播活动与过程的研究，揭示教育传播规律，属于社会科学的范畴。

教育传播学主要研究以下内容：

第一，教育传播系统：教育传播系统的构成要素及相互关系与作用的研究等。

第二，教育传播过程与模式：教育传播过程的阶段分析与设计，教育传播的模式研究等。

第三，教育传播内容及传播符号：教育信息的本质与开发利用，符号的类型与本质，以及在教育信息传播中的应用研究等。

第四，教育传播通道与媒体：教育传播通道的类型、选择与应用研究，媒体的分类和功能以及制作与使用的研究，教育传播通道中干扰的研究等。

第五，教育传播的传播者与受播者：作为传播者的教师应该具备的条件与地位，作为受播者的学生应该具备的条件与地位，以及二者的传播行为与传播心理的研究等。

第六，教育传播环境：教育传播环境的界定，教育传播环境对教育传播活动的影响，教育传播环境的优化与调控研究等。

第七，教育传播效果及传播应用：教育传播效果的测量与优化，教育传播效果理论的实践应用研究等。

第八，教育传播的研究方法：教育传播研究方法的类型，教育传播研究的程序与方法研究等。

（二）教育传播学与相关学科的关系

教育传播学应用传播学的相关理论来解析整个教学、教育过程，而教学、教育过程就

---

① 南国农，李运林. 教育传播学（第二版）[M]. 北京：高等教育出版社，2005：15.

是运用媒体把知识、技能和意识传授给学生，学生则自觉、积极地学习，从而掌握知识、培养自己能力的过程。因此，教育传播学主要与心理学、教育学以及传播学等学科有着密切的关系。

人类是心理学与传播学所共同关心的对象，其中心理学侧重于传播活动是“谁”进行传播的特性与行为，心理学提醒传播学者注意人类并非机器，并不是机械地接受外界的作用；教育学为教育传播学提供了教学理论和学习理论；传播学则提供了研究教育过程的方法和技术。

从图 1-12 中我们可以清楚地看到，教育传播学是教育学与传播学的一个分支，属于交叉学科中的边缘学科，是传播学、教育学、心理学三者相互交叉、相互渗透的产物。

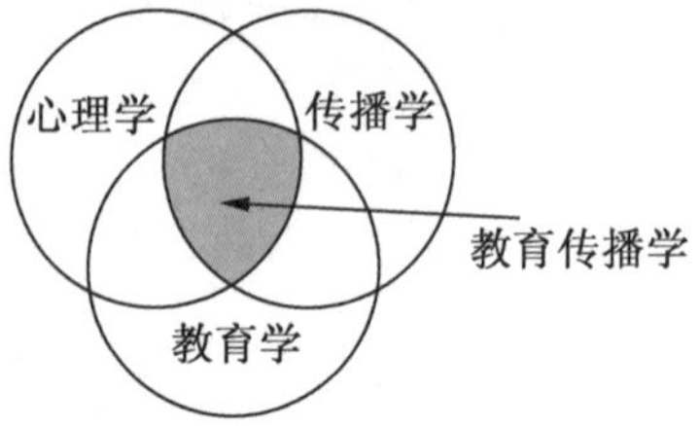

图 1-12　教育传播学与其他学科的关系

(三)教育传播学的研究方法

教育传播学作为一门独立的学科，坚持严格的客观性与科学性，运用系统的观点，采用理论与实践相结合的研究方法，主要有调查研究法、文献研究法、内容分析法、实验研究法、个案研究法与系统科学研究法等。

基于以上的研究方法，教育传播学研究的一般过程包括以下几个步骤：①从教育传播实践中提出问题；②选择课题；③预测与假设，确定研究对象；④研究设计；⑤资料与数据的收集与分析；⑥得出结论与修改；⑦验证结论(从理论与实践两方面)。

[学习思考题]

1. 解释概念：传播、教育传播、教育传播学。
2. 简述传播的类型。
3. 简述传播的功能。
4. 分析教育传播与大众传播的异同。
5. 阐述教育传播学的性质和对象。
6. 简述学习、研究教育传播学的意义。

第二章　教育传播系统

人类社会的信息传播具有明显的过程性与系统性。传播的过程性是指传播所具有的动态性、序列性和结构性；传播的系统性则是在更加综合的层面上将传播看作一个由相互联系、相互作用的各个部分（或过程）构成并执行特定功能的有机整体。[1]因此，我们研究教育传播现象，首先，应该应用系统科学的理论，运用系统思维方法，对教育传播的过程进行系统的研究；其次，阐明什么是教育传播系统，并剖析其构成要素及其相互关系。

①郭庆光．传播学教程[M]．北京：中国人民大学出版社，1999：57．

第一节 教育传播过程与要素

传播活动是一种信息传递与交换的复杂过程，是一种表示时间不断运动变化的信息传递现象。美国传播学家大卫·贝罗(David K. Berlo)在1960年提出了一个非常重要的观点：通过考察传播过程而深入研究传播现象。

教育传播作为传播的一种具体形式，其过程也是连续动态的。我们应该通过考察教育传播过程而深入研究教育传播现象。

一、教育传播过程的基本属性

(一)教育传播是一个过程

作为过程的信息传播通常由两大类要素构成：一是基础要素，包括传播者、信息和受播者等；二是制约要素，包括传播活动中的时空环境、个人素质修养、社会的政治经济制度、意识形态、传统习惯、经济发展水平和文化活动开放程度等。其中，各种传播要素之间构成各种复杂的传播关系。① 过程(process)是一个与时间密切相关的概念，在时间序列上呈动态性与连续性。教育传播过程中的传播事件与它们之间的联系，也会随着时间的推移动态地不断发展、不断变化。

(二)教育传播是一个系统

系统(system)是由相互联系、相互作用的各个部分构成的具有一定功能的有机整体。构成传播过程的基本要素之间呈现出一种相互依赖的关系，各个部分互相影响、互相作用便产生了传播及效果。

(三)教育传播过程互相联系，又互为循环

相互联系是指相互交换信息，这是发生在参与传播过程的人们之间的；互为循环则是把相互联系的概念向前发展了一步，把人们之间的传播看成同时参与某项活动。如作为教育传播的传播者——教师进行传播时，不仅仅是向学生发出信息，反过来他们也接收信息(学生的反馈)，并且还会继续向学生进行不同层次的再反馈。因此，参与传播的一方与另一方发生联系，相互影响，并共同参与整个传播过程，形成一个循环。

(四)教育传播过程中的传播行为具有多种可能性

教育传播过程中的传播行为因为传播者与受播者的意图、目的以及知觉等会呈现出多种可能性，但是不管怎样，无论是有意图还是无意图，教育传播都可能发生。根据现实的教育传播过程中传播者与受播者的具体情况，教育传播可以表现为如图2-1所示的六种可能性。

---

① 马学元，吴满意. 大众传播学原理和应用[M]. 成都：电子科技大学出版社，1994：51.

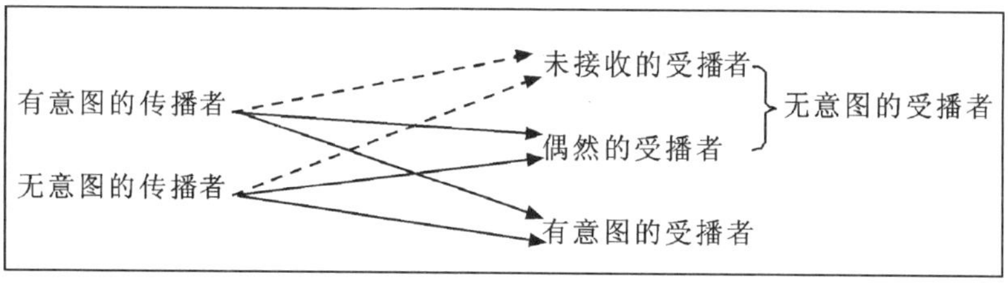

图 2-1　传播行为的多种可能性

1.有意图的传播者—未接收的受播者

传播者有目的地、积极地参与到传播过程中，而受播者一方却没有反应，或者在干其他的事情，完全没有接收传播者传来的信息。比如，教师认真地上课时，学生却在开小差、讲话或看其他书籍等，教师讲的内容一句也没有听到。

2.有意图的传播者—偶然的受播者

这种可能性指传播者带有目的性与意图对受播者进行传播行为，而受播者却是无意图参与这个传播过程的，只是由于与传播者身处同一个传播环境，在无意识中偶然接收到传播者传来的信息，因此这种情况下受播者的反应与效果的显现通常都会较正常情况下滞后。比如，教师叫学生回答问题，但是这个学生由于开小差，半天才反应过来是在叫他。

3.有意图的传播者—有意图的受播者

传受双方都积极地参与到传播过程中，传播者的语言与非语言传播行为立刻能引起受播者的注意与回应。如在教育传播过程中，教师希望通过教育传播活动让学生接收信息，教师积极准备并认真传播教育信息，学生也想得到信息，并认真接收教师传来的教育信息，双方积极交流与沟通，信息呈现出一种双向流动的态势。这是我们所期望的最理想的教育传播过程。

4.无意图的传播者—未接收的受播者

传播过程与效果的产生不是参与传播的双方有意安排或策划的，表现为无意识的行为，常涉及如外貌、座位安排等非语言符号的传播。比如，教师或学生在教育传播过程中，通过对方的穿着打扮来判断对方的性格等。

5.无意图的传播者—偶然的受播者

这种可能性指传播者对受播者进行的传播行为不带目的性与意图，而受播者也是无意图参与这个传播过程的，只是由于与传播者身处同一个传播环境，在无意识中偶然接收到传播者传来的信息，稍后做出一些反应。比如，上课时，某个学生打了一个喷嚏，教师下课之后意识到这个同学是不是感冒了，走过去关心。

6.无意图的传播者—有意图的受播者

有句俗语“说者无意，听者有心”，是对这种可能性的一种非常形象的写照，常常表现为偷听他人讲话的情况。比如，教师正和某个学生谈话，而另一个学生有意地在旁边听他们的谈话。

二、教育传播过程与要素分析

传播过程是一种表示时间不断变化运动的信息传递的现象。人们参与传播活动的目的，是为了共享信息，并且通过信息的共享，交换思想，交流感情，相互了解，互通情报，与外界保持一定的联系。

（一）传播过程

正如奥斯汀·巴布洛所说："新的观点使研究者们注意到经常被忽略的问题：①传播是多重的、有实质性差异的过程；②这些过程可能是重复的、互补的或矛盾的；③该过程可能会调解或调节其他过程。"[①]每一种传播活动都包含了以下几个基本过程。

1. 信息的传出过程

信息的传出是信息传播的第一步，由信息的发出者，也就是传播者将探测、收集到的信息，即传播内容，变换为一种符号，如文字符号、图像符号或语言符号等，然后将已经变换的符号转换成为具体的、可传递的信号，如声信号、光信号、电信号等，并且将这些信号发出。

2. 信息的传递过程

信息的传递过程就是将传播者转换成各种信号的传播信息通过一种或几种媒体来传递给信息的接收者（受播者）的过程。

3. 信息的接收过程

信息的接收过程由受播者完成。传播信息由传播者转换成各种信号，经由各种媒体传递给受播者，受播者首先用视觉、听觉等去感知并接收这些信号，然后把所感知到的信号传递给大脑，经过大脑的加工处理，将其转换成某种符号，最后将符号解释为相应的意义，也就是还原成信息。

4. 效果的产生

当受播者将信号转换成相应的信息时，这些有意义的信息对受播者会产生一定的效果，如知识的增长、态度的改变等，并且受播者会因为这些效果的产生而做出一定的反应，也就是说会对传播者产生一些反馈。

从以上对传播过程的分析，我们可以从中提炼出一些构成传播过程的基本要素，来表述一个基本的传播过程：传播者将信息编码，通过某种媒体传播出去，受播者接收到受噪声干扰的信号，经译码了解信息的意义，并产生一定的效果与反馈。

（二）教育传播过程

教育传播过程是教育信息传递与接收的连续与动态的过程，是一种指向特定目标的行动过程。南国农、李运林将它分解为六个阶段（如图 2-2）[②]。

---

① ［美］斯蒂文·小约翰．传播理论［M］．陈德民，叶晓辉，译．北京：中国社会科学出版社，1999：222．

② 南国农，李运林．教育传播学（第二版）［M］．北京：高等教育出版社，2005：22—23．

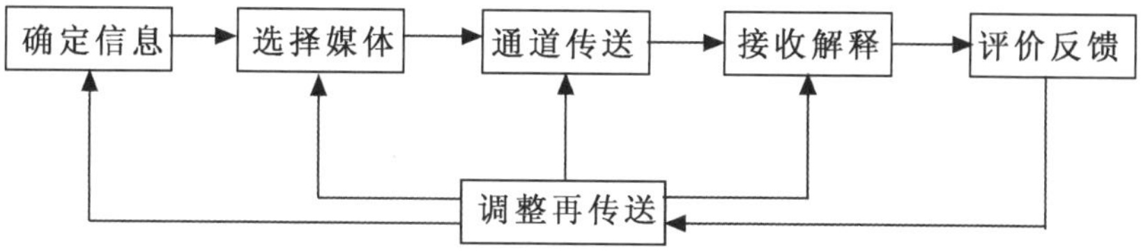

图 2-2　教育传播过程的六个阶段

1. 确定教学信息

教育传播过程的第一步是确定所要传递的教学信息。传递什么信息，要依据教学目的和课程的培养目标。一般来说，课程的文字教材是按照教学大纲由专家精心编写的，通常都体现了要传递的教学信息。因此，在这一传播阶段，教师要认真钻研文字教材，对每单元的教学内容做仔细分析，将内容分解成若干个知识点，并确定每个知识点要求达到的学习水平。

2. 选择传播媒体

选择传递信息的媒体，实际上就是信息编码的活动。某种信息该用何类符号和信号的媒体去呈现和传递，是一个较为复杂的问题，需用一套原理做指导。如：选择的媒体要能准确地呈现信息内容；要符合学生的经验和知识水平，容易被学生接受和理解；容易得到，需要付出的代价不大，而又能取得较好的传播效果。

3. 媒体传递信息

这时首先要解决两个问题：一是信号要传至多远、多大范围。要根据信号的传递要求，应用好媒体，保证信号的传递质量。二是信息内容的先后传递顺序问题。在应用媒体之前，必须做好信息传递的结构设计，在媒体运作时，有步骤地按照设计方案传递信息。媒体传递信号时应尽量减少各种干扰，确保传递质量。

4. 接收和解释信息

在这一阶段，学生接收信号并将它解释为信息意义，实际上就是信息译码的活动。学生首先通过各种感官接收经由各种媒体传来的信号，然后依据自身的经验和知识，将符号解释为信息意义，并将之储存在大脑中。

5. 评价和反馈

学生接收信号、解释信息之后，增加了知识，发展了智力，但是否达到了预定的教学目的，需要进行评价。评价的方式和方法很多，可以观察学生的行为变化，也可以通过课堂提问、课后书面作业，以及阶段性的反馈信息。

6. 调整和再传递

通过将获得的反馈信息与预定的教学目的做比较，可以发现教育传播过程中的不足，以便调整教学信息、教学媒体和教学顺序，进行再次传递。如在课堂提问时发现问题，可即时进行调整；在课后作业中发现问题，可进行集体补习和个别辅导；在远距离教学中发现问题，可以增发辅导资料，或在一定范围内组织面授辅导。

(三)教育传播过程的要素分析

教育传播过程是一种信息传递与交换的复杂过程。人们为了研究这一复杂过程,往往将其简化为若干组成要素,然后分析这些要素在传播过程中的地位与作用,以及这些要素之间的相互联系与作用。

从以上对教育传播过程的分析,我们可以将教育传播过程的构成要素做如下描述:教育传播者在一定的教育传播环境中,将教育信息进行编码,通过某种媒体传播出去,受播者接收到受噪声干扰的信号,并经译码了解教育信息的意义,产生一定的效果与反馈。因此,教育传播过程就是由教育者、教育信息、教育媒体、受教育者、编码、译码、噪声、反馈、教育传播环境以及教育传播效果等要素所构成的一个连续的、动态的过程。

1. 教育者与受教育者

教育者处于教育传播过程中发出信号的一端,是教育传播过程中的传播者。教育者拥有可以向别人发送的教育信息,比如教师拥有向学生传递的知识、技能、消息等。教育者需要把这些知识、技能、消息等信息转换为信号才能传送出去。

受教育者处于传播过程中接收信号的终端,是教育传播过程中的受播者。受教育者需要将接收到的信号转换为自己所熟悉的符号,并按照受教育者的经验译成一定意义的信息。受教育者作为教育信息传送的终端,当接收信息之后,会产生一定的效果,出现思想与行为等方面的变化。当这些变化再回送给教育者,便形成反馈,这时受教育者也就成了传播者。

2. 教育信息与教育媒体

从通俗意义上说,教育信息就是教育传播的内容与事实。在后面的章节我们会对信息与教育信息的含义、本质与作用做进一步的探讨。

教育信息所包含的内容和意义是不能凭空传送出去的,它必须转换为某种符号,然后通过某种媒体才能传递出去。教育媒体就是传送教育信息符号的工具,广义的教育媒体包括发出与接收教育信息信号的器官与机器,载送声、光、电信号的空间与线路,以及书籍、报纸、杂志、广播、电视、电影、网络、教学用的教具等。各种传播媒体具有各自的特性与功能,教育者应该根据所要传递的教育信息的性质、传播的目的与对象,选择合适的传播媒体。

3. 编码与译码

编码就是将目的、意愿或意义转化成符号的过程。① 在教育传播过程中,编码是指在教育信息的发出端,将教育信息转换为可发送的信号的过程。一个完整的编码过程包括信源编码和信道编码(如图 2-3)。

---

① [美]沃纳·赛佛林,小詹姆斯·坦卡德.传播理论:起源、方法与应用(第四版)[M].郭镇之,等译.北京:华夏出版社,2000:88.

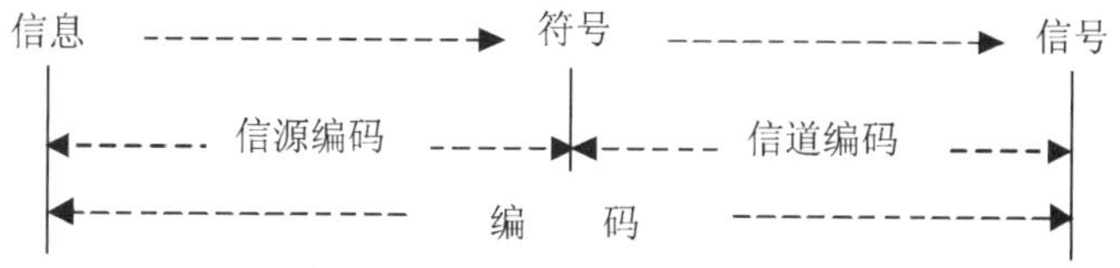

图 2-3　**编码过程**

信源编码是将教育信息转换成符号的过程，这一转换过程通常是在教育者或受教育者的大脑中进行的。代表某一含义的信息是抽象的，而诸如语言符号、动作符号、图像符号等符号是具体的。因此，教育信息传递首先要将抽象的信息转换为某种具体的符号，并且不同的教育信息内容应该选择合适的符号，才能有好的传播效果。

符号是具体的，但不是物理性的，还不能传送出去，成为受教育者可接收的刺激物。只有将教育者使用的符号转换成具体的，又具有物理性的声音信号、光信号等，才能被传送，才能成为刺激物被受教育者的耳朵、眼睛等感觉器官接收。信道编码是将符号转换为信号的过程，这一转换过程可以用人的器官，如用口说出语言声音信号，用手写出文字信号等，也可以使用其他传播媒体，如照相机拍下的照片，可以转换为图像的光信号，广播、电视等还可以转换成相应的电信号。

译码是指在教育信息的接收端，将接收的信号转换为信息意义的过程。一个完整的译码过程包括了信道译码和信宿译码（如图 2-4）。

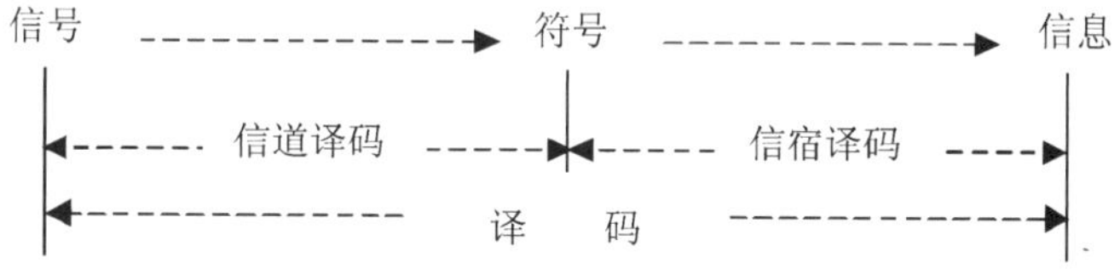

图 2-4　**译码过程**

信道译码是将信号转换成符号的过程。在这一过程中，传播媒体或受教育者通过机器或人的感觉器官将接收到的声音信号、光信号、电信号等转换成相应的语言、图像等符号。

信宿译码是将符号转换成信息意义的过程。这一类转换过程通常是在受教育者的大脑中进行的，将由信号转换的符号按自己已有的知识与经验解释为相应的信息意义。

因此，我们不难看出编码过程与教育者和传送信号的教育媒体密切联系，而译码过程则与受教育者和接收信号的媒体密切联系。

4. 干扰（噪声）

教育传播过程中的干扰是指对教育传播信息与信号的歪曲。干扰可以产生于教育传播过程的各个环节与要素之中，如教育传播通道、教育者或受教育者、编码与译码过程等。

5. 反馈

教育者在传送出信息后，往往可以收到由自身或受教育者传来的反馈信息。反馈可以由多种形式表现出来，可以从自己传送信息的行为中得到，也可以从教育信息的接收者接收信息后的反应行为中得到；可以是正面的，也可以是反面的。教育者作为一个传播者对反馈有适当的反应能力，及时调整自己的教育传播行为，才能收到好的教育传播效果。

6. 教育传播环境

教育传播环境是围绕教育传播活动四周的一切事物，是教育传播系统赖以存在和发展的全部外部条件的总和。[①] 良好的教育传播硬环境与软环境对教育传播的顺利进行、学生学习的激励和情操的陶冶、传受双方关系的增强等方面，都能起到很好的促进作用。

7. 教育传播效果

教育传播效果可以表现为知识信息的增加、态度行为的改变、社会生产的发展、科学技术的进步、社会商品的流通等。

我们对教育传播过程要素的分解是为了更方便、更透彻、更深入地研究和剖析复杂的教育传播过程。但是我们必须明确的是，以上教育传播过程的诸要素是相互联系、相互交叉、相互转换的，是不能截然分开的，它们的有机联系是保证教育传播过程研究的真实性与科学性的必要前提。因此，我们在研究与考察教育传播过程时，应该注意构成传播过程的各个要素的地位与作用，更应该注意它们之间的相互联系与相互作用。

① 南国农，李运林. 教育传播学（第二版）[M]. 北京：高等教育出版社，2005：138.

第二节　教育传播过程的模式

传播过程是一种信息传送与交换的复杂过程。传播学者在研究传播过程时，不仅将复杂的传播过程分解成若干要素，而且还将这些要素通过各种形式进行排列与组合，从而更方便、准确地研究这些要素在传播过程中的地位与作用，以及它们之间的相互关系和相互作用。这就是运用模式的研究方法，这种方法也是传播学的一种基本的、常用的研究方法。

一、模式的基本概念

真实世界中的现象千变万化、错综复杂。人类的传播过程也是一个极其复杂的过程，为了便于研究，我们会运用一些"简化""抽象"的方法，将复杂的传播现象做理想化的简化表示，这种理想化的表示就是我们通常所说的"模式"。

(一)模式的含义

模式一词源于拉丁文(modus)，意思是与手有关的定型化的操作样式，一般通用为"方式"，后来又从"方式"中分化出来，意思是指某种方式中的具体定型化的活动方式或活动结构。《现代汉语词典》把模式定义为："某种实物的标准形式或使人可以照着做的标准样式。"美国比较政治学者比尔和哈德雷格夫认为："模式是一种理论性的、简化的形式。"

模式(model)是作为真实世界理论化和简约化的一种表达方式。[①] 卡尔·多伊奇(K. W. Deutsch)指出："模式是一种符号的结构和操作的规则，它用来将已存在的结构或过程中的相关要点联系起来。"模式"对于了解更复杂的过程是不可缺少的"。[②]

把握模式的含义需要注意三点：第一，模式是现实的再现，即模式是现实的抽象概括，来源于现实。第二，模式是理论性的形式。模式是一种理论，而非工艺性方法、方案或计划。第三，模式是简化的形式。它是经理性思考高度抽象概括后，以简洁明了的方式表达出来的。[③]

(二)模式的建立

在教育信息传播过程的研究中，建立一种直观形象、简单明了的传播模式是非常必要的。它有助于我们把握教育信息传播的一般特征和变化规律，从而作为分析各种具体传播活动的参考工具，并对未知的信息传播具有一定的预测功能。

① [美]沃纳·赛佛林，小詹姆斯·坦卡德.传播理论：起源、方法与应用(第四版)[M].郭镇之，等译.北京：华夏出版社，2000:44.

② Deutsch, k. (1952). On communication models in the social sciences. Public Opinion Quarterly 16, p. 356—359.

③ [美]沃纳丁·赛弗林，小詹姆斯·W.坦卡特.传播学的起源、研究与应用[M].陈韵昭，译.福州：福建人民出版社，1985:14.

1. 模式的构建

模式的构建即对教育信息传播这一个客体结构和运行环节的抽象描述。尽管现实生活中的教育传播过程是复杂而多样的，但从信息的流通角度看，教育信息的传播也具有一般信息流通的普遍结构和基本环节。从以上对模式含义的分析，我们可以得出建立一个复杂事物现象模式的基本步骤：

第一，将复杂现象分解成若干要素；

第二，研究并分析这些要素的性质、功能及相互作用和相互关系；

第三，用理想的简化的形式表示。

比如，对于复杂的教育传播过程，我们首先分析出构成教育传播过程的基本要素有教育者、受教育者、教育信息、教育媒体、干扰、效果与反馈等；然后研究这些要素在整个教育传播过程中的地位与作用，以及各个要素之间的相互关系；最后用一定的形式将这些要素及其关系表示出来，就建立了教育传播过程的模式。

2. 模式的表示形式

模式的表示形式通常有三种：[①]

第一，语词的形式：对事物现象用语言或文字进行叙述说明。

第二，图解的形式：以图画、图解或流程图的方式来描述事物现象。

第三，数学的形式：以数学符号及数学公式来表示各要素的相互数量关系，描述事物现象的规律。

（三）模式的功能

模式为我们提供了思考问题的框架，卡尔·多伊奇曾经探讨过传播模式在社会科学研究应用中的功能，提出了模式的四种主要功能：组织、启发、预测和测量。[②]

1. 组织(organizing)

模式能够将传播过程中的大部分要素组织起来，按照一定的关系进行排序和联系，从而帮助我们将某些复杂的传播问题概念化。

2. 启发(heuristic)

一个优秀的传播模式不仅具有组织传播要素的功能，还应该成为引出新的、未知事实与方法的手段，进一步扩大研究的范围与内容，分析和解答传播过程中出现的新问题。

3. 预测(predictions)

模式可以对人们尚未了解的事情进行解释，并且允许在一定范围内，从形式到完全量化，对传播进程及结果进行估算或为其提供依据。

4. 测量(measuring)

模式能够在一定精确度上做完全量化的预测，这种测定可以只是排列次序，也可以是比率或具体的数值。

---

① 南国农，李运林. 教育传播学(第二版)[M]. 北京：高等教育出版社，2005:31.

② Deutsch, K. (1952). On communication models in the social sciences. Public Opinion Quarterly 16, p. 360—361.

邵培仁在《传播学》一书中提出一个优秀的传播模式常具有的五种功能：构造功能、解释功能、引导功能、简化功能、预示功能。①

（四）模式的评价标准

模式的功能反过来可以成为模式的评价依据和标准。②

第一，模式的普遍性如何？它组织的材料有多少？有效性有多大？

第二，模式的启发性如何？它对发现新的联系、新的事实或新的方法有多大帮助？

第三，由它得出的预测对研究领域的重要性如何？预测对掌握全局的作用如何？对该领域的发展有无关键意义？

第四，由模式发展出的测量方法的准确性如何？

卡尔·多伊奇对模式的评价标准还做出了如下补充：③

其一，模式的原创性如何？相对于表面的或陈腐的见解而言，它在多大程度上提供了新的见解？

其二，模式的简化程度、手段的经济性和简约性如何？即模式的效能如何？它能否以最经济的方式达到预定的目的？

其三，模式的现实性如何？即我们可以在多大程度上依赖它来真实地表明物质现实？

二、传播过程的经典模式

在传播学的演进过程中，传播学者们提出了各种各样的传播理论和模式，据说平均每年就会有一个新的传播模式问世。在这里不可能一一介绍，我们主要从教育传播的视角，沿着传播模式的渐进轨迹，列举一些比较有代表性的、经典的传播模式与教育传播模式，并做出相应的评价。

（一）传播过程的经典模式

1. 亚里士多德传播模式

亚里士多德传播模式是最古老的一个传播模式，这个模式简明扼要地列出了五个最基本的传播要素：说话者、演讲内容、听众、场合及效果。亚里士多德提出说话的人为了取得不同的效果，要在不同的场合，为不同的听众构思其演讲的内容。这一模式被认为最适用于公众演讲。

亚里士多德传播模式虽然列举出了传播的要素，但对要素之间的关系及传播过程没有明确说明。

① 邵培仁. 传播学[M]. 北京：高等教育出版社，2000：45.

② ［美］沃纳·赛佛林，小詹姆斯·坦卡德. 传播理论：起源、方法与应用（第四版）[M]. 郭镇之，等译. 北京：华夏出版社，2000：45－46.

③ Deutsch, K. (1952). On communication models in the social sciences. Public Opinion Quarterly 16, p. 362－363.

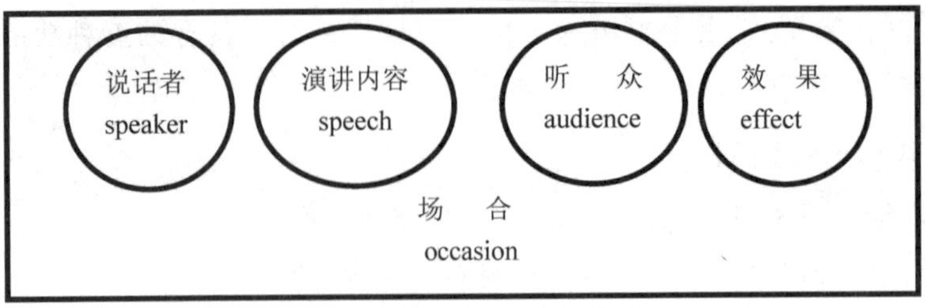

图 2-5　亚里士多德传播模式

2. 拉斯韦尔传播模式

美国政治学家哈罗德·拉斯韦尔 1948 年在《传播在社会中的结构与功能》一文中提出了一般传播过程中的五个基本元素(5W)的直线式传播模式。1958 年,传播学研究者布雷多克(R. Braddock)在这一模式的基础上添加了两个“W”(where 和 why),即传递讯息在何种具体环境下,以及传播者有何种意图。其中,每个“W”都类同于教学过程中的一个相应要素,这些要素自然也成为研究教学过程、教学资源的教育技术学所关心、考虑的重要因素。这“7W”的所指如表 2-1 所示。

表 2-1　“7W”传播模式

who	谁	教师或其他信源
says what	说什么	教学内容
in which channel	通过什么渠道	教学媒体
to whom	对谁	教学对象即学生
with what effect	产生什么效果	教学效果
why	为什么	教学目的
where	在什么情况下	教学环境

第一个要素“谁”是传播主体,即传播者,如传道授业的教师、写诗作文的艺术家、穿梭于国际舞台的外交官、各类媒体的从业人员等。传播者在传播过程中担负着信息的收集、加工和传递的任务。传播者既可以是单个的人,也可以是集体或专门的机构。任何一个传播过程都离不开传播主体,正如任何一场演出都离不开演员。

第二个要素“说什么”是传播内容,是由一组有意义的符号所组成的信息组合,符号包括语言符号和非语言符号。如记者的报道、私人的闲谈、部门的文件通知等。

第三个要素“渠道”是传播媒体,是信息传递所必须经过的中介或借助的物质载体。它可以是诸如语言、信件、电话等人与人之间的媒介,也可以是报纸、广播、电视、网络等大众传播媒介。

第四个要素“对谁”是传播对象,即受众。受众是所有受播者如书刊的读者、广播的听众、影视的观众等的总称,它是传播的最终对象和目的地。任何传播活动都必须关注自己的传播对象,否则就可能是无的放矢和对牛弹琴。

第五个要素“效果”是传播效果,是信息到达受众后在其认知、情感、行为等各个层面所引起的反应,是检验传播活动是否成功的重要尺度。传播效果是一切传播活动的根本。

第六个要素"为什么"是传播的动机,这是传播行为产生的根据与传播者意图的体现。

第七个要素"在什么情况下"是传播环境,这是传播过程的外部条件,对传播效果会产生极大的影响。

拉斯韦尔的"5W"模式是线性模式,即信息的流动是直线的、单向的。该模式把人类传播活动明确概括为由五个环节和要素构成的过程,是传播研究史上的一大创举,为后来研究大众传播过程的结构和特性提供了具体的出发点。而大众传播学的五个主要研究领域——控制研究、内容分析、媒介研究、受众研究和效果分析,也是由这一模式发展而来的。

这一模式考察的是微观的、单一的传播过程,不涉及传播过程与外界环境的关系。传播是一种系统的活动,一方面它本身具有多重结构,是一个复杂而有机的多重系统;另一方面它又处在更大的社会系统之中。传播者与受播者所处的环境,他们的经验范围、文化传统,以及具体的干扰因素等,都会对传播活动产生明显或潜在的影响。并且,这一模式没能注意到反馈这个要素,忽视了传播的双向性。

3. 香农—韦弗传播模式

传播模式中最主要的两种模式是工程学模式(engineering model)和心理学模式(psychological model),其中工程学模式以香农—韦弗模式为代表。

20 世纪 40 年代,信息论创始人、数学家香农(Claude E. Shannon)出于对电报通信问题的兴趣,提出了一个关于通信过程的数学模型。1949 年,香农与韦弗(Warren Weaver)一起提出了传播的数学模式,为后来的许多传播过程模式打下了基础,并且引起了人们对从技术角度进行传播研究的重视。

该模式来自香农等人在贝尔实验室工作中所得到的启示,原本是用来探讨纯技术性问题的,与社会信息系统的传播并无多大关系,但是后来一直为社会信息传播过程研究所青睐。

数学模式把传播描述成一种直线的单向过程,整个过程由五个环节和一个不速之客——噪声(干扰)构成。

作为传播过程的第一环节,信源负责发出将要传播的信息。此后信息会经发射器编码而采用与所经渠道相适应的信号形式到达接收器。接收器的功能与发射器相反,它将接收到的信号还原为信息并发送到传播的目的地即信宿。

"噪声"概念的引入,是这一模式的一大优点,它指的是一切传播者意图以外的、对正常信息传递的干扰。产生噪声的原因既可能是机器本身的故障,也可能是外界的干扰。克服噪声的办法是重复某些重要的信息。这样,传播的信息中就不仅仅包括"有效信息",还包括重复的那部分信息即"冗余"。传播过程中出现噪声时,要力争处理好有效信息和冗余信息之间的平衡。冗余信息的出现会使一定时间内所能传递的有效信息有所减少。

数学模式虽然为传播学研究带来了一种全新的视角,但它并不完全适用于人类社会的传播过程。人际传播的信息内容、社会环境和传播效果并不能直接在这一模式里找到,而且这一模式最初是单向直线式的,因而不能用它来解释人的全部社会传播行为。

它将传播者和受播者的角色固定化,忽视了人类社会传播过程中二者之间的转化;它未能注意到反馈这一人类传播活动中极为常见的因素,因而也就忽视了人类传播的互动性质。这些缺点是直线传播模式所共有的。

不久,香农与韦弗合作改进了模型,添加了反馈系统(如图 2-6),此模型后来被称为香农—韦弗模式。香农—韦弗模式是有其局限性的,但作为其他传播模式的基础,这个模式的适用范围是比较普遍的,包括大众传播在内的各类社会传播过程,都可以通过这个模式得到一定程度的说明。

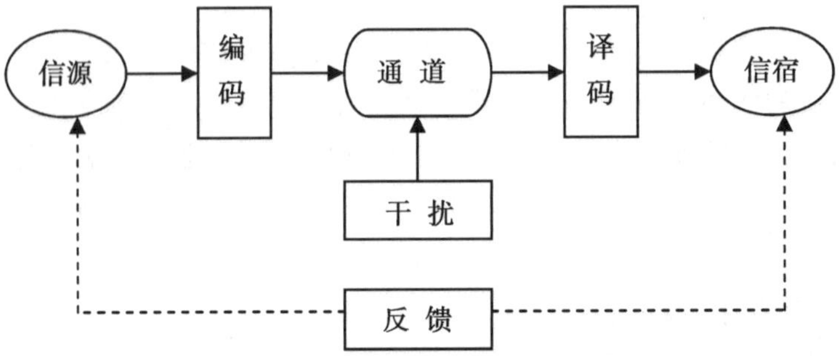

图 2-6 香农—韦弗传播模式

4. 贝罗传播模式

心理学模式关注的是信源、接受者以及传播产生的效果,尤其是传播对接受者来说发生了什么效果。大卫·贝罗的传播模式综合了哲学、心理学、语言学、人类学、大众传播学和行为科学等理论,解释了传播过程中的各个不同要素。

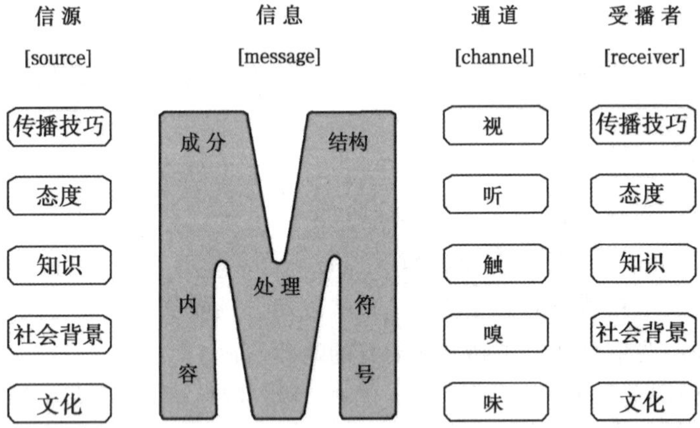

图 2-7 贝罗传播模式

这一模式把传播过程分解为四个基本要素:信源、信息、通道和受播者。

(1)信源和编码者

研究信源和编码者,需要考虑他们的传播技巧(对信源部分是指说话和写作,对受播者部分是指收听和阅读)、他们的态度、他们的知识水平、他们所处的社会背景及他们的文化背景等。

①传播技巧:信源与编码者不论以说话还是写作来传播,必须讲究传播的方式,才能

保持信息本身的真实性和趣味性。传播技巧包括语言(如语言的清晰和说话的技巧)、文字(如写作的技巧)、思想(如思维缜密)、手势(如动作自然)及表情(如逼真)等。

②态度:传播者是否喜爱传播的主题?是否有明确的传播目的?对受播者是否有足够的了解?

③知识水平:传播者对传播的内容是否彻底了解?是否有丰富的知识?

④社会背景:传播者在社会中的地位、影响与威信如何?

⑤文化背景:传播者的学历、经历和文化背景怎样?

(2)受播者和译码者

信源、编码者与译码者、受播者,虽然处在传播过程的两端,但是在传播过程中,传播者可以变为受播者,受播者也可以变为传播者。所以影响受播者、译码者的因素与影响传播者、编码者的相同,也是传播技巧、态度、知识水平、社会背景与文化背景诸项。

(3)信息

影响信息的因素有如下几项。

①符号:它包括语言、文字、图像与音乐等。

②内容:信息内容是传播者为达到其传播目的而选取的材料,它除了包括信息的成分之外,还包括信息的结构。

③处理:它是传播者对选择及安排的符号所做的种种决定,应注意具有恰当的处理方式。

(4)通道

通道就是传播信息的各种工具,如各种感觉器官,载送信息的声、光、空气、电波、报纸杂志、电影、电视、电话、唱片、图画、图表等。在传播过程中,信息的内容、符号及处理,均能影响通道的选择。比如,何种信息应该用语言传送?何种信息应该用视觉的方式传送?何种信息应该用触觉、嗅觉、味觉的方式传送?总之,通道的选择会影响信息的传送与接收效果。

贝罗传播模式对我们研究教育传播过程具有非常重要的启迪作用,它的最大贡献是从信源到传播者,从信宿到受播者,将人们的研究视野由技术引向了人。但是这一模式仍然忽略了反馈和人类传播的双向性,而且没有注意到传播过程中的干扰问题。

5.施拉姆系列传播模式

威尔伯·施拉姆提出了一系列的传播模式,他综合了香农和奥斯古德的传播模式,使他的传播模式不像香农和奥斯古德那样在技术性和非技术性方面划出鲜明的界限,他将人类的传播模式推进为一系列比较复杂而全面的模式。

(1)系列模式之一

这一模式与香农的模式很相似,强调传播者(信源)将信息制成符码,使其成为一种信号,然后为对方所接收后,再把它还原成原来的符码,赋予意义后,才算到达目的地(信宿)。

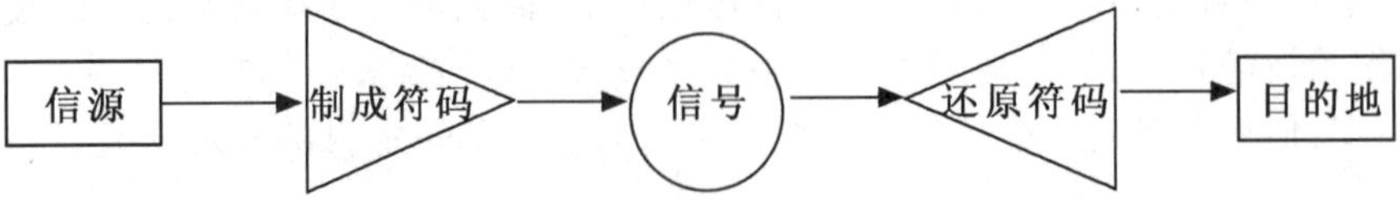

图 2-8　施拉姆系列传播模式之一

(2)系列模式之二

这一模式强调在"制成符码"和"还原符码"两个阶段中，有一个很重要的先决条件，即制成符码者和还原符码者必须要有共同的经验范围(或知识)，彼此才能沟通，产生共同的认识。这就是著名的施拉姆的经验共享说。

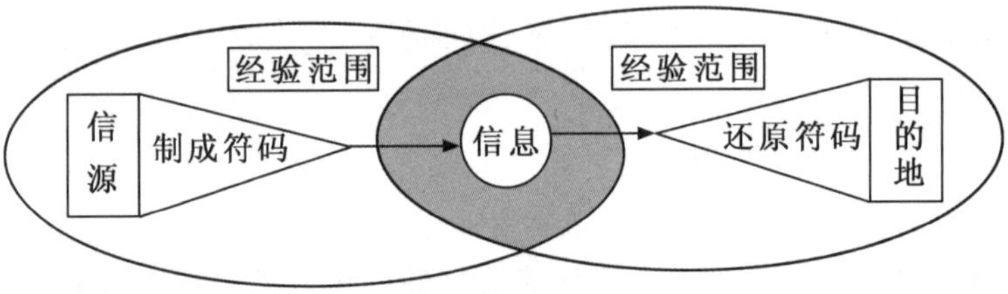

图 2-9　施拉姆系列传播模式之二

(3)系列模式之三

这一模式显示了人的自我传播系统，每个人都生活在一个符码世界里，他自己是符码还原者、解释者，也是制成符码者。

(4)系列模式之四

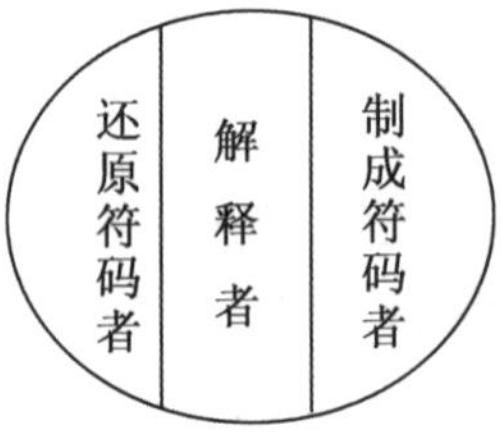

图 2-10　施拉姆系列传播模式之三

这一模式是施拉姆受到奥斯古德的双行为模式的启发而提出的一个循环模式，突出了信息传播过程的循环性。这就包含了这样一种观点：信息会产生反馈，并为传受双方所共享。另外，它对以前单向直线模式的另一个突破是：更强调传受双方的相互转化。它的出现打破了传统的直线单向模式一统天下的局面，这是现代意义上从机械传播模式到人类传播模式的第一代理论移植的开端。其他人受此启发也纷纷从不同侧面对模式进行改进，但仍然摆脱不了香农—韦弗模式的框架。

这一模式的缺点是未能区分传受双方的地位差别，因为在实际生活中传授双方的地位很少是完全平等的。另外，这一模式虽然能够较好地体现人际传播尤其是面对面传播的特点，对大众传播过程却不能适用。

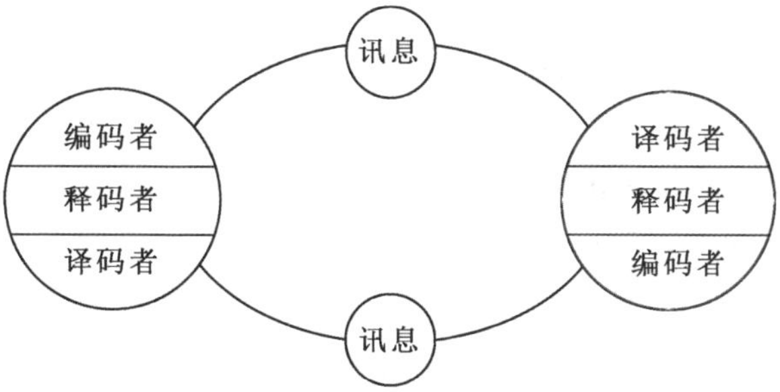

图 2-11　施拉姆系列传播模式之四

(5)系列模式之五

这一模式反映了反馈的形式及其多样性,表明传播者不但可以从受播者那里得到反馈信息,而且可以从自己的音讯上得到反馈。

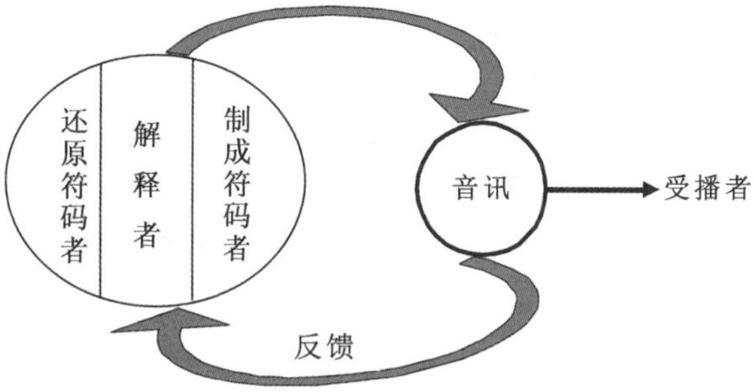

图 2-12　施拉姆系列传播模式之五

6. 韦斯特利—麦克莱恩传播模式

韦斯特利和麦克莱恩以纽科姆 A—B—X 模式为起点,在其基础上加上了无数的事件、观点、对象和人物,并在 A 与 B 之间放置了角色 C。

这一模式是描述大众传播的一个经典模式,该模式的目的是想以保有以前那些简单模式的特点——传受双方与外界事物有着密切联系的方式,来达到反映大众传播的复杂情况的效果。

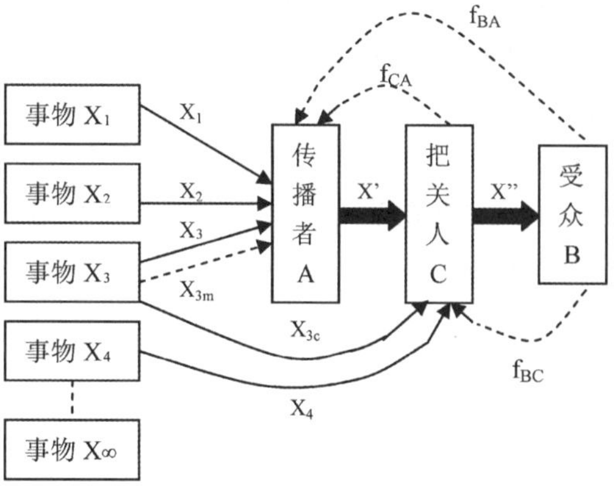

图 2-13　韦斯特利—麦克莱恩传播模式①

这个模式包括五个要素:

X 是社会生活中可以被感知、能够为大众媒介所传播的事物。

① [美]沃纳·赛佛林,小詹姆斯·坦卡德.传播理论:起源、方法与应用(第四版)[M].郭镇之,等译.北京:华夏出版社,2000:59.

A 是具有一定目的性的传播者。它既可以由个人,也可以由组织来承担。

C 是传播的中介或渠道,由媒介组织及其成员承担。他们既可以在数量众多的 A 中依据自己所设想的受众需要和兴趣选择信息,也可以直接在 X 中进行这种选择。C 为 B 充当信息选择代理人的角色,同时也在一定程度上服务于 A。

B 表示受众。他们因生活的需要而必须获取和应用来自 C 的信息。

f 表示反馈。其中 f_{BA} 是受众 B 向传播者 A 发出的反馈,f_{BC} 是受众 B 向媒介组织 C 表达的反馈。C 作为守门人在选择信息时要受到来自 B 的反馈的影响。f_{CA} 是媒介对信息来源 A 发出的反馈。这种反馈可能会鼓励、改变乃至抵制 A 的意图。

这个模式具有以下特点。

(1)信息选择具有多样性

大众传播媒介可以在各种信息来源中选择,同时大众传播媒介也可以在各种事件中直接进行选择。

(2)传播系统具有自动调节性

社会上数量众多的大众传播媒介间存在着激烈的竞争,在这种竞争的过程中,它们也互相取长补短、自动调节,以适应社会优胜劣汰的发展机制。

(3)信息反馈具有重要性

只有反馈才能真正保证传播过程中所有要素间关系的系统性。

从上述的经典模式中,我们可以看到目前传播模式研究的两种现象:一方面关于传播模式的研究异彩纷呈,不同的学者从各自不尽相同的角度观察审视人类的传播现象和过程;另一方面,各种研究模式并存,所揭示传播过程实质的角度也各不相同。

无论哪种模式,都不可能是十全十美的,它只能从一个角度切入或从不同的侧面来简化分析某类复杂的传播现象,以期能对人们有所启发。实践也表明,对传播现象的研究不能只停留在表面或肤浅的层面,还必须根据科学技术与社会的发展,对传播现象与过程做更加准确而科学的分析和研究。另外,大部分的传播模式虽然是以大众传播过程为基础建立的,却有助于我们对教育传播现象与过程的规律进行研究和说明。当然,我们不能只是机械套用,必须根据具体的教育传播情况进行设计与运用。

(二)教育传播过程的经典模式

1. 罗密佐斯基双向传播模式

罗密佐斯基(A. J. Romiszowski)综合了工程学模式和心理学模式的优点,形成了一个比较适用于教育的双向传播模式(如图 2-14)。

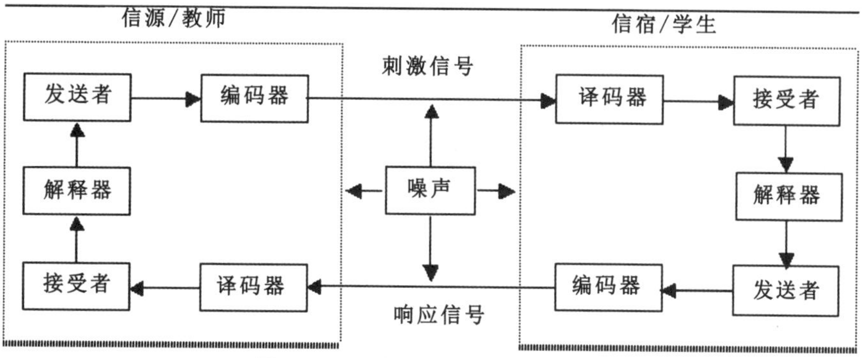

图 2-14　罗密佐斯基双向传播模式

罗密佐斯基在这一模式中指出，教学传播系统具有三程（three-ways）信息交流的循环互动的特点。在教育传播过程中，教育信息不能直接传播，必须进行一些变换。在发送端，发送者（教师）将教育信息通过编码器进行编码，使信息成为可发送的信号，即成为接受者（学生）可接收的刺激信号。在接收端，接受者（学生）将接收到的刺激信号通过译码器转换成符号 ，并通过解释器解释为信息意义，最后为信宿（学生）所接受利用。信宿（学生）收到信息后，必然在生理、心理上产生反应，并通过各种形式给信源（教师）反馈信息，即信宿（学生）又成为信息的发送者。学生将反馈信息通过编码器进行编码，即成为教师可接收的响应信号，在接收端教师通过译码器将学生的响应信号转换成符号，并通过解释器解释为信息意义，与预定的教学目标进行比较，发现教育传播过程中的不足，调整教育信息，进行再次传播。另外，在教育传播过程中还存在噪声的干扰，噪声不仅对信息而且对教育传播过程中的任何一个环节或要素都会产生影响。[①]

2.坂元昂教育传播模式

日本学者坂元昂在 1971 年出版的《现代社会的教育技术学》一书中，为了阐明教育技术的含义提出了“教育技术学”是要对所有可操作的因素加以分析、组合和控制……而这些可操作的因素有教学目标、教学内容一类的教学信息，教材教具、教学机器一类的教学媒体，教育方法，讲授方法，教育环境，学生行为，教师行为和师生编组以及上述因素的相互关系。“这些关系”他用图表述出来，构成了一种教育传播过程模式。这是一种各种因素的繁复联系，但稍加分析可见，三个圆圈中的教师、学生和教材教具是复杂系统中的三个主要因素。这三个主要因素的相互联系以及其他因素的相互制约，构成了坂元昂全面解析教育传播过程的模式（如图 2-15）。

这一模式从大的方面可看成一种三要素构成的模式，而从细微去分析又能找出这三大要素与其他各种可控因素的相互联系，因此是一种分析教育传播过程、解释教育传播现象比较有用的模式。

① 崔向平，王海峰，杨小妮．罗密佐斯基双向传播模式对教育教学的启示[J]．电化教育研究，2012(4)：36－39．

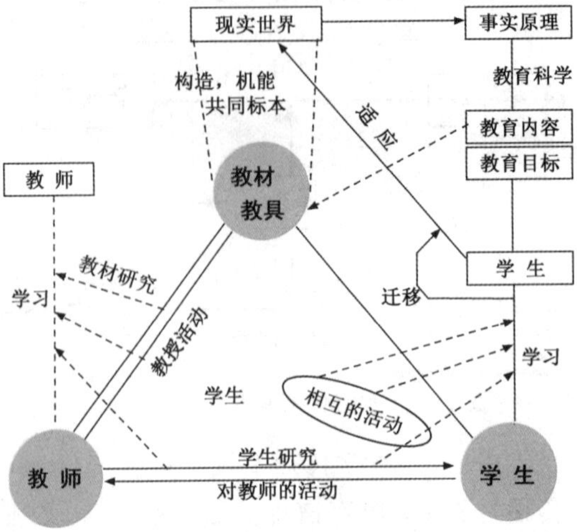

图 2-15 坂元昂的教育传播模式

3. 海曼—弗朗克教育传播模式

德国的鲍尔·海曼(P. Haimann)与赫尔马·弗朗克(H. Frank)提出了一个课堂教学传播系统的六维空间结构模式(如图 2-16)。

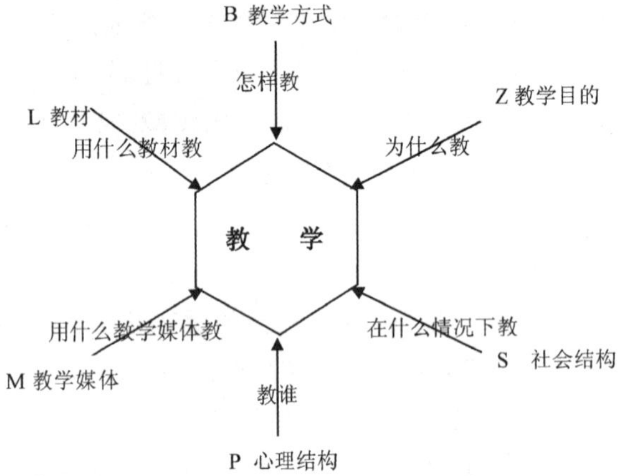

图 2-16 海曼—弗朗克教育传播模式

在这一模式中，整个六维坐标系表示出影响课堂教学的六大因素，它们分别是：

B：怎样教？

L：用什么教材教？

M：用什么教学媒体教？

P：教谁？

S：在什么情况下(教学环境)教？

Z：为什么教？

这六大要素互相关联、互相制约构成教学传播过程。这一模式明确指出了教学过程的六大要素，是一种由六大要素构成的模式。教师在教学过程中要同时重视这六大要素和处理好它们之间的相互关系，才能取得好的教学效果。

这一模式简要明了,清晰地表明了教学系统有六个重要变量,适当控制这六大要素才能优化教学过程。但这一模式过于简单,未能表示出因素之间的相互联系和因果关系。

4. 施拉姆—余也鲁教育传播模式[①]

当代著名传播学家施拉姆和余也鲁根据现代教育新次序理论勾勒出的教育传播模式(如图2-17)比较全面、具体地反映了教育传播的基本规律。

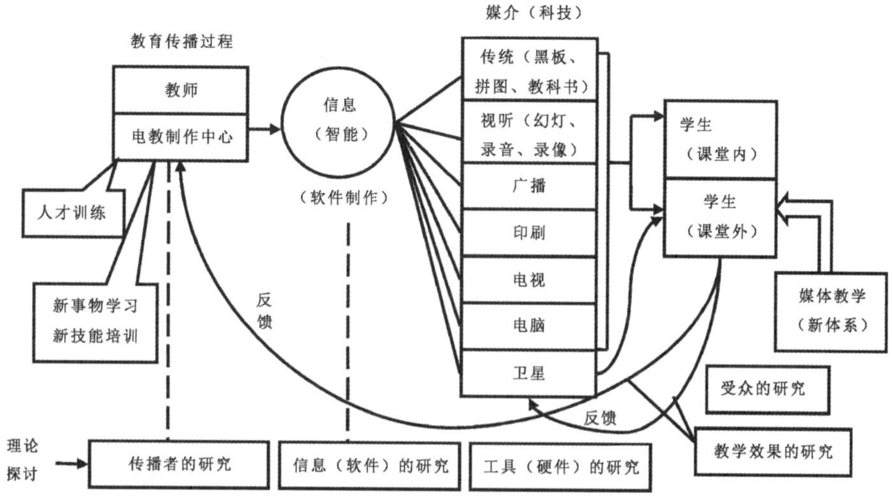

图2-17 施拉姆—余也鲁教育传播模式

这一模式全面系统地概括了教育传播系统构成的要素和传播过程的基本阶段,反映了教育传播系统各个要素之间的关系,总结了面对面传播和远程传播的共同特点,直观清晰,可操作性强。

该模式指出,教育传播必须全面关注传播者、信息(软件)、工具(硬件)、受众、教学效果五方面的理论研究,这对深入研究传播规律具有重要意义。该模式强调,要提高传播效果,传播者必须更新教育观念,注重对新事物的学习和对新技能的培训,以利于科技与媒体在教育中的应用;作为一个传播组织来说,还应注重人才的训练以适应当代教育的要求;传播者不是单个个人,而是集体,要发挥集体的合作精神,搞好分工协作。

三、传播模式对教育传播活动的启发与应用

在传播学形成与发展的过程中,一个重要的研究方向集中在教育上,其着重点在新技术的使用,如广播教育、公共演讲和小组讨论等基本的传播技能的传授,以及各种传播实践在课堂中的作用。由此看来,用传播理论的观点和方法解释教育现象,探索媒体在教学过程中的作用机制,顺其自然地成为教育技术学的一个研究领域,并由此诞生了教育传播学。

① 南国农,李运林.教育传播学(第二版)[M].北京:高等教育出版社,2005:40.

1. 传播模式对教育传播活动的启发①

许多教育研究者利用传播理论的概念及有关模式中的要素来解释教育与教学过程，并提出了许多关于教育传播过程的理论模式，为教育传播学奠定了理论基础，并且对教育传播过程及规律的研究产生了重要的启迪作用。祝智庭先生提出了以下几点启发。

(1)说明了教育传播过程所涉及的要素

如前所述，美国政治学家拉斯韦尔提出了表述一般传播过程中的五个基本元素"5W"的直线性的传播模式，后人在此基础上发展成"7W"模式。其中，每个"W"都类同于教学过程中的一个相应要素(如表 2-1)，这些要素自然也成为研究教学过程、解决教学问题的教学设计所关心、分析、考虑的重要因素。这本身也是利用模式的方法，分析与研究极其复杂的教育传播过程的第一个环节。

(2)指出了教育传播过程的双向性

早期的传播理论认为传播是单向的灌输过程，认为受播者只是被动地接收信息，只能够无条件地接受传播者的意图。这种传播思想忽视了受播者的主动性和自主性，显然是一种片面的认识。奥斯古德和施拉姆提出的双向传播模式强调了传播者和受播者都是积极的传播主体。受播者不仅接收信息、解释信息，还会对信息做出反应，这说明传播是一种双向的互动过程，借着反馈机制使传播过程能够不断循环进行。

教学信息的传播同样是通过教育者和受教育者双方的传播行为来实现的，所以教学过程的设计必须重视教与学两方面的分析和安排，并充分利用反馈信息，随时进行调整和控制，以达到预期的教学目标。

(3)确定了教育传播过程的基本阶段

我国学者南国农、李运林根据传播理论与模式，结合教育传播过程的特点，将复杂的教育传播过程分解为六个基本环节：确定信息、选择媒体、通道传送、接收解释、评价反馈、调整再传送(如图 2-2)。

(4)揭示了教育传播过程的若干规律

随着传播学和教育学的不断结合，教学常被看成信息的传播过程，从而综合运用传播学和教育学的理论和方法，来研究和揭示教育信息传播活动的过程与规律，以求得最优化的教育效果。

(5)明确了教育传播过程中媒体的作用

媒体应用于传递以教育教学为目的的信息时，被称为教育传播媒体，它成为连接传播者与受播者之间的中介物。人们把它当成传递和取得信息的工具。在现代教育传播活动中，媒体起着相当大的作用，因此必须将媒体作为教学传播系统的要素之一。

2. 传播模式的研究成果在教育传播活动中的应用

从静态的媒体论走向动态的过程论是传播学理论对教育传播理论与活动发展的主要贡献之一。传播理论的这一成果被引进视听教学领域以后，使视听教学运动向一个崭

① 祝智庭. 现代教育技术——走进信息化教育[M]. 北京：高等教育出版社，2001：89－91.

新的方向发展，使人们的眼光从静态的、一维的工具手段方面转向了动态的、多维的教学过程方面。这就从根本上改变了视听领域的实践范畴和理论框架——由仅仅重视教具、教材的使用，转为充分关注教学信息怎样从发送者（教师），经由各种渠道（媒体），传递到接受者（学生）的整个传播过程。

具体地说，教育传播活动主要从如下几个方面应用了传播模式研究的观点和方法。①

第一，应用传播过程的观点，把教师、学生、教学内容、教学媒体都置于整个教学过程之中，纠正了传统视听教学理论对视听媒体进行孤立研究的错误倾向。

第二，把传播学中信息的结构、处理方式、内容引入视听传播领域，这是教育传播过程中教学设计的理论基础之一。

第三，视听教育传播接受了传播学中多种感官的思想，使视听媒体扩展为多种媒体，解决了视听教学“眼和耳”的局限，同时也为以后提出学习资源的概念打下了基础。

第四，反馈和控制是传播学的重要内容，教育传播过程中信息的流动是双向的。传统的教育传播注重信息的单向传递，而不研究学生的反应，具有很大的局限性。因此，为了观测教育的效果，教育传播开始重视师生间的双向信息交流活动。

① 徐晓雄.传播学理论对教育技术学理论发展的影响[EB/OL].[2019-11-14].http://www.edu.cn/xxh/focus/li_lun_yj/200603/t20060323_137083.shtml.

第三节　教育传播系统

传播研究中最有代表性的理论就是系统论，系统论与控制论、信息论被称作人类观察世界的“三论”。系统思想的形成开始于19世纪黑格尔的理论，虽然人类早就有关于系统的思想，但近代比较完整地提出系统理论的，则是奥地利的生物学家路德维希·冯·贝塔朗菲(Ludwig Von Bertalanffy)。20世纪20年代，贝塔朗菲研究理论生物学时，用机体论生物学批判并取代了当时的机械论和活力论生物学，建立了有机体系统的概念，提出了系统理论的思想。从20世纪30年代末起，贝塔朗菲就开始从有机体生物学转向建立具有普遍意义和世界观意义的一般系统理论。1945年，他发表的《关于一般系统论》可以看作他创立一般系统论的宣言。一般系统论研究系统中组织各部分之间的相互关系，即整体和部分、结构和功能、系统和环境等之间的相互联系、相互作用问题。

系统科学着重研究和阐述各种系统的要素、结构、功能与环境的关系及其信息的控制与通信问题，从而揭示客观事物的相互联系、相互作用的内在运动规律，以及它与外部环境进行物质、能量、信息等交换的规律。

系统研究方法则是按照事物的系统性，把研究对象放在系统的形式中加以考察的一种科学方法，也就是从系统的观点出发，着重从整体到部分(构成要素)之间，整体与外部环境的相互联系、相互作用的关系中，科学而准确地考察研究对象，以求得整体系统最佳功能的科学方法。

一、系统

在认识论与科学方法论中，“过程”与“系统”是两个相近的概念。过程本身具有系统性，而系统产生具体的功能也必然是一个过程。教育过程是一个由多个要素构成的相互作用的运动过程，其各个要素也符合传播过程中的各个要素，教育过程就是一种传播过程。教育过程也是一个多因素、多层次、多功能的复杂系统，因此研究教育传播过程必须注重系统性，运用系统的方法与理论去分析与研究。

(一)系统的基本概念

“系统”一词由来已久，在古希腊是指复杂事物的总体。到近代，一些科学家和哲学家常用“系统”一词来表示复杂的具有一定结构的整体。在宏观世界和微观世界，从基本粒子到宇宙，从细胞到人类社会，从动植物到社会组织，无一不是系统的存在方式。

关于“系统”的认识，目前科技界和哲学界很不一致，众说纷纭。贝塔朗菲认为，系统可以定义为相互作用着的若干要素的复合体。

系统是由部分组成的整体集合概念，是由两个及两个以上相互联系、相互作用的组合要素结合而成的，具有特定的整体结构和适应环境的特定功能的有机整体。

从系统的定义中不难看出，当我们从整体的角度将事物看作一个系统去研究其内在的、本质的、必然的联系时，不论研究怎样的一个具体的现实问题，集合要素（即构成系统的要素、部分变量）、要素间的相互作用、系统存在的环境和整体效应与功能，是构成任何系统都必须具备的四个条件。比如，一个教学系统，就是由教师、学生、教学内容、教学环境、教学媒体等集合要素构成的，这些要素之间的联系与作用形成教学活动，最后产生的整体功能与效应就是学生知识的增长以及人才的培养。

（二）系统的特性

1. 整体性

每一个系统都是一个独特的整体。所谓系统的整体性，就是将研究对象看作一个由各要素构成的有机整体，从整体与部分（构成要素）相互依赖、相互结合、相互制约的关系去揭示系统的特征与运动规律。从系统的整体观出发，能够全面揭示事物之间的系统联系、结构联系、功能联系、有序和无序联系，以及系统和环境的联系等。

2. 结构性

结构是系统的诸层次、诸要素有机联系、相互作用、相对稳定的组织形式或秩序，也是诸要素在时空连续区上相对稳定的排列组合方式，是事物的一种普遍特性。系统的结构是系统最后产生功能的基础，不同的系统有不同的结构，系统的性质也是由系统的结构所决定的。比如，教学传播系统由教师、教学内容、教学媒体、教学方法、学生等要素构成，这些要素之间不同的组织与排列方式，就会形成不同的教学传播过程结构，不同的教学传播过程结构也就会具有不同的教学功能，从而最终产生不同的教学传播效果。

3. 功能性

功能是系统与环境相互作用中所呈现的能力，也就是系统将所接受的作用（输入）转换成输出的方式与能力。系统的功能是系统中各构成要素相互作用产生的效能的总和，是结构的表现，是系统本身所具有的能力。从系统的定义与条件中我们可以清楚地看到，系统构成要素之间的相互关系与作用必然产生整体功能，也就是说，由各个要素按照一定结构所构成的系统必然会产生一定的功能。

4. 层次性

一个系统通常就是一系列复杂性逐步增加的层次。系统一般由组成系统的子系统构成。这些子系统则由更下一层的子系统构成。最下层的子系统则由组成该系统的基本单位的各个要素构成。一个完整的系统可能由简单或复杂的几个层次来构成，因此清楚地分析与研究构成系统的层次，以及层级系统之间的关联，对我们的研究工作是非常有益的。比如，一个教学传播系统可以由“教”与“学”两个子系统构成，而“教”这个子系统又由教师、教学方式、教学媒体等子系统与要素构成，“学”这个子系统又由学生、知识水平、认知水平、身体状况等子系统与要素构成，从而形成教学传播系统的一种层级结构。

5. 动态性

所谓动态性，是指系统的状态与时间的关系，也就是说动态系统的状态随时间的变化而变化。我们知道，运动是物质存在的形式，是物质的固有属性，也是物质多样性的表现。物质的运动是客观的、绝对的、永恒的、普遍的，而静止是相对的、有条件的。因此，整个系统在一定条件下从无序运动到有序运动，又从有序运动到无序运动，处于不停的运动中。“动”是系统活动的源泉，而绝对的静态系统是不存在的，静止是相对的，只是当有些系统的状态随时间的变化而变化不明显时，在一定的时间范围内，我们近似地将其看作静态系统。

二、教育传播系统

教育传播系统是教育传播学研究的逻辑起点。教育传播过程是一个非常复杂的过程，是一个多层次、多功能、多形式的复杂体系。从系统科学理论的角度，教育传播系统是人们为了达到一定的教育目的而有意识地由教育者与受教育者之间教育信息的互动过程而形成的一种人工系统。但它又是存在于社会之中的一个复杂的系统，它与社会的其他系统有着各种关系。因此，教育传播系统是一个人工系统与开放系统。

（一）教育传播系统的子系统

对于这个复杂的系统，我们可以最后归结为三个子系统——功能系统、控制系统、支持系统。这三个子系统与四周环境保持着输入和输出的关系。

1. 功能系统

功能系统是教育传播系统的主体，是完成整个教育传播系统功能的关键，因此又称为主系统。教育传播系统中的功能系统就是一种过程系统，因为它是直接发挥教育传播效能的系统。它不仅与控制系统和支持系统有紧密的联系，而且与教育传播环境也具有交换关系。

2. 控制系统

控制系统对整个教育传播系统中的活动起着导控作用，它不仅导控主系统的运行机制，还要控制支持系统。它主要是指教育行政领导系统，包括领导机构和教育政策制定机关等。

3. 支持系统

支持系统的主要功能是保证主系统对人才、物资、资金等方面的需求，并使内部信息畅通，借以保证主系统实现它的功能。支持系统主要指教育后勤和辅助部门。

（二）教育传播系统的基本特征

教育传播系统作为一种具体的系统形式，除了具有前面我们所描述的系统的整体性、结构性、功能性、层次性和动态性的特征外，它还具有自身的一些独有的特征。

1. 教育者与受教育者双方皆为积极的主体

当主体性处于积极发扬状态时，主体性表现为积极的主体精神，这种主体性是一种建设性的主体性，它能够促进可持续发展。在教育传播活动中，人的主体性发挥的程度在一定意义上决定着教育传播活动的效益和质量。教育传播过程是师生良性互动的过程,教与学的双向动作是教育传播的显著特征之一。多年以来,我们将教育传播过程视为单向信息的输出过程,只重视传播者——教师的“教”,而忽视信息的接收者——学生的“学”,视教育传播对象为接受知识的“容器”,似乎往“容器”里灌注得越多越好,至于灌注什么、灌注多少,以及如何灌注,全由教师摆布,学生缺少参与,逐渐失去思考的能力,始终处于被动的从属地位。而实际上,从前面对教育传播过程的分析中,我们可以清楚地看到,在教育信息的传播过程中,教育者与受教育者双方所承担的角色是在不断变换的,他们既是传播者,也是教育信息的受播者,也就是说,他们双方都是参与教育传播活动的积极主体。

2. 教育者与受教育者双方皆借助符号进行信息交流

传播是人类借助符号交流信息的活动。符号是信息传播过程中人们为了传递信息而用以指代某种事物和意义的中介,信息只有通过符号表示出来,才可能进行有效的传播。教育传播作为人类传播活动的一种具体形式,当然也要借助符号才能进行信息的交流和共享。

3. 教育信息传递的三程性

从图 2-18 我们可以看出,在现实的教育信息传播过程中,教育者与受教育者之间的信息交流存在着三个流向,教育传播信息也存在着三种不同的形式。

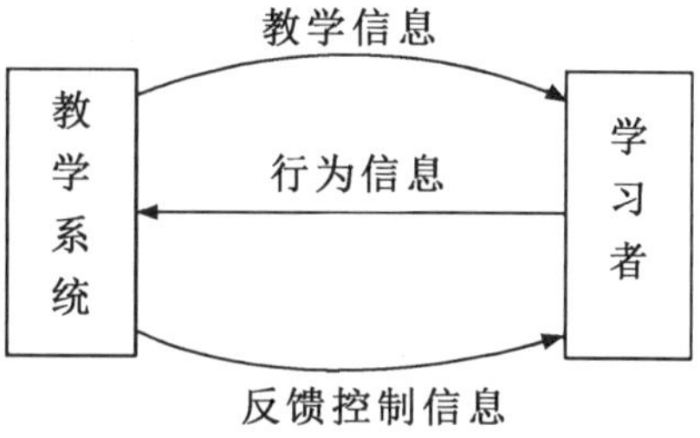

图 2-18 教育信息传播模式的三程

(1)教一学(第一程)

教师或教学系统向学习者传授教育内容,信息形式具体表现为教学信息。

(2)学一教(第二程)

学习者向教师或教学系统传送接收到教学信息之后的反馈信息,信息形式具体表现为行为信息。

(3)教一学(第三程)

教育信息传播的第三程又被称作 KR 反馈(knowledge of results:知道结果反馈),也就是教师或教学系统根据学习者的学习结果及反馈信息,进行评价之后再反馈给学习者。教育心理学研究指出,KR 反馈对学习者在知识以及情感上的成长都会产生积极而重要的作用,可以成为学习者下一阶段学习的动力。强调教育传播活动中的第三程是教育传播系统的显著特征。

4. 教育者与受教育者的相互影响性

在教育传播过程中,教育者与受教育者双方皆为积极的主体,教育传播信息具有三程性,甚至是多程性,教育传播系统就是要试图建立一种新型的传受关系:言传身教,学而不厌,诲人不倦,师生切磋,弦歌互答。这是一种实质性的师生互动行为,在这一行为过程中,传受双方不仅有知识与技能的传授,还有思想、情感、态度和行为方式等的培养。教育者与受教育者双方互相影响,教学相长。

5. 教育传播现象的复杂性

教育传播是一个复杂的过程，在教育传播过程中，教育者与受教育者之间的信息互动通常都不会只在一个层次上进行，而是在几个层次上进行。比如，当一个教师给学生上课时，不仅讲授的内容本身在传递信息，而且教师说话的方式、语气、表情、动作，甚至他的发型、穿着打扮也都在传递着信息。因此，我们在研究教育传播系统时，就不能只是从单一的某一方或某一个层次上研究信息传播，而应该从多个层面上去研究和分析。

6. 教育传播系统与环境的相互作用性

教育传播系统作为一个开放系统，会不断地与环境发生相互作用，从所处的环境中接收物质与能量，又把物质和能量传向环境，从而实现自身系统的自我调节与控制，适应周围的环境与变化，达到稳定与平稳。

三、教育传播系统的构成

任何一个教育传播系统，都是由教育者、教育信息及其载体、学习者等基本要素组成的具有教育功能的有机整体。教育传播系统各要素的相互作用，充分表现在信息的获取、传递、交流上。在这一过程中，构成教育传播系统的各要素相互制约、相互作用、相辅相成，推动着教育传播活动的发展。

我们主要从教育学、教学论，以及教育传播系统的实体构成和功能构成等多个不同的视角，全面地分析与研究教育传播系统的具体构成。

（一）教育学与教学论视角①

由于研究者的研究视角与研究目的不同，目前在教育学与教学论领域关于教学系统的构成主要有以下几种不同的观点。

1. 三要素说

这是一种历史悠久的观点，主要以传统教学为基础来分析教学系统。这一观点认为教学系统是由教师、学生和教学内容三大要素构成，其中也有人将内容称作知识或课程。

2. 四要素说

随着科学技术的发展，大量先进的科学技术成果应用于教育、教学领域，提高了教育质量和教学效果，从而使人们重新分析教学系统的构成和结构，这就是教学论中的四要素说。有人把教学系统的要素区分为过程性要素和构成性要素，其中教学系统的构成性要素包括教师、学生、课程和教学物质条件。在这四个要素中，教师、学生是活动的主体，课程是系统的“软件”，教学物质条件是系统的“硬件”。

3. 五要素说

有人针对四要素说指出，有了教师、学生、课程和方法，还不能算是教学活动，怎样才能使它们构成实际的教学活动呢？关键是必须有使它们得以实现相互作用的媒体。传统教学媒体，主要是语言、文字和书本。现代社会，学校把机器引入了课堂，增加了影视

---

① 黄甫全，王本陆. 现代教学论学程（修订版）[M]. 北京：教育科学出版社，2003：96—97.

教学媒体、计算机教学媒体、信息技术和网络媒体。在现代教学活动中，现代教学媒体的使用，在很大程度上影响教学气氛、教学效果和教学质量。

4. 六要素说

还有人在五要素说的基础上指出，教学系统的特殊性之一，就是它的目的性。因为教学活动是人的活动，人的活动总是有意识的、有目的的。目的是教学系统看不见、摸不着，却无时不在起作用的构成要素。所以，教学系统是由教师、学生、内容、方法、媒体、目的六种要素构成的。

5. 七要素说

李秉德先生提出，教学系统是由学生、目的、课程、方法、环境、反馈和教师七种要素构成的。[①] 因为教学是为"学生"组织的，为达成一定"目的"，凭借一定"内容"，应用一定"方法"，在一定"环境"中通过"教师"组织进行的，教学的效果和结果是靠"反馈"来表现和确定的。

(二)教育传播系统的实体构成

以上的划分是从教育学和教学论的角度来分析的。从传播学的角度来看，高蕴琦等人提出了教育传播系统的实体结构，[②]主要是从组成教育传播系统的构成要素来考察系统的结构，一个教育传播系统主要由教育者、受教育者、教育信息、媒体通道、干扰、反馈、教育环境等要素构成。其构成要素与结构关系如图 2-19 所示。

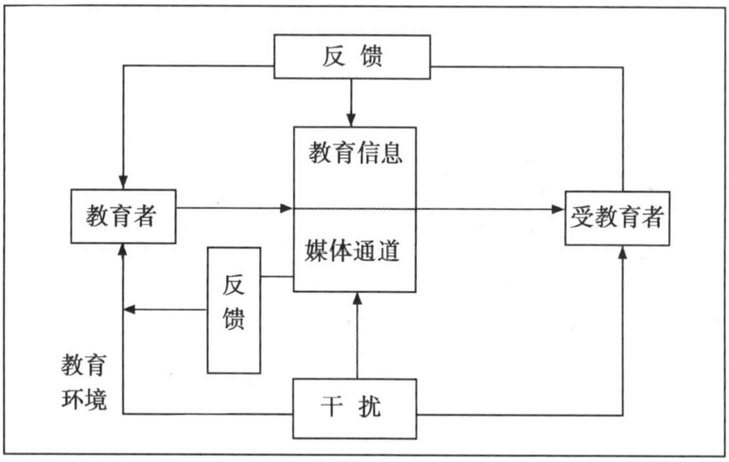

图 2-19　教育传播系统的实体构成

(三)教育传播系统的功能构成

1. 教育传播系统的基本功能构成

教育传播系统的功能发挥，不仅与传播者及受播者的联系或关系有关，还跟信息媒体与传播者及受播者的联系或关系有关。教育传播系统中的各个要素之间的任何一方面的联系、关系发生变化，都会引起系统结构的变化，从而改变教育传播系统的功能。

---

① 李秉德. 教学论[M]. 北京：人民教育出版社，1991：12—14.

② 高蕴琦等. 教育传播学[M]. 上海：上海教育出版社：1992.

教学活动从本质上看是教师与学生之间的信息交流活动过程。首先，教师在其大脑中对教材即教学内容进行分析与处理，决定采用什么教学方法，以及以什么形式呈现教学内容；然后，教师通过一定的媒介向学生传送教学内容信息；学生对接收到的信息进行理解，并做出相应的反应（如面部表情、回答问题、作业等），传递给教师；教师接收到学生的反馈信息后，通过大脑对学生的反馈信息进行分析处理，及时调整教学内容、教学进度与教学方法等，再将相应的教学信息和对学生的评判信息传递给学生。

从功能结构来看，高蕴琦等人所著的《教育传播学》一书中把教育传播系统的功能要素（即传播行为的环节）分成八个部分：a. 教育者处理教育信息；b. 教育者呈现教育信息；c. 受教育者接收教育信息；d. 受教育者处理教育信息；e. 受教育者做出反应；f. 教育者收集受教育者的反应并进行诊断；g. 教育者对受教育者的学习做出评价；h. 教育者向受教育者提供 KR 反馈（如图 2-20）。①

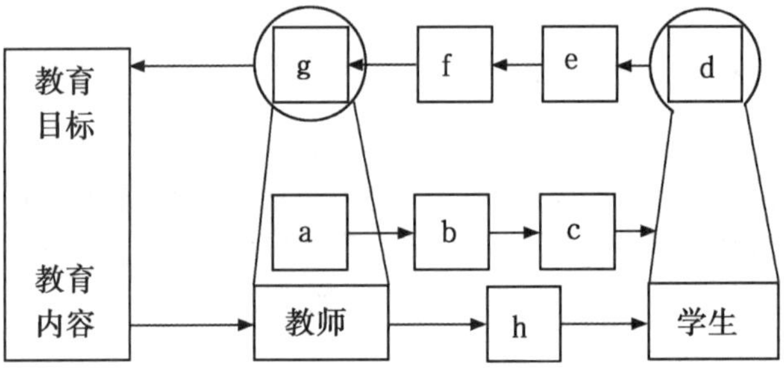

图 2-20　教育传播系统的功能构成

2. 教育传播系统的功能条件②

教育传播系统各要素的组合和联系，构成了系统的结构。这种结构可能是静态的，而静态的结构是无多少功能可言的。只有当系统内各要素在信息传播和控制下发生相互作用，并产生动态过程时，才能形成系统的特有功能。在教育传播系统中产生的动态过程就是教育传播过程，它表现出一定的阶段性，须有一定的功能条件，受制于一定的基本规律。

（1）从传播者的角度考察

教师作为教育传播系统中的一个子系统，对它的要求是高标准的，性能应一该是优良的。教师在教育传播系统中起主导作用，因而必须深刻地了解学生要素、内容要素、方法要素和媒体要素及其相互作用关系。教师实现其功能的条件主要有三个方面：一是教师在所传授的学科领域与学生要有一定的知识水平的差距，因此要求教师不断学习和提高，掌握学科领域的前沿知识；二是要有一定的传授知识的手段和能力，如具有较好的语言表达能力和教学方法，能运用各种教学媒体和教学设施；三是要有一定的调节和控制教学传播活动的能力，包括对自身、对学生和师生关系的调节和控制。总之，教学系统中的教师应该精通专业、熟悉教材、了解学生，具有端正的教学态度和良好的传播技能。

（2）从受播者的角度考察

学生的任务是完成教学系统所规定的学习任务，在德、智、体诸方面都得到相应的发

① 高蕴琦等. 教育传播学[M]. 上海：上海教育出版社，1992：56.

② 苏苏. 教育传播理论在教学中的应用[EB/OL]. 有改动。

展，这也是整个教育传播系统功能实现的首要标志。学生实现其功能的条件主要有三个方面：一是学生要有明确的学习目的，能形成积极的学习态度和学习行动，使个人的学习需要与社会的需求相统一。二是学生要有一定的学习能力，掌握一定的学习方法。作为学习的主体，他们接收信息的各种通道必须畅通无阻，他们必须有良好的心理准备状态。三是学生要有自控能力，能够调节自己的学习目的和学习行动，并与教师密切配合，充分利用来自各方面的反馈信息，修正学习措施，完成学习任务。

(3)从传播的信息内容的角度考察

教学内容应为在科学上经过检验，证明为正确的东西，并根据社会的发展和时代的要求，不断加以更新。具有潜在发展意义的前沿知识，也应适当进入教学内容，并注意理论与实践的联系。教学内容的组织编排除了要符合学科本身的逻辑或知识结构外，还要符合学生的认知特点。

(4)从教育传播方法的角度考察

教育传播方法的选用要注意“三个符合”和“三个考虑”，即符合教学规律和原则、符合教育传播的目的和任务、符合教育传播内容与信息的特点；考虑学生的适应性、考虑教师的可行性、考虑环境的可能性。教育传播系统中可用的方法非常多，每一种方法都有其优点和不足之处，因此，必须根据具体情况合理选用传播方法。另外，各种教育传播方法总是相互渗透的，必须把这些方法合理地结合起来，使它们起到相得益彰的作用。

(5)从教育传播媒体的角度考察

教育传播媒体的选用要考虑学习任务的因素、学生特点的因素、教学管理的因素和经济成本的因素。与教育传播方法一样，教育传播系统中可用的媒体非常多，每一种媒体都有各自的优点和不足之处，因此，必须根据情况合理选择和综合使用。

教育传播系统五个构成要素的上述功能条件保证了教育传播系统的正常运行。但是，其传播效果的好坏除了取决于系统中各要素之间的功能强弱外，还取决于各要素之间的联系状况。也就是说，为了取得良好的传播效果，还需要使教育传播系统符合信息传播过程的规律或法则。

[学习思考题]

1. 解释概念：模式、传播过程、传播者、受播者、信息、媒体、编码、译码、噪声、反馈、效果、教育传播过程、系统、教育传播系统、要素。

2. 分析教育传播过程的基本要素。

3. 评价拉斯韦尔传播模式、香农—韦弗传播模式等。

4. 分析教育传播过程的六个阶段。

5. 阐述几种基本的教育传播模式。

6. 阐述教育传播系统的组成要素，以及要素间的相互联系。

7. 实例说明教育传播系统的典型特征。

8. 阐述教育传播系统的功能。

第三章　教育传播信息

现代科学研究表明，物质流、能量流、信息流是事物之间联系的三种载体形式，信息、能源、物质并称为现代社会的三大基本资源。随着社会的发展和科学技术的进步，人类对信息的认识和利用日趋深入和广泛，信息资源的地位与作用日益凸显，信息已成为社会发展中的一个主导因素，是客观世界不可或缺的重要资源。我们正在从发展中的工业社会走向信息社会，同样，我们的教育也正在从工业社会的教育走向信息社会的教育。

第一节 信息概述

一、信息的含义

英文"information"(信息)一词来源于拉丁文"informatio",意思是解释、陈述。将信息作为一个科学概念来进行研究,开始于罗伯特·维纳(Norbert Wiener)的控制论与贝尔电话实验室的电讯工程师克劳德·香农的信息论的产生与发展,至今已有几十年的历史。在这几十年中,对于信息的定义也在不断地改变和发展,学术界众说不一,尚无定论,中外学者从不同角度给信息下的定义已有百余种。比如:

从资源的角度,信息给人类提供最宝贵的知识和智慧。

从数学与物理学的角度,信息就是数据,信息就是物质的普遍属性。

从知识的角度,信息就是知识、情报。

从哲学的角度,信息是由物质到精神的转化物;信息不仅是物质的,同时也是精神的。

从新闻的角度,信息就是消息。

以上这些关于信息的定义都只是从一个或几个方面对信息加以说明,做出局部性的定义,都未能把握信息的全部属性。下面我们从几个常见的视角出发来比较详细地分析与理解信息的含义。

(一)日常生活中

从一些词典中所界定的信息含义我们可以看到在日常生活中人们对信息含义的理解。

《广辞苑》:信息是所观察事物的知识。

《辞海》(1989年版):信息是通信系统传输和处理的对象,泛指消息和信号的具体内容和意义,通常须通过处理和分析来提取。

《现代汉语词典》:音信,消息。

《英汉大众传播学词典》:资讯(信息)是具有意义的消息、事实或知识。

尽管众说纷纭,但在日常生活中信息不外乎是指能够通过文字、图像、声音、符号、数据等为人类获知的事实、新闻和知识等。它主要具有以下三层含义:①

第一,信息是一种传播的消息;

第二,信息是一种能加以运算、加工、处理的数据与符号;

第三,信息是一种认识世界、改造世界的知识。

---

① 南国农,李运林.教育传播学(第二版)[M].北京:高等教育出版社,2005:52—55.

以上只是日常生活中对信息含义的初步解释，当然这些解释还不是信息的全部含义，更不是本质含义。而实际上，信息与消息、符号、信号、知识也是不能等同的。虽然信息是以消息的形式表达，并且通过符号与信号来传递，信息的接收可以使人类获得更多的知识，但是消息只是信息的形式外壳，而信息是消息的意义内核；符号与信号只是信息的载体，而信息是符号和信号的实际内容；信息必须经过加工、处理，取得对事物规律性的认识之后才能成为知识，因此在这种意义上，信息不能等同于知识，它只是知识的毛坯。

（二）从信息论的角度

在克劳德·香农和沃伦·韦弗研究通信系统的信息问题建立的狭义信息论中，为了信息的获取、传输、储存、处理和变换规律，就需要建立一种信息定量描述和测量的方法。既然信息是事物运动状态和规律的表征，人们获得信息就可以知晓事物的运动状态和规律，这些事物的不确定性就被减少或消除，人们也就掌握了关于这一事物的知识。因此，对于某种事物来说，它具有的信息量，就是受播者为了消除对这种事物的不确定性所需要的量。他们借助了一个来自热力学的相关概念“熵”，熵也就是无规则或缺乏组织，一个完全是熵的情境是无法预测的，所以从这个角度来说，信息是对环境中不确定性或熵的测定。不确定性越大，信息就越多。

从信息论和人的认识的角度来看，信息是指减少或消除认识上的不确定性的东西。当人们对某一现象或事物的内容和性质都不了解的时候，可以说认识上的不确定性是很大的。只有当人们通过科学的实践与观察，从现象到本质地不断总结和积累这一方面的经验，该事物的内容与性质才能被揭示，认识上的不确定性才能被消除。可见人们对客观事物的认识是不可能一次完成的，需要经历一个从不知到知、从知之不多到知之较多的认识过程。这一过程实际上就是认识上的不确定性向着确定性的不断转化。

（三）从哲学本质的角度

这一视角是从信息的“本质”与“本源”去探讨信息的含义。从这一视角出发，就必须充分考虑人类与外部世界进行交换的内容是什么，这样人们就将研究的注意力与重心转向人类从外部世界所摄取的十分重要的内容——外部世界各种事物的运动状态与规律。因此，关于信息的一个比较精确的定义就是：信息是事物运动状态与规律的表征。①

二、信息的本质

1950年，控制论的创立者、美国著名的数学家罗伯特·维纳提出了一些著名的命题：“信息是我们在适应外部世界和控制外部世界的过程中，同外部世界进行交换的内容的名称。”“信息就是信息，既不是物质也不是能量。”这些命题对信息的本质问题做了进一步的描述，强调了信息的独立性与重要性，并且使信息与物质、能量在概念上进行了区分，明确了信息既不是物质也不是能量，但它们之间又有着密切的联系。

---

① 南国农，李运林．教育传播学（第二版）[M]．北京：高等教育出版社，2005：54.

(一)信息与物质的关系

1. 信息来源于物质

信息是事物运动状态和规律的表征,没有物质就没有事物的运动,也就没有事物的运动状态与规律,信息也就更是无从谈起。

2. 信息依赖于物质

信息不是物质运动本身,而是物质的运动变化及相互作用、相互联系的一种特定表现形式,是以物质载体为媒介的物质运动状态的再现。世界上没有游离于物质载体之外的信息。

3. 信息相对于物质的独立性

信息的相对独立性主要体现在信息可以脱离产生它的物质本身独立存在,被人们感知、传送、加工和存储,而载体不能决定和影响信息所要表达的内容,信息的内容与物质载体无关。比如,我们通过电视观看奥运会的比赛节目,通过电视我们所见所闻的只是携带与存有奥运会比赛信息的载体,而不是信息本身;我们所获取的信息来源于真实的、客观的比赛事实,但绝不是比赛与运动员本身。

(1)信息相对于物质的增值性

物质一经转移,原处就不再有了。但信息不同,它不会因为转移而失去,反而会因为转移、使用而得到巩固与增加。比如,我将一件事情告诉了你,并不意味着我就不知道这件事了,而是不仅我知道这件事,而且你也知道了这件事。由于信息的转移,由开始的我一人知道,变成了你我二人都知道了。

(2)信息相对于物质的抽象性

物质是具体的,必然具有一定的质量,并且占有一定的空间,而信息是抽象的,它不具有质量,也不占有空间。

(二)信息与能量的关系

1. 信息与能量的联系

(1)信息的提取、传递、加工与存储需要能量

信息的提取、传递、加工与存储都要消耗能量。说话需要消耗人的热能,电视需要消耗电能……总之,各种提取、传递、加工与存储信息的媒体与活动都需要消耗不同形式的能量。

(2)能量的有效控制需要信息

能量的流动、转换都需要利用信息进行控制,没有信息,能量就不能得到有效的控制。比如,一台计算机的有效工作就必须依靠相应的指令信息来进行控制。

2. 信息与能量的区别

信息又不同于能量,二者之间的区别主要体现在以下几个方面。

(1)信息不遵守守恒定律

各种能量,如机械能、热能、电能等可以相互转化,并且各种能量的相互转化一定遵

守能量守恒定律，能量的总量是不会增减的。但信息则与能量不一样，信息不存在相互转化的问题，只能传送；信息也不遵守守恒定律，只会因传送而增值。将知识传送给学生，学生获得了知识，但并不意味着教师就失去了已经传授给学生的那部分知识。

(2)信息所产生的作用大小与能量的消耗多少无关

一则信息最后所产生的作用大小与能量的消耗多少是没有关系的，这就意味着传播者要让自己的信息传播切实有效，不一定要消耗很多的能量，充分掌握传播的技巧和驾驭符号的能力，有可能消耗很少的能量就可以取得很好的信息传播效果，让所传播的信息产生极大的作用。

(3)信息会消失，而能量则不会

信息可能会因为传递、加工或存储过程中的各种干扰而消失，比如环境噪声、时代久远等都可能导致某些信息失传而消失。而能量则不可能消失，它只会发生转化，其总量是不变的、守恒的。

(三)信息与意识的关系

信息既是客观存在的，又受到主观因素的影响。

1.信息是客观的，意识是主观的

信息是对客观世界中的事物运动状态和规律的表征，是客观世界中普遍存在的。而意识是人类大脑的产物，是主观的。因此，信息绝对不是纯粹的精神产物。

2.信息要受到主观意识的影响

虽然信息描述的是世界的运动状态与规律，是客观存在的，但它会受到主观意识的影响。从传播者一方来看，虽然信息是客观的，但传播者是具有主观意识的人，因此信息经过人的大脑的加工处理之后，就不可避免地带有了不同程度的主观色彩；从受播者一方来看，受播者作为信息的接收者，信息减少或消除其不确定性的多少，是要由受播者的主观因素来决定的，比如受播者的思想意识、立场观点、知识结构等。

(四)信息的本质

信息的本质到底是什么？是物质，是能量，还是意识？目前在学术界仍然存在诸多争议。

从信息与物质、能量和意识之间的关系的探讨，可以看到信息对物质与能量既具有依赖性，又具有相对的独立性。作为表征某种事物运动状态和规律的信息，它的存在是客观的、绝对的，但是相对于信息传播过程的两端，又必然与传播者和受播者本身的知识背景、立场等诸多主观因素有关，这又说明了信息的主观性和相对性。

由此可见，信息具有二重性：一方面，它是客观的、绝对的；另一方面，它是主观的、相对的。

三、信息的特征

目前，学术界关于信息特征的表述与概括，多达数十种。在这里，我们根据对信息含义与本质的理解，归纳整理出以下信息的十种一般特征。

（一）信息的客观性

信息是世界的普遍现象，信息广泛存在于自然界、人类社会和人们的精神生活之中，是不以个人的主观意志为转移的，不管人们是否承认它的存在，是否已经感知到它或认识到它，它都是客观存在的。但信息不是物质，只是物质的抽象产物，即先有信息反映的对象，然后才有信息。无论借助于何种载体，信息都不会改变其所反映对象的属性，因此，信息具有客观性。如气象预报无论是通过广播、电视、报纸，还是通过其他的载体，反映的都是自然世界的客观变化。

（二）信息的抽象性

信息作为事物运动状态与规律的表征，具有物质的属性，但它又不同于物质。信息的抽象性是指信息看不见，摸不着，不占空间，容易积累。信息量的大小并不取决于存放它们的物质空间的大小，如人的大脑容量无太大差别，但记忆、存储、处理信息量的差别却是巨大的。

（三）信息的价值性

信息是一种特殊资源，具有使用价值。信息的价值性有赖于对信息进行正确的选择、理解和使用，只有在与某种有目的的活动相联系时，其价值才能体现出来。而对信息价值的判断，则取决于受播者，取决于所传播的信息对受播者有用的程度和对受播者接受目的投合的程度，而不是取决于传播者和传播媒体。

信息价值性的另一个方面就是它的增值性。信息不是物质实体，在使用的过程中没有物质损耗，信息本身的损耗充其量只是一种时间上的损耗。信息是可以重复使用的资源，只要其内容没有过时，就一直可以被利用。某些信息在使用过程中还会产生新的补充信息，或发生增值现象，甚至有些历史信息虽然已过时，但在许多领域仍有利用的价值。在一切领域都会产生信息，随着时间的推移和事物的运动、发展、变化，信息经过不断开发利用，会扩充、增值，成为取之不尽、用之不竭的资源。

（四）信息的时效性

信息的时效性是信息的重要特征，是指信息从发出、接收到进入利用的时间间隔及其效率，是人们对信息提出的时间和实用效果的客观要求。

信息的时效性与信息的价值性密不可分，时效性既表明了信息的时间价值，又表明了信息的社会价值与经济价值。任何有价值的信息，都是在一定的条件下起作用的，如时间、地点、事件等，离开一定的条件，信息将会失去应有的价值。从某种意义上讲，信息的价值取决于信息的时效性，特别是反映客观事物某种发展趋势、动向的信息，时效性越强，信息的价值越大，反之，信息就会失去作用。

（五）信息的传载性

信息的传载性是信息的基本属性，是指信息可以借助一定的物质载体传递给接收者的特性。信息可以进行空间和时间上的传输，传输速度越快，效用就越大。信息的扩散速度和范围与信息传递技术的发展密切相关，信息的扩散速度和范围与传递技术的发展成正比，即传递技术发展得越快，信息扩散的速度越快、范围越广。

（六）信息的存储性

信息不仅可以通过物质载体进行传递和扩散，还可以借助物质载体进行长期存储，以方便我们随时提取，使人类的知识得以保存、继承和发展。比如，古代的人们将信息存储在甲骨、竹简、帛上；现在我们将信息存储在纸张、磁带、光盘上。可见人类信息的存储技术与形式是随着科学技术的发展而发展的。

（七）信息的转换性

信息的转换性有两方面含义：一方面是指信息的物质载体形态是可以相互转换的，同样内容的信息，以不同的形态，可以包含在不同的物质载体之中，也就是说，信息可以从一种形式转换成另一种形式，如语言信息经过记录变成文字信息，就是语言信息转换成了文字信息；另一方面是指信息经过利用可以转换为资本、劳动力和物质资料，这一点在经济学上的作用尤其显著。管理学认为，信息是管理的重要手段和工具，正确运用信息是提高管理水平的重要环节，利用好信息，就可以转化为资本和物质的投入。

（八）信息的开发性

信息是一种可以再生、转换、组合和加工的资源，经过筛选、整理、概括、归纳、扩充，可以使信息更精练，含量更丰富，价值更高。信息是可开发、可再生的，是创造力的源泉。

（九）信息的知识性

信息具有知识的秉性，一方面表现在人们只有借助对信息的掌握，才能获得知识；另一方面，不同信息的知识占有量不尽相同，不同媒体呈现信息的知识性时，也是各有特色的。

（十）信息的共享性

信息不同于一般物质与能量，它不仅可以传递、存储、转换，而且还可以共享。信息能够同时为多个使用者所利用，信息扩散后，信息载体本身所含的信息量并没有减少。这是信息与实物、能量等的根本区别。通过传递，信息迅速为大多数人接收、掌握和利用，并会产生出巨大的社会效应。信息资源是人类所共有的，并且是可以作为一种产品出售的。另外，信息还可以古为今用，这些都很好地说明了信息的共享性。

四、信息社会

媒体发达带来的最为直观的社会结果是信息的绝对量的增加。当前，全球社会作为一个依赖电子信息网络的社会，以及优先将主要资源投入信息与传播活动的社会，信息量以指数函数的速度急剧增加，信息爆炸所产生的信息洪流以前所未有的力量冲击着社会政治、经济和文化，改变着人类社会的结构和形态，并迎来全新的信息社会。

（一）信息社会的含义

信息社会从经济的角度提供的概念是信息经济（information economy），由经济学家波瑞特(Porat,1977)提出;[1]梅乐地(Melody, 1990)则比较具体地定义信息社会是一个"依赖复杂的电子信息网络,以及优先将主要资源投入信息与传播活动"的社会。[2]

与信息经济学家观点不同的是,许多社会学家认为当前所发生的变化是全社会的、多维度的变化,而不只是经济维度的变化,他们称当今社会已经进入了"信息社会"。持这种观点的代表人物是丹尼尔·贝尔(Daniel Bell)。

贝尔在阐述其所描述的信息社会的特征时首先从生产方式的讨论入手,农业社会以土地种植为主要生产方式,工业社会以使用自然资源(原材料、能源)生产工业产品为主要生产方式,他认为信息社会的主要生产方式是信息的生产。其次,他认为在标示社会特征方面与生产方式同样重要的还有社会的根本趋向,他称其为轴心原理,他认为在信息社会中信息的获取、使用将成为社会的根本趋向。

按照贝尔的观点,信息社会的到来有两个因素,其一是信息技术的创新与发展,其二是知识的迅速扩展。在这两个因素导致社会发展到信息社会的过程中,其他社会变革因素起到了重要的"导入"作用。

学者韦伯斯特(Frank Neville Webster)则更严谨地从五个方面分析信息社会的内涵,分别是科技的、经济的、职业的、空间的和文化的五个方面。[3]

苏伊特等人主张将"信息社会"称作"后工业社会",其含义是与工业社会中社会的主要价值来源于工业部门相比的,后工业社会的主要价值将来源于非工业部门,苏伊特称此部门为"信息服务部门"。

郭庆光先生在其编著的《传播学教程》中认为,信息社会指的是"信息成为与物质和能源同等重要甚至比之更加重要的资源,整个社会的政治、经济和文化以信息为核心价值而得到发展的社会"。

(二)信息社会的特征

信息社会呈现出了其独特的魅力与特征,不同的学者从不同的角度对其进行了研究与探讨,提出了相似的或不同的观点。

在贝尔的"后工业社会"的理论中将工业社会与后工业社会相比较。贝尔认为,工业社会是一个商品和产业的社会,而后工业社会是一个信息社会,因为信息处于后工业社会的中心地位。贝尔早就在他的著作《后工业社会的来临——对社会预测的一项探索》中,提出后工业社会的五大特征:

第一,经济形态方面,从产品生产经济转为服务性经济;

第二,职业结构方面,专业科技人员取代企业主,居于社会主导地位;

第三,理论知识处于中心地位,成为社会革新与政策制定的来源;

---

① Porat,M. (1977). *The Information Economy: Definitions and Measurement*. Washington DC: Department of Commerce.

② Melody,W. H. (1990). Communications Policy in the Global Information Economy, in Ferguson (ed.), *Public Communication: The New Imperatives*, p. 26—27. CA:Sage.

③ [英]Webster,F. 信息社会理论[M]. 冯建三,译. 台北:远流出版公司,1999:12—46.

第四，有计划、可控制的技术发展为社会所重视；

第五，决策方面，强调创造并依靠新智慧技术。

后来贝尔又在《资本主义文化矛盾》一书中声称后工业社会就是一个信息社会，“理论知识占据中心地位，成为创新和政策分析的来源”。在贝尔的观点中，后工业社会的重心就是一种介于人们当中的服务：人的服务、专业和技术的服务。

奈斯比特(Jahn Naisbitt)认为，从工业社会到信息社会的变化特征主要体现在以下几个方面：①

其一，技术知识成为新的财富，工业经济时代诞生的“劳动价值论”将被新的“知识价值论”所替代；

其二，时间观念发生了重要的变化，人们既不像农业社会中的人那样习惯于面向过去的经验，也不像工业社会中的人那样注重眼前和现在，而是更强调面向未来和如何预测未来；

其三，生活目标的变化，即更加激烈的是人与人之间的竞争，而不仅仅是人与各种自然的竞争。

除了上述两位以外，托夫勒(Alvin Toffler)等人的理论、看法和观点也从一定的角度为我们认识信息社会的特征提供了非常有价值的启发。托夫勒在他的《第三次浪潮》及其一系列著作中，运用形象的比喻来阐述了他的浪潮原理，虽然人类的历史纷繁芜杂，但是大致可以分成几个阶段，以此为基础形成了他的“三次浪潮”概念：第一次浪潮产生于约 100 000 年以前，从人们第一次撒下种子，培育农作物开始，人类从原始的渔猎采集社会进入了农业社会时代，其划时代的意义在于人类从此脱离了游牧，定居生活把人们的生活范围固定下来，人们开始发展城镇和自己的文化。第二次浪潮始于 18 世纪，由农业社会向工业社会的变革，人们以工业革命为契机，离开农场，涌向大城市的工厂寻找生机。第二次浪潮是人类思想的又一次大变革，这就是我们所说的“信息时代”，信息技术和社会需求成为它发展的强大动力，必然会极大地改变现存的社会结构和社会生活，整个世界融为一体，人们将打破国界，寻求合作，创造一种全新的人类文明。

如果说从与教育更加相关的角度来考察信息社会的特征，美国学者嘉格伦(Glenn R. Jones)在《网络教育——21 世纪的教育革命》中的论述则更为深刻：“同工业社会相比，信息社会本身的进化速度要快得多。信息社会的首要资源是信息。信息是一种极为特殊的资源。它通常没有重量，看不见摸不着，而且可以同时存在于不同的地点。信息社会的工具的主要功能，就是制造、存储、发送和更改信息。如果说工业社会使得人类活动扩展到了地球的各个角落的话，那么知识革命的主要特点，则是它能够大幅度扩展人类的思维空间。人类思维空间的延伸，再辅之以生产力的进步，就产生了一个全新的人类社会。”

① 崔保国. 信息社会的理论与模式[M]. 北京：高等教育出版社，1999：61.

第二节　信息论研究简介

通信是人与人之间交流信息的手段，语言是人类通信最简单要素的基础。人类早期只是用语言和手势直接进行通信，交流信息。“仓颉造字”则使信息传递摆脱了直接形式，同时扩大了信息的储存形式，可以算是一次信息技术的革命。印刷术的发明，扩大了信息的传播范围和容量，也是一次重大的信息技术变革。但真正的信息革命则是电报、电话、电视等现代通信技术的创造与发明，它们大大加快了信息的传播速度，增大了信息传播的容量。正是现代通信技术的发展导致了关于现代通信技术的理论——信息论的诞生。

一、信息论(information theory)

(一)信息论的研究历程

信息论是关于信息的本质和传输规律的科学的理论，是研究信息的计量、发送、传递、交换、接收和储存的一门新兴学科。信息论的创始人是美国贝尔电话实验室的数学家香农，他为解决通信技术中的信息编码问题，大胆突破，把发射信息和接收信息作为一个整体的通信过程来研究，提出了通信系统的一般模型；同时建立了信息量的统计公式，奠定了信息论的理论基础。1948 年，香农发表的《通讯的数学理论》一文，成为信息论诞生的标志。

香农创立信息论，是在前人研究的基础上完成的。1922 年，卡松提出边带理论，指明信号在调制(编码)与传送过程中与频谱宽度的关系。1928 年，哈特莱发表《信息传输》一文，首先提出消息是代码、符号，而不是信息内容本身，使信息与消息区分开来，并提出用消息可能数目的对数来度量消息中所含有的信息量，为信息论的创立提供了思路。英国统计学家费希尔从古典统计理论角度研究了信息理论，苏联数学家哥尔莫戈洛夫也对信息论做过研究。控制论创始人维纳建立了维纳滤波理论和信号预测理论，也提出了信息量的统计数学公式，甚至有人认为维纳也是信息论的创始人之一。在信息论的发展中，还有许多科学家对它做出了卓越的贡献。法国物理学家布里渊 1956 年出版《科学与信息论》专著，从热力学和生命等许多方面探讨信息论，把热力学熵与信息熵直接联系起来，使热力学中争论了一个世纪之久的“麦克斯韦妖”的问题得到了满意的解释。英国神经生理学家艾什比 1964 年发表的《系统与信息》等文章，还把信息论推广应用于生物学和神经生理学领域。这些科学家们的研究，以及后来从经济、管理和社会的各个部门对信息论的研究，使信息论远远地超越了通信的范围。

20 世纪 70 年代，计算机的广泛应用、通信能力的极大提高，有效处理和应用信息的问题被提出，一些学者提出效用信息论、信息过程论、信息仪式论、信息崇拜论、信息经济论、信息社会论等各种观点，信息论已经发展到足以使整个学科必须重新建立自己的理论的程度，全新的信息论体系和信息研究正处于一个巅峰期。①

（二）信息论的研究范围

信息论除了研究信道的容量、消息的编码与调制的问题以及噪声与滤波的理论等方面的内容外，还研究语义信息、有效信息和模糊信息等方面的问题。因此，信息论可以分成两种：狭义信息论与广义信息论。

1. 以编码为研究中心的信息论

主要研究信息系统模型、信息的度量、信息的容量、信息统计特性、信源编码和信道编码等引发信息论的核心问题。

2. 以信号为研究中心的信息论

主要研究信号噪声的统计分析、信号的检测、滤波、估计与预测等。

3. 以信息处理为研究中心的信息论

主要研究以计算机为中心的信息处理，包括语言、文字、图像等的模式识别、自动翻译等。在基本理论与实践领域，信息论不断取得新的进展，如模糊信息论、相对信息论、算法信息论、主观信息论，以及信息处理、自动化信息控制等。

（三）信息论的主要贡献

信息论为控制论、自动化技术和现代化通信技术奠定了理论基础，为研究大脑结构、遗传密码、生命系统和神经病理开辟了新的途径，为管理的科学化和决策的科学化提供了思想武器。现代信息论的出现，对现代通信技术和电子计算机的设计产生了巨大的影响。如果没有信息论，现代的电子计算机是无法研制成功的。其主要贡献具体体现在以下三个方面：

第一，在通信的定义下，把信息定义为"用来消除信息接收者某种认识上的不确定性的东西"，并导出了概率性语法信息的度量公式——概率熵和互信息公式。

第二，建立了一些重要的性能界限：信源的最大可能信息量，为了满足一定失真度的要求必须传递的最小信息量，信道上的最大可能通过能力等。

第三，建立了一套重要的编码定理，从而从理论上指明了实现上述性能界限应当遵循的信息处理方法与原则。这就不仅从定性方面，也从定量方面深刻揭示了信息的传递和处理的规律，使通信的研究从经验的阶段转向了科学的研究阶段。

二、狭义信息论

香农是现代信息论的著名创始人，狭义信息论是香农早期的研究成果，是关于通信技术的理论，它是以数学方法研究通信技术中关于信息的传输和变换规律的一门科学，它以编码理论为中心，主要研究信息系统模型、信息的度量、信息的容量、编码理论及噪声理论等。

---

① 梅琼林.克劳德·香农的信息论方法及其对传播学的贡献[J].九江学院学报，2007(6)：1—2.

(一)狭义信息论的主要特点

香农的《通信的数学理论》与《在噪声中的通信》奠定了狭义信息论的基础。这一理论认为通信就是信息传输，是将消息由发信者传送给收信者的过程，因而给出了一般通信系统的模型。他还利用统计数字的方法，正确处理信息的形式和内容的辩证关系，解决了信息的度量问题，给出了信息度量的数学公式。

1. 信息的度量排除了信息的语义和语用因素，只考虑信息的形式

运用数学工具刻画事物的运动形式，不存在原则上的困难，但是如何用数学的方法去定量刻画内容，就存在很大的难度了。作为事物运动状态与规律的表征的广义信息，它既具有一定的形式，又具有一定的内容，其意义还与实际的使用有着密切的关联。

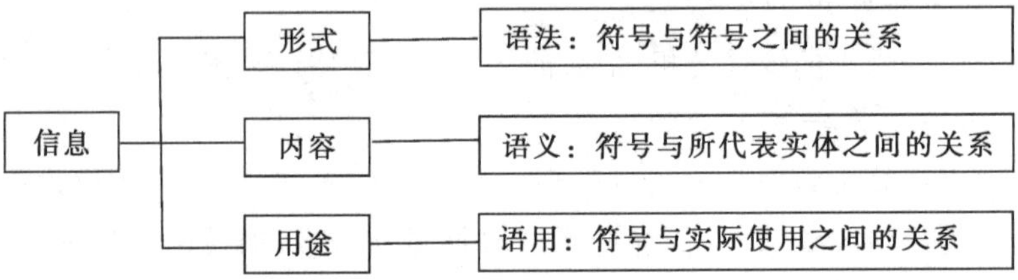

图 3-1 广义的信息

如果联系语义方面去考虑信息的信息量，以及对各种类型的受者所引起的反响，会变得十分复杂，要对它们给出一般度量是极其困难的。而香农在研究通信问题时，发现通信只不过是信息的传输问题，因此可以将通信过程看作“在通信一端精确地或近似地复现另一端挑选的消息……至于通信的语义方面的问题，与工程方面的问题是没有关系的”。因此，排除信息的语义和语用因素，只考虑信息的形式，只单纯在收集端复制出消息的形式，这样建立数学的方法去对信息进行度量。这是解决信息度量的关键问题之一。

2. 运用概率论的方法处理信息的度量问题

在自然界和人类社会中，存在太多的千差万别的现象，我们可以把这些现象归为必然事件、不可能事件和随机事件三类。

在这三类事件中，必然事件与不可能事件具有必然性，是确定的，而随机事件则具有偶然性，是不确定的，这类事件也是我们经常遇到的。

在信息传输过程中，大量信息的发生都带有偶然性和随机性，但随机的、偶然的现象不是不可知的，从大量的偶然现象中可以找寻出某种必然的规律，这就是概率论研究的统计规律。概率论是一个统计学上的概念。概率在一般意义上是指某种可能性，也就是指人们对某一事件的预测。如果被预测的东西越多、越准确，也就意味着对其所不了解的东西相应地减少了。因此，在通信信息的定量研究中，运用概率论的方法和观点是科学的并具有实用价值的。

(二)信息的度量

信息的度量对信息论的形成与发展起着决定性的作用。正是信息的量化才使人们对信息的理解上升为科学。人们对客观事物的认识是从不知到知、从知之不多到知之较

多的过程，可见这里有一个量的变化的问题。这个量就叫作信息量。信息量是信息论中量度信息多少的一个物理量，它从量上反映具有确定概率的事件发生时所传递的信息。

在统计热力学中，熵是系统的无序状态的量度，即系统的不确定性的量度。维纳说："信息量的概念非常自然地从属于统计学的一个古典概念——熵。正如一个系统中的信息量是它的组织化程度的度量，一个系统的熵就是它的无组织程度的度量；这一个正好是那一个的负数。"这说明信息与熵是相反的量，信息是负熵，所以在信息熵的公式中有负号，它表示系统获得后无序状态的减少或消除，即消除不定性的大小。

信息的量度与它所代表的事件的随机性或各外部事件发生的概率有关，信息量的大小与概率的大小密切相关，当事件发生的概率大，事先容易判断，有关此事件发生的不确定程度就小，则包含的信息量就小；反之则大。在日常生活中，越是意外的消息，给我们带来的信息量越大。从这一点出发，信息论利用统计热力学中熵的概念，建立了对信息的度量方法。而信息这个量正是从人们对其所要了解的东西被了解了多少来说的，如果人们对某一事物已了解了很多，那么剩下需要了解的东西也就不多了。可见，概率的增大就是信息量的减少，反之亦然。不难理解信息量与概率呈相反的关系。可将这种关系用一个数学公式来表示：

$h(x_i)=-\log 2p(x_i)$ $(i=1,2,3\cdots n)$

公式中 x_i 表示事物可能出现的状态，其概率用 $p(x_i)$ 表示；i 表示第一、第二，直至 n 种可能状态；$h(x_i)$ 表示信息量(事物不确性之和的反数)，它是用以 2 为底的概率的对数之负数来表示的，因为概率与它的对数呈正相关。这一公式可以说明事物的不确定性与确定性之间的关系，即信息与信息之间的关系。如果有人事先知道某一事件肯定会发生，此时如果有人再向他传递此事件确已发生的消息，则 $h=-\log 21=0$，说明他所得到的信息量为零，即信息全无。反之他事先对该事件的发生一无所知，即 $p(x_i)=0$，则他所得到的信息量最大。也就是说，某事件发生越出人意料，不确定性越大，它的信息量就越大。整个系统各个状态的平均信息量则为狭义信息论创始人香农所提出的统计公式。公式说明平均信息量就是一切可能事件的不确定性的求和，即概率乘以 2 为底的它自身的对数的总和，它与热力学第二定律熵的公式相比较只是增加了一个负号。这是有深刻意义的，它意味着事物的不确定性向着确定性转化，即朝着有序化的方向发展。我们可以将平均信息量或者信息看作负熵。

从平均信息量的统计公式可以看出，无论是信息的定义或信源的统计都离不开概率。概率就是用来描述某种可能性的，此种可能性实际上包含着一定的不确定性，由此可以理解上述信息概念的真实内涵。

(三)狭义信息论的局限性

在香农信息度量公式的基础上建立起来的有关信息的传输理论，如信息的传输率、信道的容量、信息的编码定理等，所研究的信息只限于狭义信息——语法信息，即信息中符号与符号之间的统计关系问题。至于信息的处理和使用，狭义信息论就显得无能为力了。因此，香农的狭义信息论的两个研究特点恰恰也就成了它的两大局限性。

1. 回避信息的语义问题

信息包括了语法、语义和语用三个层次，研究人类的信息传递、加工与转换问题，不仅要考虑信息的形式，还要考虑信息的内容和具体使用。信息不仅有量，而且有质。同一条信息对不同的受播者会产生不同的意义和作用。一条有效信息应该能够解除双重的不确定性：从量的方面，它应该能够解除某一事件的不确定性；从质的方面，它应该能够解除对受播者实现目标与预期是否有效、是否有价值的不确定性。因此，无论信息能排除的不确定性有多大，只要这条信息对受播者的效用或价值为零，那么，该信息载体所载有的信息量，仍然为零。①

哥尔德曼早在 1953 年就明确指出了香农的狭义信息论并没有考虑到信号接收者对它使用的价值和重要性的度量。狭义信息论抛弃了信息的语义与语用，只考虑信息的形式——语法；只考虑信号传递，而不考虑信号的意义或观察者对信号意义的理解；只考虑客观信息，而不考虑主观信息。这必然导致在度量语义信息、感觉信息等信息时的不方便与不准确。

2. 采用概率统计的方法建立信息的度量

建立在概率论基础上的狭义信息论，对于随机的概率信息是有效的，但是对于大量走出概率信息范围的偶然的、模糊的现象就会失去效力。狭义信息论不会考虑意义的模糊性或事件之间的相似性；不考虑预测和事实检验，从而不能度量单个语句、感觉或测量信号的信息，以及信源信道可变时的信息和单个信号的信息。另外，对传输过程中信号与信息失真的研究也不完善。

三、广义信息论

意识到香农狭义信息论的局限性并试图改进和扩展它，在香农狭义信息论刚诞生不久就开始了。韦弗不仅提出了通信的三种水平，还提出了广义通信模型；②虽然他没有提出具体的数学公式，但是他的基本思想对后人起了引路作用。

广义信息论把信息定义为物质在相互作用中表征外部情况的一种普遍属性，它是一种物质系统的特性以一定形式在另一种物质系统中的再现。

广义信息论又称信息科学，是具有方法论性质的一门科学，主要研究以计算机处理为中心的信息处理的基本理论，包括评议、文字的处理、图像识别、学习理论及其各种应用。信息论的研究与很多学科密切相关，如数学、物理学、控制论、计算机科学、逻辑学、心理学、语言学、生物学、仿生学、管理科学等。显然，广义信息论超出了通信技术的范围来研究信息问题，它以各种系统、各门科学中的信息为对象，广泛地研究信息的本质和特点，以及信息的取得、计量、传输、储存、处理、控制和利用的一般规律。显然，广义信息论包括了狭义信息论的内容，但其研究范围却比通信领域广泛得多，是狭义信息论在各个领域的应用和推广，因此，它的规律也更一般化，适用于各个领域，所以它是一门横断学科。

---

① 马学元，吴满意. 大众传播学原理和应用[M]. 成都：电子科技大学出版社，1994：38.

② [美]威弗尔. 通讯的数学理论的新发展[M]//庞元正，李建华. 系统论 控制论 信息论经典文献选编. 北京：求实出版社，1989：612－636.

第三节　教育信息

教育传播过程是一种信息传播过程，它包括信息的产生、信息的呈现、信息的传递、信息的分析和处理等。在对教学过程进行分析时，应针对教育过程中各种信息的特点、表现形式，采用适当的方法进行处理，并由此得到用于分析、评价、控制教育过程的有效信息。

一、教育信息的含义

简单地说，教育信息是指教育、教学过程中的各种信息。南国农、李运林认为，对教育信息的含义的理解主要存在两方面的认识：从狭义的角度考虑，教育信息主要指教育内容，如知识、技能、思想、观念等；从广义的角度分析，则还包括与传递教育内容有关的其他所有信息，如教育管理信息（上课铃声、学校的规章制度等）、评价性信息（学习成绩、教学评估等）、干扰信息（电视图像抖动、教师语速过快等）。从教育传播学的研究范畴来看，对教育信息的研究主要侧重于后者。①

二、教育信息的特点

教育传播系统的特点，以及快速发展的网络教育决定了现代教育信息除了具有传统教育信息的科学性、系统性、目的性、共享性、多样性、多通道性等特点外，还具有不同于传统教育信息的特点。

（一）多源性

现代教育信息的来源突破了时间、空间、人物的局限，教材、教师、课堂不再是教育信息的所有来源，社会生产和生活中的各种信息都可以通过网络成为师生认知的对象，成为教育信息的来源。

（二）模糊性

教育信息的模糊性是因为教育系统是一种包含人在内的复杂系统。教育信息往往表现为一种模糊信息。教育过程中的许多信息，如学习课程、学习方法、学习特性、学习环境、教材内容、教学方法等，多是一些量度水平较低的信息，对这些信息的处理较为困难。另外在教学过程中，教师对学生的理解、对学生掌握知识的判断也是十分模糊的，比如教师的提问、学生的反应、学生的应答多是一些模糊信息。基于这些信息，教师通过个人意志进行某种判断，在此基础上决定教学过程的展开，这不仅是一种极为复杂的，也是一种模糊的过程。此外，还有一些教育信息，例如，对问题的反应、对问题的选择、学习的爱好等，多是一些反映个人的思想、意志的信息，与个人的思维模式、思维特点、认识水平

---

① 南国农，李运林．教育传播学（第二版）[M]．北京：高等教育出版社，2005：63．

有关，对这些信息的描述、处理和传播都十分困难。

（三）易得性

由于教育信息的多源性，课堂不再是教育传播的唯一阵地，在网络传播环境中，教育传播的手段、方式更加复杂多样，因此特别是在网络平台上，各方面、各层次的信息非常容易获得。

（四）易变性

多源而易得的教育信息可以使我们对获取的大量信息在瞬间进行重新组合，演变成新的信息，因而，进入师生视野的信息易得且易变，这必然对教育传播带来巨大的影响。

（五）快速呈现性

教育信息的快速呈现性尤其表现在网络平台上，在很短的时间内，各种信息能够很快地传递和反馈，师生能够迅速感知各种各样的信息，可以迅速捕捉有利的信息，也可以迅速知道不利的信息，因此教育信息的这种快速呈现性对教育传播效果的正面影响和负面影响都十分突出。

（六）个性化

网络的发展和新媒体时代的到来，拓展了教育传播学理论，改变了教育传播模式，增强了在教育传播过程中做到以受众（受教育者或学习者）为中心的可能性。因此，现代教育信息也具有了个性化的特点。

在教育信息处理与传播的过程中，应很好地注意教育信息的各种特点，更重要的是应根据教育信息的这些特点，创造性地研究对这些信息进行处理与传播的方法，实现教育信息的有效处理和传播。

三、教育信息的来源

教育信息范围广泛，伴随着传播媒体的日新月异，教育信息的来源也发生着改变。

教育信息的来源渠道有多种，一般分为两类：一是直接与实物接触通过实践、实验、参观获得；二是从信息体间接认识事物，如人类信息体（教师）、教学信息体（自然信息体、机器信息体）等。具体分类如下：

第一，教师直接传授，以及在教师指导下进行的教育信息的获取、处理与加工；

第二，学生亲身实践、实验、参观；

第三，搜集、选购公开出版的各类教育、教学信息资源；

第四，教师自己研制开发教学急需的各类课件或管理系统；

第五，与高等院校专业系科或软件公司联合开发教学软件；

第六，与兄弟学校或其他教育部门开展信息资源交流；

第七，从专门提供教育资源的相关网站上下载所需的各类教育资源；

第八，从自媒体如微博企业号、微信公众号、网络云课堂等平台上下载并分享所需的各类教育资源。

四、教育信息的处理

教育传播系统是一种包括了人在内的复杂系统。这种系统的复杂性、多样性和模糊性，无疑加大了对教育传播系统和系统中的教育信息进行有效分析、处理和加工的难度。

(一)教育信息处理

所谓处理，是基于某种目的对信息所实施的操作，对给定的信息所进行的某种运算、变换和逻辑的分析。教育信息如何去表示、如何去编码，是教育信息分析、处理应解决的第一个问题。

教育信息的处理方法应符合教育信息的特点和要求。对教育信息施加的各种运算、变换、分析，不应对教育传播现象产生任何矛盾和附加的负面影响。也就是说，教育信息的处理应该具有有效性，处理的结果不仅能有效地达到预期的目的，而且要求它与处理前的教育信息不产生任何矛盾。

(二)教育信息处理的内容①

教学过程中的信息处理可为教学过程的设计、实施、控制、评价、完善提供重要的依据，具有十分重要的意义。根据傅德荣等人的观点，教育信息处理的具体内容主要包括以下几个方面。

1. 学习过程、学习资源、学习问题中的信息量计算

学习过程、学习资源、学习问题中的信息量计算对学习过程的分析与评价、学习过程的控制、学习资源的评价与完善、学习问题的评价与完善具有重要的意义。学习目标是教学设计的起点，又是教学评价的根据，它在教学中占有重要的位置。学习目标的制定、学习目标的分析是教学过程设计的重要依据。

2. 教材与学习资料中的信息分析与信息处理

教材、学习资料是一种信息的集合。以科学的方法，而不是主观的意志，对教材、学习资料中的信息、信息结构进行有效的分析和处理，其结果对教材的开发、教学资源的开发，对教学设计的有效进行具有重要的作用和意义。

教材的结构化分析往往与教师的教材观、教师的认知特性有关，特别是那些逻辑关系不甚明显的教材内容，教师的教材观、教师的认知特性对教材的分析起着重要的作用。

3. 学习者数据的分析和处理

学习者数据的分析和处理对学习者特性的分析、教学设计的展开、学习过程的分析与控制具有重要意义。同样地，学习者行为数据的分析与处理可用于学习者的评价、学习问题的评价、学习过程的分析与控制。

4. 教学过程中的信息分析与信息处理

我们称教学过程的分析为教学分析。为了有效地实现各种信息的传递，应对教学过程中所传播的各种信息进行分析和处理，以实现对教学过程的有效控制。教学分析的结

① 傅德荣.教育信息化与教育信息处理[J].现代教育技术，2002(4)：6—7.有改动。

果，对认识教学过程、评价教学过程、完善教学过程具有重要的意义。

为了有效地分析教学过程，首先应以一定的方法记录教学传播过程，在此基础上，对记录的信息进行分析、处理。分析教学过程不仅要考虑教学内容，更要考虑这些内容以怎样的过程传递给学生。在这个过程中，构成教学系统的各要素间所进行的信息传递、信息交流、相互作用是十分重要的。

5. 学习者应答数据的分析与处理

学习者应答数据的分析与处理可用于学习者的评价、学习问题的评价、学习过程的分析与控制。

6. 学习结果的分析与评价

学习者的学习结果，通常是以一定的测试及其测试的结果来表示的。如何进行测试、如何表示测试的结果、如何评价测试及其结果是测试理论应解决的重要问题。测试的结果不仅可以用作学习结果的评价，也可用于学习过程的分析、学习问题的分析、学习者的分析。它对学习过程的分析和完善具有重要的意义。

7. 学习者生理信息的分析与处理

学习的过程是一种心理的过程。学习者内部的心理过程往往又与学习者的某种生理现象联结在一起，并以这种生理现象来表示。对学习者生理信息的分析与处理是教育信息处理的一项重要内容，它对学习者特性分析、学习过程分析具有重要意义。

8. 有关学习环境的教育信息的分析与处理

在教学过程中，需要使用各种媒体，并以各种媒体来呈现、传递各种教育信息。各种媒体是教学的重要环境和资源，对这些环境、资源及其传递信息的分析、处理，可以帮助教师获得最佳的教学效果。

(三)教育信息的处理方法

傅德荣等人在《教育信息处理》一书中提出了一些行之有效的教育信息的处理方法。

1. 加强与其他学科的交流

教育信息处理是跨多门学科的综合性学科领域，它涉及教育学、心理学、认知科学、信息科学等多门学科。教育信息处理应努力与这些学科进行交流，学习它们的思想、方法，学习它们的理论、技术，努力地完善自己，在实践的基础上确立自己的理论和方法。

2. 从行为向认知变换

教育系统是一种以人为主体的复杂系统。在处理教育信息时，不仅要注重教学过程中的各种行为，更要注意产生这种行为的思想，产生这种行为的认知过程。作为教育信息处理的方法，对行为表现的分析、处理，应逐渐转换为对人们内在知识特点、认知过程的分析、处理，即从行为向认知变换。在教学过程的设计、教材的构成、教学模式的决定中，教师的教育思想、教学观点、认知特点起到重要的作用，在分析、处理有关的教育信息时，应从认知的观点上进行。

3. 从集团向个体变换

教育的发展，不仅要求我们注重集团(班级)的教育，更要注重学生的个性发展。教育信息处理不仅要注重集团，如学校、年级、班级的有关信息，更应注重学生的个体信息，如对某个学生学习过程的分析、学生个体与班级关系的研究等。这种变换有利于个性化学习的研究和实施。

4. 从数量化向结构化变换

许多信息处理，往往只注重数量化程度较高的信息处理，而忽视了数量化程度较低的信息处理。教育信息更多的是数量化程度较低的信息，这种信息往往具有较明显的结构化特点。在教育信息处理中，应根据教育信息的特点，将注重数量化的处理变换为注重结构化的处理。

[学习思考题]

1. 解释信息的含义。
2. 分析信息的本质与特征，并举例说明。
3. 阐述教育信息的类型与特性。
4. 分析教育信息的开发与利用。
5. 阐述狭义信息论与广义信息论的基本内容。

第四章　教育传播符号

信息必须以某种符号为载体才能够流通。世界上没有离开符号而单独存在的信息，也没有不包含信息的符号。

教育传播是一种有意义的符号互动过程，传播者与受播者在传播过程中对同一种符号意义的共同理解，是进行传播活动的基本条件。所以，从符号是承载信息的载体这个角度来讲，教育传播过程是符号意义交换的过程，也是符号互动的过程。

第一节　传播符号概述

西方当代著名哲学家、英国人卡尔·波普尔(Karl Popper)的三个世界论在西方学术界十分有名，曾经引起相当广泛的讨论。他的“第一世界”(物理世界)是指包括地球在内的全部宇宙自然界；“第二世界”(精神世界)是指人的精神世界，包括所有人的心理活动、心理状态等；“第三世界”(符号世界)又称为“客观知识世界”，包括人类所创造的语言、文艺作品、宗教、科学、技术等。他认为，“第一世界”最先存在，而“第二世界”在新的层次上出现，“第三世界”又出现在更高的层次上。现代社会是一个信息积聚的社会，人们对信息的获取也是与日俱增。信息是抽象的，只有被某一种符号表征出来才是具体的，也就是说符号是一种能携带信息的特殊事物。符号能让我们直观地接受，然后根据原本约定俗成的信息编码和解码程序还原信息本身。因此，符号是信息进入人类译码的最终过渡环节。

一、符号的基本概念

在汉语中，符号又称记号、指号、符码、代码等，意指代表事物的标志。在英语中，代表符号的词有三个：sign——普遍意义上的符号，如语言文字等；signal——自然界和动物界所发出的信号，如闪电等；symbol——以具体指代抽象的符号，如“火象征光明”等。信号(signal)是表示某种事物是否存在的表征或记号(sign)，符号(symbol)是能够指代或者表述某一事物标志的东西；信号为所有高等动物共用，而符号是人类社会的创造物，能够成为信息传播外在形式的是符号(symbol)，而不是信号(signal)。在符号学研究中，符号主要是指象征符号，即 symbol。

日本学者永井成男认为，只要在事物 X 和事物 Y 之间存在着某种指代或表述关系，“X 能够代表或表述 Y”，那么事物 X 命题事物 Y 的符号，Y 命题 X 指代事物或表述的意义。①

美国学者皮尔士指出，凡是能够指代或者表述某一事物标志的东西都可以称为符号(symbol)。“符号是信息的外在形式或物质载体，是信息表达和传递不可缺少的基本要素。”②因此，符号是传播过程中为传达讯息而用以指代某种意义的中介，它是人类传播的基本要素。

二、符号的类型

由符号的含义我们可以看到，符号是丰富多彩、纷繁复杂的，于是学者们也从不同的

---

① 郭庆光. 传播学教程[M]. 北京：中国人民大学出版社，1999：42—43.

② 郭庆光. 传播学教程[M]. 北京：中国人民大学出版社，1999：43.

视角提出了各自关于符号的分类方法。

皮尔士根据不同种类的符号的性质、结构和功能，从符号本身、符号与其对象的关系、符号在解释时的状态三个层面将符号详细地分为 10 大类 66 种，如性质符号、通用符号、词类符号、指引符号等。

苏珊 · 朗格(S. K. Langer)则把人类的传播符号分为推理性符号和表象性符号两大类，她认为推理性符号可以表达感觉世界中的一切现实存在，也可以表达那些无法感觉的无形观念，但是，推理性符号并非万能的表达工具，它无法忠实地完成情感表现的任务。于是，服务于情感表现的另一种符号，即与推理性符号相对的表象性符号就应运而生。

被称作现代语言学之父的索绪尔(F. D. Saussure)是最早对符号进行分类的学者，他根据人类构建和传递符号的方式将符号分为语言符号与非语言符号两大类。

本书主要从语言符号与非语言符号的角度来对符号的类型进行探讨。关于符号的具体分类见图 4-1。

- 符号
  - 语言符号
    - 自然语言
    - 人工语言
  - 非语言符号
    - 动作符号
    - 音响符号
    - 图像符号

图 4-1　符号的分类

(一)语言符号

语言是人类最基本的符号体系，从传播学的角度来看，语言的产生完成了从动物传播到人类传播的巨大飞跃。语言符号是指以有声语言和书面语言为载体传递信息的符号，包括有声语言和书面文字两个部分，具有逻辑性、灵活性、能动性和创造性等特点。具体来说，语言符号又可以分为自然语言与人工语言两大类。

1. 自然语言

自然语言是人类在认识世界和改造世界的劳动实践和社会协作中，逐渐产生和形成的一种能够表达复杂含义的符号系统。自然语言根据其表达形式的不同，又有口头语言(口语)与书面语言(文字)两种形式。

2. 人工语言

当自然语言，尤其是口头语言，作为一种科学语言来使用时，具有一些不能克服的局限性，如语词的多义性、语言的不严格性，以及自然语言缺乏模式化，难以简明而准确地表达某些精密而复杂的科学内容等。于是人类又编制了另外一种语言，就是人工语言。

人工语言是根据科学技术发展的需要而人为编制的，具有词汇形式、语法规则、语句结构和语义内容的符号系统，是为解决专门化的科学任务和适应于描述一定对象(逻辑、数学、计算机、物理、化学、医学等有关特定的科学领域)，为某种特定的目的而专门设计的一套专业术语符号系统或公式。[①]

(二)非语言符号

非语言符号是指借助姿势、声音和艺术形式等直接刺激人的感觉器官来传递信息的语言符号之外的各种符号,具有连续性、非线性和真实生动等特点。非语言符号不像语言符号那样具有词汇形式、语法规则、语句结构和语义内容,可以只是一个动作、一种表情、一段音乐、一个物件、一张图片、一个空间位置或一种传播环境等,它们都在有意无意地传递着一定的信息。

南国农、李运林将非语言符号分为视觉性非语言符号、听觉性非语言符号和其他的非语言符号三种类型。[②] 邵培仁将非语言符号分为外貌与衣着、表情与眼神、姿态动作、触摸行为、空间与距离五种类型。[③] 郭庆光则将非语言符号分为语言符号的伴生符,体态符号和物化、活动化、程式化的符号三种类型。[④] 伯贡根据符号使用的活动类型将非语言符号分为身势语(躯体活动)、空间关系感觉(对空间的利用)、形体表现、肤觉(触觉的利用)、发声(语音的利用)、时用觉(时间的利用)、物用觉(物品的利用)。[⑤]

我们采用高蕴琦的观点将非语言符号分为动作符号、音响符号和图像符号三种类型。

1. 动作符号

动作符号包括人的身体动作、人所使用的物件、人所处的空间,以及时间观念等。

人的身体动作是指人身体任何一个部分的动作。人的每一个动作都是人的心理状态和生理状态信息的外化表现,蕴藏着非常丰富的信息。据研究发现,通过人的身体动作能够发出多达70万个不同的信号。埃克曼和弗里森(1972)认为,不论人的身体动作有多么复杂众多,它们都可以归为五大类:直接由语词转换过来的表意的象征性动作,如聋哑人的手语等;用于帮助解说语言符号的解说性动作;真实传递与表达传播者情绪的情绪性动作;调整、监听、维持、控制他人行为的调节性动作;满足个人心理需要、暗示传播者的个人信息、通常在不知不觉中进行的适应性动作,如整理头发、清清喉咙等。

动作符号也包括附属于人体的各种物件。人所使用的一切物件,在一定程度上也代表了使用人的一定的信息。如发型、服装、居室的装修风格等,反映了使用人的文化修养、性格、爱好等。

每一个人都生活在一个无形的空间和时间范围内。由于文化、个性等因素,不同文化背景、不同性格的人在具体的传播活动中所处的空间情况是不同的。另外,因为成长经历、性格等,每一个人的时间观念是不相同的,反映在他们的传播行为上也是有差异的。因此,空间与时间也是重要的信息符号,在传播活动中具有重要的地位与作用。

---

① 南国农,李运林.教育传播学(第二版)[M].北京:高等教育出版社,2005:80.

② 南国农,李运林.教育传播学(第二版)[M].北京:高等教育出版社,2005:80.

③ 邵培仁.传播学[M].北京:高等教育出版社,2000:141.

④ 郭庆光.传播学教程[M].北京:中国人民大学出版社,1999:45.

⑤ [美]斯蒂文·小约翰.传播理论[M].陈德民,叶晓辉,译.北京:中国社会科学出版社,1999:133.

2. 音响符号

音响符号包括拟似语言、事物音响和音乐等作用于听觉器官的符号。

拟似语言是语言符号的伴生符，也称为副语言，是从说话的声音和书写的文字中分离出来的非语言符号成分，如由说话者的生理和心理状况所决定的音型，具体包括声音的强度、语调的高低、语速的快慢、共振与节奏等，它可以传递说话人的年龄、性别、健康状况、文化背景、社会地位和职业等信息；还有非语言符号声，如笑声、哭声、哈欠声、喷嚏声等，也能传递说话人的情绪和身体状况等信息；另外还有文字的字体、大小、笔画的粗细、字迹的工整程度等也可以反映书写者的个性、受教育程度、文化修养和心情等信息。因此，拟似语言在对语言起加强和辅助作用的同时，本身也在传达自己的特定的意义。

事物音响包括事物的自然音响和信号音响。自然音响是指由事物本身自然发出的声响，如自然界的风声、雨声、雷声，动物的叫声等，代表了发出该音响的事物的一种属性；信号音响是指用一个特定的声音信号去代表特定的传播意义，如救护车的警报声、上课铃声等。

音乐是声音的艺术，是人类传达感情的工具。它可以用来提升情感、深化主题、激发联想、描绘景物、创造气氛。音乐是人类心灵的产物和直接表现。

3. 图像符号

图像符号有动态与静态之分，动态的图像符号包括电影、电视放映出来的活动图像；静态的图像符号则包括图画、照片以及地图、图解、标志等象征图形。

电影、电视、图画和照片等符号仍然具有原来的人或物的形态，容易被受播者理解和接受，但已经不是原来的人或物本身；地图、图解、标志等象征图形已经没有原来事物的形态，只是象征性地代表了特定的意义。

三、符号的意义

目前，符号学已经进入教育传播的本体研究中，它从符号层面研究教育传播信息的意义以及教育传播的效果，以寻求传播发生效力的内在机制。

（一）符号的结构

1. 索绪尔的观点

索绪尔在《普通语言学教程》中提出了四组二元对立的范畴：语言与言语、共时态与历时态、能指与所指、横组合与纵组合。在这四组范畴中，语言与言语、共时态与历时态这两对范畴侧重于语言学，能指与所指、横组合与纵组合这两对范畴侧重于符号学。在符号学研究中，能指与所指是讲符号的构成，横组合与纵组合是讲符号的关系。

2. 符号的构成

索绪尔的符号结构是从语言符号中引发出来的，在他看来，语言符号联结的不是事物和名称，而是概念和音响形象，而音响形象也不是纯粹物理的东西，而是声音的心理印迹。为此，索绪尔选用所指和能指分别代替了“概念”和“声响形象”作为一个语言符号的两个面。索绪尔的杰出贡献是深刻地揭示出符号的结构特征：语言符号具有能指和所指两大属性。能指是符号的音形状态，所指为符号包含的概念意义。实际上，所有的符号都具有能指和所指两大属性。能指和所指之间的关系确定了各种符号的不同结构与表征特性。

(1)概念和形象

一个符号单位有两重性，一方面是概念(concept)，另一方面是动作形象、声音形象(音响形象，sound image)，语言就是由概念和声音形象这两个方面所组成的结合体，这种结合体就是符号。

(2)施指和受指

索绪尔把这种结合体符号中的动作形象和声音形象(音响形象)称为符号施指(signifier)，把概念称为符号受指(signified)。

(3)能指和所指

符号施指又叫能指，符号受指又叫所指。能指是可以直接感觉到的指符，即动作、声音或音响；所指是可以被推知和被理解的被指符，即动作形象、声音形象或音响形象所代表的概念。

3. 传播符号的双系统观点

在符号与符号之间的组合关系方面，法国符号学家罗兰·巴尔特(Roland Barthes)提出了传播符号双重系统的观点。他认为，传播符号有两个系统：一个是语言学系统，它陈述事实、反映实际情况；另一个是神话系统，它是"一个社会构造出来以维持和证实自身的存在的各种意象和信仰的复杂系统"，属于人为的、虚设的，属于意识形态的范畴。第一个系统中的能指和所指所形成的传播符号，构成第二个系统中的能指，反映人为的虚设的意识形态。

(二)符号的意义

关于符号的意义，传播学家宣伟伯(W. Schramm)在其论著《传媒、信息与人——传学概论》中精辟地指出："符号是人类传播活动的要素，符号代表事物，它能脱离参与传通的双方而独立存在。这些符号在甲方脑中代表一种意义，若为乙方接受，在乙方脑中代表某一种意义。因此，符号可以'译'成'意义'的传通因素。"这段话深刻地揭示了符号的本质与意义，符号指代它自身以外的事物，意义则是客体或思想与符号之间的联系。

现代的符号学理论最早是由19世纪伟大的哲学家和逻辑学家、当代符号学的奠基人查尔斯·桑德斯·皮尔士提出来的。皮尔士将符号定义为符号、客体和意义之间的关系。在皮尔士看来，符号研究的方法论依据是三元的，因此，在皮尔士的符号与意义模式中，图像符号、标志符号和指征符号之间，符号、符号所指与符号使用者之间都存在一个意义三角，即一切符号意义的问题都不能回避符号、客体对象、解释项三个方面。其中，客体对象决定符号，符号决定解释项，而客体对象又通过符号作为中介决定解释项。只有三者相提并论，才能创造意义。

1. 客体对象是符号的成因

皮尔士在他关于符号的研究中发现，符号的一个最基本的功能就是符号的作用在于能代表或替代不同于自身的他物，也就是说，客体对象或解释者头脑中的所指事物通过符号来代表。

符号与客体对象的关系可以基本归结为代替、表现和代表三类，而其中的代替关系是符号的一种最常见的基本功能，因此，无论是语言符号，还是非语言符号都只是某种事物的代表，表示一种抽象的概念，而不再是真实事物本身。

2. 解释项是符号的意义

皮尔士在论述符号所指的对象时，使用的是英文“object”（客体）一词，虽然表面上给人的印象是，这里的对象必须是有形、可感、目前存在的某种东西，但皮尔士也准确地指出，这里的“客体”一词，既可以指实际的存在物，也可以指想象的存在物；既可以指一个复杂的事件，也可以指一种状态，还可以指一种相对抽象的关系。所指对象的存在与否并不是衡量符号是否有意义的标准。符号的意义不是所指的对象，而是对这种关系以及所指对象特性的认知。

皮尔士又指出，符号意义的确立，前提在于首先要辨别对象客体。符号的对象不是可以任意填充的空格，就具体的符号现象而言，它所指的对象，是符号的接收者或解释者经验中的对象。符号的意义在一定意义上来自解释者的经验，符号能够引起人的某种反应，与所代表的事或人本身所引起的反应相似但不完全相同。宣伟伯形象地指出：“符号的意义就是这个符号所引起的一套情景、感情、腺和神经的活动。它们同符号本身代表的东西所引起的反应相似但不完全一样。一个人听到所爱的姑娘时做出的反应同见到姑娘本人的反应并不完全一样。前者没有后者那么强烈、那么细腻。”

解释项是解释者对符号加以认知、解释、感知、反应的过程和结果。解释项是广义的，不仅仅局限于其字面意义。它可以是一种思想观念，具体表现为逻辑上的概念、命题、论证，也可以是一种情绪，具体表现为同情、畏惧、厌恶等，还可以是一种行动，具体表现为积极的反应或消极的抵抗等。

苏珊·朗格将符号的意义界定为三个不同的层面：词义、外延意义和内涵意义。[①] 词义是符号表示某一个事物存在的简单刺激，是符号与物体之间简单的一一对应关系，如红灯停、绿灯行。外延意义通常包括词汇意义和语法意义，是符号与所指物体之间的关系，是符号体系中所固有的与客观事物有代表性关系的意义，通常就是字典上的解释，是约定俗成的、客观的。如鱼的外延意义就是脊椎动物的一类，生活在水中，通常体侧扁，有鳞和鳍，用鳃呼吸，冷血，种类很多。内涵意义通常包括修辞意义、语境意义、历史意义、文化意义等，是人与符号相连的全部情感与联想，是一种评价性的意义，是主观的。如鱼的内涵意义就会较少关注与符号相连的物体（鱼），而更注意的是你个人与该物体的各种联系，比如很喜欢吃鱼肉的好的联想，或小时候被鱼刺卡过的不好的联想。[②]

因此，在皮尔士看来，解释项可以对应于解释者的思维、心理、意识等层面。相对于符号的意义而言，它构成了符号间接的内涵部分，而且是可以不断改变、丰富、发展的，从

① [美]斯蒂文·小约翰.传播理论[M].陈德民，叶晓辉，译.北京：中国社会科学出版社，1999：121.
② 邵培仁.传播学[M].北京：高等教育出版社，2000：175－176.

而和符号的直接外延部分，即符号的所指对象区别开来。符号的对象客体是有限的，但对这一客体的解释是无限的。

3. 符号的动态意义

从符号到对象客体再到解释项，构成了符号认知的一个相对完整的过程，即符号过程(semiosis)。但这个过程不是封闭的，而是一个可以延续、递进、发展的开放过程。

人类作为符号的主体，在对符号进行解释时，既有其发挥的自由，从而推动符号的成长和符号意义世界的扩展，又同时受到来自符号解释项自身的限制。皮尔士认为，符号解释项上的这种不自由应该归结为符号的解释者所处的社会或共同体的规范，就具体的解释者而言，则是内化为知识或经验的一种习惯。这也就是符号的意义会因环境而异、因人而异，以及符号的实际意义远远比字典上所罗列的意义多得多的原因所在，我们因此也就找到了符号多义性的根源。

第二节　语言符号

语言文字是传播文化信息的主要载体。语言传播，可以使个人经验和见闻为大家所共享，使前人的文化积累为后人所继承。正是在这种情况下，我们的祖先懂得了钻木取火、草药治病、保存食物、饲养动物、耕种粮食、敬奉神祇，还掌握了“知识含量”很高的制陶、纺织、炼铁等技术。若没有语言传播，这些转变就不会发生，社会就会停止发展，而无法存在下去。因此，人类的语言就是人类的历史、文化和精神。

一、语言符号在人类传播中的地位与作用

语言在人类社会的进步及发展中起着至关重要的作用。可以说，无论人类的传播技术发展到何等高度，现代信息传播已经无法摆脱语言而存在，语言就是一种以词语为传播符号的最基本的传播媒介。但是，语言又不单纯是一种传播媒介，语言同时也是人的思维本身，是人类生存及发展的基本能力之一。即使人沉默着，只要在思想，甚至做梦，其实也是在使用语言进行自我传播。因此，马克思说：“思维本身的要素，思想的生命表现的要素，即语言，是感性的自然界。”

语言的传播与发展与一个国家的兴旺发达、一个民族的强盛具有不可分割的因缘。两千多年前，中东地区的国际交流语言是希腊语，建立这种希腊语霸权并不都依赖于柏拉图和亚里士多德的智慧，而是亚力山大大帝统率的军队挥动的剑与矛。为什么拉丁语曾在欧洲各地使用？起因就在于罗马帝国的军团。公元 8 世纪，摩尔人的军队一手挥舞刀剑，一手捧着《古兰经》，将阿拉伯语带到北非和中东。英语在今天的强势无疑是美国作为第一经济体扩张的结果。语言是植根于民族灵魂与血液间的文化符号，真实记录了一个民族的文化踪迹，成为延续历史与未来的血脉。

二、语言符号的结构特征

索绪尔把语言视为一个代表现实的结构系统。注重分析和描述语言符号的结构特征是 20 世纪西方语言学研究的普遍倾向，并在当时形成了所谓结构主义的思潮或流派。

（一）系统性

语言是一种符号系统，具有所有符号的一般特点，它能代表或指称现实现象，任何符号都是由形式和意义构成的，语言也不例外。语言符号是以语音作为物质形式来表示意义的符号，是语音和意义的结合体，“音”是语言符号的物质表现形式，“义”是语言符号的内容，只有音和义相结合才能指称现实现象，构成语言的符号。语音和意义在具体的语言中统一于一体，密不可分，二者互为存在条件：没有语音形式，语言无所依附，无法让人感知，根本不可能存在，更别说交际运用了；没有意义内容，语音形式就失去存在意义，也

没有必要存在了。例如，“人”这个符号，“rén”是它的语音形式，“会说话，用两条腿走路，会制造和使用生产工具进行劳动”是和这个音结合在一起的意义，构成符号的内容。

语言是由许多符号按照一定的规则组成的复杂的符号系统。语言不是很多不相干的语言符号的组合，而是由很多单个的语言符号按照一定的规则（比如语法）组成的复杂的系统。

（二）线条性

语言符号在结构上的另一个特征是它的线条性，就是符号的使用只能在时间的线条上一维绵延，一个符号跟着一个符号依次出现，而不可能像思维和认识那样在空间以及其他维度进行多维展开。我们说话时，是将词语按一定的语法规则串联好发出来的，词语是通过语法串联在一起形成我们表达思想的基本单位句子的。语言符号的形式是由人的发音器官发出来的一个一个的声音，这一连串的声音，是一个挨一个顺次发出来的，我们不能同时发出两个声音来。语言符号宛如一条连绵不断的线条，这就是语言的线条性。

（三）二层多级性

语言为什么能够成为人们得心应手的交际工具？语言系统灵活的二层多级性是一个重要的原因，因为它为人们以少数驾驭多数奠定了结构的基础。

语言符号相互间存在着规律性的联系，组成一个严密的系统。语言系统的组成规则主要就表现为结构的层次性，语言层级体系中的音位层和符号层被我们合称为语言的二层性。

语言符号是形与义的结合体，因而形与义自然处于最下层。“形”本来是一条混沌、模糊的线性音流、字母或笔画，分不出形的结构成分来；“义”也是如此，分不出意义的界限。书面语言系统的底层是一些字母或基本笔画，如中文的横、折、撇、捺，英文的 26 个字母，俄文的 32 个斯拉夫字母，等等。而有声语言系统的底层叫作音位，音位是有限的，一般只有几十个，如汉语有 23 个声母、24 个韵母和 4 个声调，英语有 48 个音位，日语有 50 个音图等，但这些有限的音位按照一定的规则进行组合而构成语音，基本上就能满足意义表达的需要，构成语言符号。音位本身没有意义，但具有区别意义的作用；意义如果不经语音的包装，也是无法显示和表达的。音位处于语言系统的下层，其特点就是单面性，因为它本身没有意义。音位经组合而与某种意义相结合就能构成语言的符号和符号的序列，这是语言的上层。这一层又可以分若干个级：第一级是语素，这是语言中音义结合的最小结构单位；第二级是由语素的组合构成的词；第三级是由词的组合构成的句子；第四级是复句；第五级是句群；第六级是段落等。词和句子都是符号的序列。

语言符号的二层多级结构核心就是以少驭多，以少数结构单位有规则地组成多数；下层与上层，下级与上级，都是以少数有规则地组成多数，即上一层（或上一级）的结构单位由下一层（或下一级）的结构单位按照一定的规则组合构成。三四十个音位可以组成五六千个语素的语音形式，五六千个语素可以组成几十万条词（大型英语词典大致收词四十余万条），而这几十万条词则可以组成无穷无尽的句子。句子的数量虽然无穷，但句子里所用的材料不会超出这几千个语素的范围。

(四)开放性

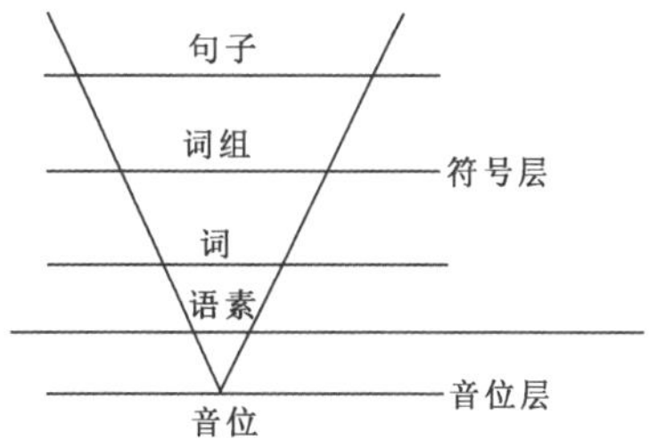

图 4-2　语言符号的二层多级性

系统论有一个观点叫作整体大于局部之和，语言符号的特点也符合系统论的观点。从图 4-2 中，我们可以清楚地看到语言各个层级之间的关系如一个开放的倒三角形，越往上层，数量越多，到句子则完全是开放的，无穷的。

语言中的每个词语，都不是孤零零的，都要与别的词语发生关系。根据语言符号的线条性特点，语言符号的各个要素前后依次相继出现，形成横的组合关系；根据语言符号各个要素在组合中所表现出来的开放性特点，通过同型类比，又形成纵的聚合关系。因此，索绪尔提出符号之间的构成关系可以分为两种：组合关系与聚合关系。

组合关系又叫连锁关系、水平关系或横向组合关系，是指两个同一性质的结构单位（如音位与音位、词与词等）同处于一条横向轴线之上，按照线性的顺序组合起来的关系，它涉及同时存在的事物之间的关系，一切时间的因素都不在考虑范围之内。例如，“我—想—读—书”。因为语言符号的线性特点，符号是先后依次出现的，符号的组合顺序也是有条件限制的，符号与符号之间的顺序位置不同，组合起来的关系也就不同，意义也就不一样。因此，组合关系直接体现了语言的结构规则要求，并非任意两个词都能构成组合关系。如我们可以说“走得太快”，而不能说“走得太绿”。

聚合关系又叫联想关系、选择关系、垂直关系或纵组合关系，是指同一类符号同处于纵向轴线之上随着时间发展而发展的情形，也就是语言结构某一位置上能够互相替换的具有某种相同作用的语言符号单位（如音位、词等）之间的关系，反映了语言符号与符号之间的替换关系。几个性质相同、组合功能相同的词，在语言结构的某一个位置上可以互相替换，替换后生成不同的句子。例如，“我（你、他）—想—读—书”。

组合规则和聚合规则是相互有内在联系的两条规则。组合规则着眼于结构单位的横向联系，聚合规则着眼于结构单位的纵向替换，所以它们就犹如纵横两轴，在符号与符号之间组成了一个纵横交错的结构关系。每一结构单位，理论上都可以在纵横两轴的交叉点上找到自己的位置，如能把握这种交叉点，就不难了解语言结构单位的性质和特点。

三、语言符号的意义特征

语义学主要是研究意义的。传统语义学把语义看成语言内在的属性，在语义研究中把一切语言外因素都排斥在意义研究之外。因此，传统语义学在一定的意义上说是狭义的语义学。语义学在广义上应该包括那些由于特定的语境作用所产生的语义，即语用语义的研究。

(一)语言符号形与义的关系

我们把语言中的句子切分成一个一个的单位，每一部分都是音、形、义的结合体。语音和语义的这种密切关系，有人做了一个生动形象的比喻："语言好比一张纸，正面是语音，背面是语义，用剪刀剪也剪不开。"这个比喻恰如其分地说明了形式和意义的关系。因此，语言符号的形式和意义是密不可分的统一体，一定的语音形式代表一定的语义内容，一定的语义内容一定要用一定的语音形式表达，二者相辅相成，彼此依存，犹如一张纸有正反两面，我们不能只要正面而不要反面，也不能只要反面而不要正面。

符号的意义是现实现象的反映，如果"人"不会制造和使用生产工具，那么"人"的意义中也就不会有这方面的内容。正确理解音（形）、意、物之间的相互关系是掌握语言符号意义和特点的关键。

由语言学家奥格登（C. K. Ogden）和理查兹（I. A. Richards）提出的语义三角学说在语言学界广泛流传。语义三角形是论述和解释语义现象的一种经典理论。语义三角形提出了词语与所指事物没有必然的联系，同一个事物可能或者可以用不同的词来表示，与建立语言意义有关的三个要素是符号、指示物和人。

语义三角形模式强调了语言符号与意义的三个含义：

其一，符号的意义——字词本身的意义；

其二，指示物的意义——事物所具有的本然意义；

其三，在个人心目中的意义——对个人所具有的特定意义。

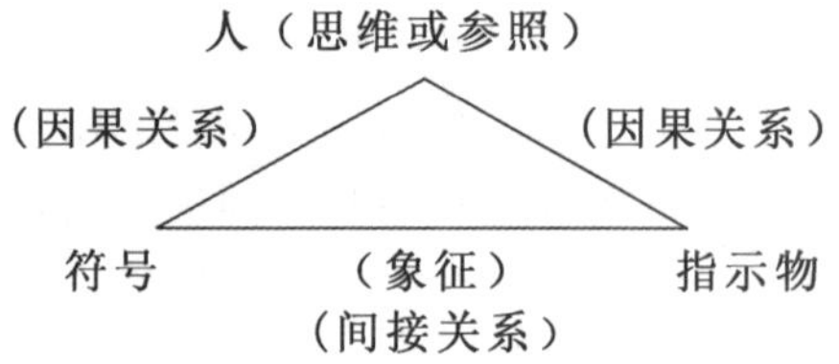

图 4-3　语义三角形

从图 4-3 中，我们可以看到符号与人的思维、指示物与人的思维之间具有直接的因果关系，而符号与指示物之间是间接的象征关系。

将符号的意义与所指涉的客体对象分离开来是一种非常深刻而意味深长的分析方法，它揭示了语言符号形与义的三种可能：

第一，可能存在着有意义而无对象的东西。虚构的、想象的和抽象的东西可以具有意义，虽然它们作为物质不存在，但以"意义"的形式存在着。

第二，"意义"可以脱离物质而独立存在，存在于人们的思维活动之中。

第三，符号既可以指称作为实体的客体对象，也可以表达虚构的、想象的和抽象的东西——意义。正如罗素曾经说过的，应该承认有"非存在的空无"（Nothing unreal）[①]存在着。

（二）语言符号意义的任意性

奥格登和理查兹的语义三角形模式（如图 4-3）清楚地告诉我们符号与指示物之间只是一种任意的关系，而不具有必然联系。比如，我们以"狼"这个语言符号为例，运用语义三角形进行分析，三个要素分别是：指示物——动物"狼"本身；符号——"狼"这个字；人——一个人听到或看到"狼"这个符号时，在大脑中产生的思维与影像。在这三个要素

① 李幼蒸. 理论符号学导论[M]. 北京：社会科学文献出版社，1999：219.

中，语言符号“狼”与指示物——动物“狼”没有直接的必然联系，只有当人听到或看到“狼”这个符号，在其头脑中产生了这种动物的影像时，符号“狼”与指示物——动物“狼”之间才产生联系。因此，符号与指示物之间只是一种任意的间接关系，从语言学的视角来说，这种任意关系具体体现如下。

第一，音义的结合是任意的。世界上为什么有多达 5 500 多种语言，就是因为人类创造语言时在选择语音形式表达意义内容方面的不一致，因而形成了不同的语言。由于语言具有社会属性，不是自然的，语音形式和意义内容之间没有必然的本质联系，完全是偶然的，不可解释的。

第二，不同语言有不同的音义联系。比如，汉语的语音形式和英语的语音形式不相同。

第三，不同语言音义联系不对等。同样的语音形式，在不同的语言中可以代表不同的意义，而同样的意义，在不同的语言中可以用不同的语音形式来表达。

第四，同一语言的音义关系也有任意性。如汉语中有众多的方言，同样的事物在各种方言中也有不同的读音。不同方言区之间，语言的音义联系也不完全一致。同一语言中不同方言的语音差别也说明了音义联系是具有任意性的。

当然，符号的任意性特点是就语言起源时的情况来说的，指最初用什么样的语音形式代表客观事物现象这个意义内容是任意的，不是说人们可以对语义内容做随意解释。

（三）语言符号意义的理据性

符号与符号的组合和单个符号中音义的结合有很大的区别，它不是任意的，而是有条件的。正因为以任意性为基础的符号处于有条件、有规则的联系之中，才使语言具有有条理、可理解的理据性。也就是说，音、义的结合是由社会约定的，语言的使用也不是任意的，它要求遵守既定的习惯准则。因而这种音义的理据性关系又叫约定俗成性。恩格斯对这个问题有一个很有趣的解释：“正和负，也可以反过来叫……北和南也一样。如果把这颠倒过来，并且把其余的名称相应地加以改变，那么一切仍然是正确的。这样，我们就可以称西为东，称东为西。太阳从西边出来，行星从东向西旋转等等，这只是名称上的变更而已。”①

语言符号的任意性和强制性是对立的统一，人们不能借口任意性而随意更改已经约定的音义关系。约定俗成前可以说有任意性，约定俗成后则具有了强制性。符号的音义关系一经社会约定而进入交际之后，它对人们就有强制性，个人就不可能随心所欲地使用任何语言，也不能随意更改或重新安排语法结构，更无权更改。

四、语言的一般特性

以温德尔·约翰逊（Wendell Johnson）为代表的普通语义学（general semantics）的研

① 恩格斯.自然辩证法[M]//中共中央马克思恩格斯列宁斯大林著作编译局.马克思恩格斯选集（第二版）（第3卷）.北京：人民出版社，1995：539.

究者们指出，如果我们能像科学家那样去使用语言，就会减少语言误用的程度，因为科学家的语言才能代表它指代的现实事物。于是，他们提出了在编码过程中造成编码障碍和交流困难的一些语言的特性。

（一）静态的语言描绘动态的事实

古希腊哲学家赫拉克利特（Heraclitus）说过："一个人不可能两次踏入同一条河流。"在我们日常生活中也有很多俗语、诗词等，如"明天又是新的一天""山重水复疑无路，柳暗花明又一村""长江后浪推前浪""青，取之于蓝，而青于蓝；冰，水为之，而寒于水"，这些都说明了一个事实，那就是事物都是运动的。

但是由于语言的约定俗成性，用来描述世界的语言和文字是相对静止的，在一定的时期内通常还是原样，并且语言的变化比世界的变化慢很多。正如哲学家罗素所指出的那样："语言虽然是一个有用甚至是不可缺少的工具，却也是一个危险的工具，因为语言是从暗示物体具有一种确定、分立和看来好像具有永久的性质而开始的，但是物理学却似乎表明物体并不具备这些性质。"[①]

"人不可如一秒前的自己。"表征这个人的语言符号，也就是他的姓名没有改变，但实际上他已经不是前一秒的他了；表征某一个地方的地名没有改变，但实际上它的地理环境、社会环境、经济环境等都可能已经发生了翻天覆地的改变。语言在一定时期内不变的静态性会使我们在一定程度上忽视其所描述的世界已经改变的事实。

（二）有限的语言描绘无限的事实

词汇就像是建筑材料，语法就像是建筑规则，语言就是用这两样东西组成的一个完整的符号系统。因此语言是有限的，所谓有限，指的是有限的词和为数不多的组合规则，即组成这些人类可以说出来的话的词是有限的，组合这些词的规则也是有限的。无论是词语、句式还是语法规则，都是可以计数的、有限的。比如，《新华字典》中按照拼音音节索引，不算音调总共才 300 多个音节；《辞海》里大约有 12.7 万个词；《康熙字典》中有 4.7 万余字。温德尔·约翰逊也提到，英文里只有 50 万到 60 万个单词，而人们日常生活中实际使用的词汇就更少，大约只有 5 000 个。

但是不断变化的大千世界和人们的精神是无限的，也就是说，人类总是要在有限的语言阈域内表达无限的精神意志和变化的宇宙万物。《周易·系辞上》载："书不尽言，言不尽意。"孔颖达疏："意有深邃委曲，非言可写，是言不尽意也。"由此可以看出，无论是借助口头语言还是书面语言，人们都无法完全表达出心中的意思，表达出自己的所思所想。语言的有限性，甚至可以让佛祖对其"无上甚深微妙法"都感到难以言说，或许也正因此，佛常曰：不可说，不可说。这也是为什么我们在与人交流沟通或描述事物的时候，有时会有语穷词尽的感觉，其中固然有我们对这一事物的了解不够透彻的原因，但是其中也与语言的有限性不无关联。于是，沃纳·赛佛林（Werner J. Severn）和小詹姆斯·坦卡德（James W. Tankard, Jr）引用语义学家们的建议："在任何叙述句子后放一个等（etc.）字，

① [英]罗素. 人类的知识——其范围与限度[M]. 张金言，译. 北京：商务印书馆，1983.

以提醒你，对任何事还能说出更多。"[1]

（三）抽象的语言描绘具体的事实

苏珊·朗格认为，人类具有一种天生的抽象倾向，抽象是从许多具体的经验中形成一般思想的过程。语言作为承载意义的符号形式，是人对客观事物进行阐释（符号化）的结果。就某一事件来说，其意义的产生或阐释过程通常要遵循以下步骤：事件的本体存在、感知事件的某一部分、形成的价值判断、用语言符号表述感知的某一部分。这一符号化过程，实际上是一个不断抽象化和舍弃的过程。尤其是在"用语言符号表述感知的某一部分"这一意义产生的最后阶段，由于阐释者自己的价值判断，或由于外部施加的压力，最后的意义表述，要么远远疏离了那个具体的事件，要么远远背离了阐释者的本意。

语义学家早川一荣（S. I. Hayakawa）在《思想和行动中的语言》一书中，从柯日布斯基的"结构差别"（structural difference）观念提出了字词"抽象阶梯"（abstraction ladder）的概念，形象地标明了字词的不同抽象层次，说明了人类思维和谈话能够进行的各个水平。譬如，他说人们在各级阶梯上观看"奶牛贝茜"的途径如下：

第一级：科学上知道的微观奶牛和亚微观奶牛。

第二级：我们所看到的奶牛。

第三级："贝茜"——我们用这个名字来辨认所看到的特定对象。

第四级：奶牛——我们用这个符号来代表我们从所看到的或听到的贝茜和所有其他奶牛身上总结出来的"奶牛"的特点。

第五级：牲畜——这是一个更抽象的符号，代表奶牛与猪、鸡、羊等共有的特点。

第六级：农场财产——这个符号代表牲畜与农场里其他东西所共有的特点。

第七级：有交换价值的东西——这是农场和其他可出售东西所共有的特点。

第八级：财富——这是所拥有的财产，可能包括贝茜的价值，但也可能包括更大的价值。

从上例中我们可以看到，抽象是在用更为一般的词语理解物体、事件或情境中略去细节的过程，所有的词都采用了抽象的方法，亦即省略了细节，但不同的词的抽象程度是不一样的，抽象层次每增高一级，都会忽略更多的细节，字词所指的范围也就越大，指代的事物也就越不具体。从早川一荣设计的这个阶梯可以看出，人们在这架梯子上爬得越高，贝茜的具体特征就越湮没在总的含义里。

五、语言的运用

（一）语言的运用障碍

普通语义学家指出，语言的上述一般特性，造成了我们生活中比比皆是的语言误用现象。

---

① ［美］沃纳·赛佛林，小詹姆斯·坦卡德. 传播理论：起源、方法与应用（第四版）[M]. 郭镇之，等译. 北京：华夏出版社，2000：91.

1. 固定层次抽象(dead-level abstracting)

普通语义学家温德尔·约翰逊提出了语言误用的一种方式——固定层次抽象,也被称作"死线抽象",即语言的运用者只在语言"抽象层次"的某一级上使用语言,忽视各种事物的复杂局面。这个固定的抽象层次既可以是高抽象层次,也可以是低抽象层次。

典型的高抽象层次的例子来自外交或政治辞令,在这些场合中使用的字词基本上都固定在高的抽象层次上,因此在一般人看来,外交辞令总是让人很难把握其中真义。早川一荣把这种字词的误用称作"四处漂泊的船只",没有支撑点,只会导致语言枯燥无味,缺乏吸引力。

同样的误用还有另一种方式,就是把所用字词都固定在较低的抽象层次上。如果一个信息的内容都固定在低层次的抽象水平上,同样也是无法让人接受的,这会影响信息的传播。比如,流水账式地叙述自己一天的生活,事无巨细,一一道来。这种信息往往让人得不出一个概括性的结论,不得要领,弄不清传播者所要表达的主题到底是什么。

所以,在语言符号的运用过程中,传播者应善于在不同抽象层次上灵活运用,将高层次抽象语言符号和低层次抽象语言符号结合起来,在理念层次和形态层次上同时作用于人的感官,这样才能有较好的传播效果。正如传播学的集大成者威尔伯·施拉姆所说:"有效传播的一个秘密是把一个人的语言保持在听众能够适应的抽象程度上的能力,以及在抽象范围内改变抽象程度的能力,以便在具体的基础上谈论比较抽象的内容,使读者或听众能够不困难地从简单熟悉的形象转到抽象的主题或概括上来,并在必要时能够再回到原来的形象上去。"所以,普通语义学家认为最有效的传播应该是沿着抽象阶梯有起有落,既有高抽象水平的概括,又有低抽象水平的详情细节。比如,经验丰富的教师在讲授一些较抽象的原理或理论时所采用的一个有效的方法就是提供大量的案例。

2. 认同不当(undue identification)

认同不当也被称作指认不当,指无法分清同一范畴或类型中事物之间的区别,把同一类型中的不同成员视为完全相同的个体。由于我们的语言有限,加上采用抽象和分类的方法,语言便使我们强调类似点而忽视差异点,并以这种分类的方式谈论、感知和思考这个世界。就是我们通常所说的"只见森林,不见树木"的错误,以事物的普遍性代替事物的特殊性,而各类各项事物的个性得不到应有的重视和表现。

因此,传播者要特别注意排除传播过程中的一些定式性偏向的干扰,不要忽视了人们个体之间的巨大差异,而刻板地将其归类在一起,尽量保证认识过程的全面性。

3. 二元价值观评判(two-valued evaluation)

二元价值观评判指那种"非此即彼"或排除中间层次的极端评价和思想方式。它对实际上存在的一系列可能性视而不见,只认可两种可能性的存在。由于描述世界的语言本身有一种两极化的倾向,再加上语言的有限性,我们在描述某些情景时只用两个对立的字眼,比如,好与坏、黑与白、是与非、积极与消极、富裕与贫穷。语言运用的这种非此即彼的倾向,好似世间万物只有两种可能、两种极端的取向,久而久之就会简化人们认识世界的模式,简化用于表达意义的语言符号体系,进而使人们难以适应复杂事物对人们提出的高要求。因此,我们在应用语言进行传播的过程中,切不可只知道黑白,而不知道黑白之间还有众多不同层次的色彩;看一件事物也不能只看到它的两面,还应该关注其值得我们注意的第三面、第四面……甚至第一百面。世界是多面的,事物的表现也是丰富的,两极之间的过渡层本身就是一片广阔的天地,因此用于表达它们的语言符号也不应该是简单的非此即彼。

4. 无意识投射(unconscious projection)

无意识投射指在表述事物过程中一种下意识地、不自觉地以自我为中心的现象。不自觉地将我们过去的经历、猜想和偏见投射到知觉对象上,强加于客观事物之上。当人们在观察世界的时候,会强烈地受到个人经验的影响,会根据自己的目的和过去的经验进行投射。所以,在人们运用语言描述世界或发表看法时,都会受到自己的感受、预存立场和心境的影响,实际上都属于一种自我的表达。并且,我们这种对自我感受的表达还是不自觉和无意识的,我们误以为这种主观印象的表达是在陈述实际情况。比如,我们说"西南大学真漂亮",虽然表面上是在描述西南大学,但实际上表达了说话人自己对西南大学的感受。这就是将自己对事物的主观感受、认识以客观的形式加以表达,在语言表达上无意识地加进了自己的主观意识、主观判断,说话者自以为是客观的、中立的,而听话者却在无意识中受到了一种潜移默化的影响,从而失去了传播活动的客观性。

5. 将语言符号与客观实际简单等同

语言是人们用来传播信息的符号,是对客观世界的反映和表征。奥格登和理查兹认为,语义是语言符号与客观世界通过概念来联系的结果,而这种联系是一种心理的联系。换句话说,一个语词的使用总会在脑海里形成一个与语词有关的意象。有限、静态、抽象的语言也无法反映客观世界中事物具有的无穷多的属性和无穷多的变化。所以,语言符号并不是事物本身,也不能等同于客观世界本身。

然而,人们在信息的传播过程中往往不看具体的客观世界,只看符号本身,或只是在语词领域里去确定事物的含义,而不是从事物实际存在的状态去客观地考虑问题。正如萨丕尔(E. Sapir)指出的:"人类总是受到自己所使用的语言的摆布。""真实的世界大部分是建立在无意中形成的语言习惯之上的。"这种现象在我们日常生活中是经常可以见到的,比如"字如其人""文如其人"等,还有我国古代"郑人买履"的故事,他只相信忘记在家的量脚的尺度,却不相信自己身上的脚,导致没有办法买鞋。

将语言符号与客观实际简单等同,会给我们有效地运用语言符号带来极大的障碍与困难,因此,传播者必须要充分了解语言的特性以及语言与客观实际的关系之后,再进行运用。

6. 事实推论的混淆

事实推论是以已知的事实作为基础事实,进而陈述未知事实的手段。因为语义不等于所指,语义只能近似所指,有时候我们在对语言进行运用时,甚至会发生语言意义与所指错位的现象,这个时候事实推论混淆的情况就会发生。

这种情况在"脑筋急转弯"中比比皆是。另外一个比较典型的例子就是在语义学中非常著名的"说谎者悖论"。公元前 6 世纪,哲学家、诗人克里特人伊壁孟德(Epimenides)说:"所有克里特人都说谎,他们中间的一个诗人这么说。"这就是这个著名悖论的来源。我们可以来推论一下,因为伊壁孟德是一个克里特人,所以我们断定他所说的话不可能是真的。可如果伊壁孟德这句话是假话,那么克里特人就不是撒谎者,而是讲真话的,因为他是克里特人,他说的话必然是真话,所以这句话不可能是假话。但是换个角度看,如果假定伊壁孟德说的是真话,那么克里特人都是撒谎者,可是伊壁孟德正是一个克里特人呀,他说的话必然是假话。

可以很清楚地看到,语言推论上的混淆会造成语言运用上的困难。因此,我们在语言的实际运用中,不能简单地将推论当作事实的全部,而忽视其他可能的情况与结果。

(二)语言运用的一般原则

在语言的使用和表达上,无论是培根所指出的语词的歧义,还是洛克所指出的词不达意,或是维特根斯坦所指出的句子不符合逻辑句法,都会造成认识上的混乱,使人做出错误的陈述。语言的运用不仅仅关乎所陈述的事实清不清楚的问题,还决定着是否客观与真实的问题。

德国哲学家、社会理论家尤尔根·哈贝马斯(Jürgen Habermas)为了研究关于交往的一般理论,对交往的媒介与条件——语言进行了深入研究。哈贝马斯不仅认为言语行为是以理解为目的的,而且认为言语行为本身就是理解的过程。为确立可能理解的普遍条件,哈贝马斯提出了作为"言语的有效性基础"的四条原则。

1. 表达的可领会性

传播者必须选择一种可理解的表达,所言必须符合语言结构和规范,以使传播者与受播者可以相互理解。

2. 陈述的真实性

传播者必须提供真实的陈述,或具有提供真实陈述的意向,以便受播者可以分享传播者的知识和信息。

3. 表达的真诚性

传播者必须通过所言使自己成为可理解的,传播者必须根据公认的语言交流背景,真诚地表达自己的意向,使自己所言能够在为他人所理解的基础上,为他人所相信。

4. 言说的正确性

传播者必须与受播者达成默契,传播者所言必须是正确的,能使受播者接受并且认同。

哈贝马斯认为,对于理解来说,在言语的有效性的四项要求中更为重要的是后两项要求,即真诚性和正确性的要求。只有参与语言传播行为的人能够相互理解、共享知识、彼此信任、互相认同,才能形成主体之间的认同和协调,达到预期的传播效果。

(三)教育传播中语言的运用原则

教学语言符号是语言符号这一人类交际工具在教育教学领域的具体运用,是教育传播信息的一种载体。苏联教育家苏霍姆林斯基说过:"教师的语言修养在极大的程度上决定着学生在课堂上的智力劳动效率。”

教育传播活动中常用的语言符号包括教科书(文字教材)中的语言符号、教师语言(教学语言、提问与讨论语、评价语)、校园广播语等。①

在维特根斯坦和哈贝马斯对语言运用原则观点的基础上,结合南国农、李运林的观点,以及考虑到教育传播活动的实际情况和特点,现提出以下几点在教育传播活动中有效运用语言符号应该注意和遵循的原则。

1.语言运用的目的性

教育传播活动的基本特征之一就是明确的目的性,每一个教育传播活动都有非常明确的目的,因此,必须精心设计作为教育信息的主要载体——教学语言,从实现教学传播的目的出发,字字句句为教学内容服务,为发散学生思维服务,为巩固教学重点、突破教学难点、把握教学关键服务,而不能离题千里之外。

2.语言运用的科学性

教育传播活动的主要目的是向学生传授科学文化知识。课堂是知识的殿堂,是塑造人类灵魂的摇篮,传授科学知识与文化,不允许信口开河。因此,教学语言必须具有严密的科学性,这也是对教学语言的基本要求。所谓语言运用的科学性,实际上包含三个方面的含义。一是语言的准确性。科学文化知识必须借助于精确的语言,才能准确无误地表达其内容。二是严谨的逻辑性。必须注意教材的内在规律,把握教学内容各部分之间的本质联系,深入浅出,语言周到严密,运用逻辑推理的方式进行教学论证,在受播者即学生能够接受的抽象层次上揭示事物的本质,给人以清晰明白的正确认识。三是科学的表达方法。教学传播语言要规范,充分考虑学生在语言符号、文化、知识水平等方面的经验范围,有针对性地正确运用标准语言,做到语音规范、词语规范、语法规范。

3.语言运用的启发性

学生的学习是一种对客观世界的认识活动。这种认识活动必须依赖于人的思维活动来进行。从某种意义上来说,教育传播活动就是对学生进行思维训练。积极的启发性教学语言能有效地激发学生的学习兴趣,唤起他们的求知欲,并能开拓思维境界,有助于学生的智力开发,促进学生对知识的迁移、内化、物化,从而将知识转化成学生的能力,这样就有可能使教育传播的效果得到提升。

教育传播过程中作为传播者的教师,其语言如何组织才能使学生建立在思维本质上的那种稳定的兴趣被激发出来,这是个值得深思的问题。如果教师的讲解或提问太深太难,笼罩着学生的就会是困难重重、无能为力和望尘莫及,久而久之就会情感压抑、思维凝固;反之,如果教师的讲解或提问太肤浅,学生感觉淡然无味,就会感情漠然,思想懈怠。因此,教师的语言,尤其是提问的语言,要深入浅出地引发学生的心智活动,促进学生思维的活跃、知识的内化和智能的开发。无疑这可以为学生良好的学习心理品质的形成创建坚实的基础。

---

① 南国农,李运林.教育传播学(第二版)[M].北京:高等教育出版社,2005:78—79.

4. 语言运用的增强性

在教育传播的过程中，需要学生予以重视的一些重要的知识点和信息，教师通常都会在语言上进行重复来加强。适当的重复是可以获得较好的加强的效果的，但是绝不是单调的重复，而应该是有变化的重复，否则反而会让学生心生反感。

另一种对语言符号的传播进行增强的方法就是与非语言符号配合使用。比如，在日常生活中，当我们说“是”的时候，会配合点头的动作，而说“不”的时候，会配合摇头的动作来增强语言的传播效果。在教育传播活动中，我们也可以灵活运用一些非语言符号，如图片、影像、声音等来增强语言符号的传播效果。

5. 语言运用的灵活性

教师要准确把握学生的思想反应，灵活机动地、创造性地进行教学。也就是说，教师要善于通过学生的细微表现来判断出学生的心思，要根据教育传播过程中学生的反馈信息，及时地做出反应和调整，灵活地处理教学问题，做到真正的意义沟通，这也体现了一个教师作为传播者在传播过程中的敏锐性。

语言运用灵活性的另一个体现就是教学语言运用的幽默和机智。教学传播过程中的幽默、生动不同于生活中的幽默、开玩笑，也不同于艺术上的幽默，它反映出一个传播者的人文功底，是否能把一些枯燥的知识形象生动地进行编码并传递给学生。

6. 语言运用的整体性

语义学中的整体论认为，词和句子并不能决定语言系统的意义，词和句子只有置于语言系统整体中才具有意义。由于整体论把词和语句置于语言系统之中进行研究，因此语义不再是各个词的语义的简单总和，这就像“砖头”的总和不是“楼房”一样。整体论的思想可以形象地概括为 1＋1＞2，即在语言系统中，语句的意义大于构成语句各词的意义的简单总和。因此，在教育传播过程中，无论是教师还是学生，都不能对语言文字进行支离破碎的解构或断章取义，这样才能传递和发现语言符号背后更多、更深的意义，提高传播的效果。

7. 语言运用的针对性

教育传播的对象具有不同的个性特征，在使用语言时应考虑选择与传播对象个性特征相吻合的语言抽象层次范围，并且在该范围上下移动。

第三节　非语言符号

在人类的发展史中，为了调整和组织人类社会，人们发明和创造了各种各样的方法来传达信息。其中，语言和文字是人类进行信息传播的主要工具，但语言传播存在着传播范围小、数量少、速度慢、容易走样和不易保存等先天性缺点，严重制约了生产力的发展。因此，人类社会在信息传达的历史长河中，还使用了许多其他方法，甚至要比使用语言符号的历史长得多，而且即使是在人类创造了语言文字之后，这些工具、方法也依然承担着人类传播信息的重要使命。这就是传播学上的“非语言符号”(nonverbal sign)，语言学家爱德华・萨丕尔将其称作“一种不见文字，无人知晓，但大家都能理解的微妙代码”。

一、非语言符号的特点

非语言符号所传递的是外流信息，其传递的信息内容更加真实，传递的连续性也更明显，并且传递的通道也更为复杂，因此非语言符号具有一些独特的特点。

(一)普遍性

从本章第一节我们关于非语言符号类型的介绍中可以清楚地看到，非语言符号包括的内容十分广泛。兰德尔・哈里森(Randall Harrison)认为：“非语言传播这一说法被运用于广泛的社会现象：从动物的地盘占据到外交官的礼节；从脸部表情到肌肉的抽动；从内心的、难以表达的感情到室外的公共纪念碑；从按摩给出的信息到用拳击表示的说服力；从舞蹈、戏剧到音乐、哑剧；从情感的流动到交通的流动；从超感官知觉到国际强权集团的经济政策；从时装、时尚到建筑和模拟计算机；从玫瑰的花香到牛排的滋味；从弗洛伊德的象征到星相学符号；从暴力的语言到袒胸舞女的语言。”①

在当今信息发达的社会，各种媒体盛行，新的媒体与传统媒体优势互补，共同推动人类信息传递方式的进步。网络、电视电影、电脑多媒体等的流行，使非语言符号在更广阔的空间中得以拓展。

(二)重要性

达尔文(Charles R. Darwin)是科学领域中洞悉非语言传播行为存在的第一人，其观点记载于1872年出版的《人类与动物的情绪表达》这篇论文中，从那里起，研究者们已经记录了大约100万个非语言符号，他们发现一个人实际上平均每天只讲10～11分钟的话，而每一个句子平均也只持续约两秒半长。根据有关统计，在非网络化的人际沟通中，信息的传播大约83％通过视觉、3.5％通过嗅觉、1.5％通过触觉、1％通过味觉进行，只有约11％是通过听觉进行的。美国口语学者雷德蒙・罗斯(R. Rose)认为，人们在人际

① Randall Harrison(1974). *Beyond Words: An Introduction to Nonverbal Communication*. Prentice-Hall, p. 24－25.

传播活动中所得到的信息总量，有65%是非语言符号传达的，其中仅仅面部表情就可传递65%中的55%的信息。美国心理学家艾伯特·梅拉比安(Albert Mehrabian)曾提出一个信息冲击力公式：信息的全部表达＝7%的语调＋38%的声音＋55%的表情。他的结论与其他学者的结论是相似的。由此可见，非语言符号在直接的人际交往中，传递信息的功能是十分显著和重要的。

(三)丰富性

非语言符号指的是除了语言文字之外，各种作用于人们感觉器官的负载信息的标志或记号。我们知道它的具体种类很多，有体语(人体表情、姿态和动作)、辅助语言(与语言相伴随的音调、音量、音质、音速和功能性发声)、服装饰物、环境陈设布置、图形标志、人体距离、时间调节、艺术(绘画、摄影、雕塑、音乐、舞蹈)等。其中，尤以体语使用得最为广泛而频繁，它能传达的含意也最为丰富。世界上第一个把面相、身势动作视为一种非语言交际手段的人、体语研究权威、美国宾夕法尼亚大学的雷勒·伯德惠斯特尔(Ray Birdwhistell)博士认为，人的脸部就能做出大约2 500种不同的表情，再加上头部、四肢、身躯，人体语言所能传递的信息简直难以计数。

(四)形象性

图像符号是象征符号，是形态结构接近事物真实的直观视觉性符号，与其所代表的事物有相似性。从符号的表征特性来考察，图像符号的“所指”和“能指”具有高度的符合性，甚至达到“一目了然”“所见即所得”，图像阅读可以直接调动读者的感性经验和视知觉思维。

音乐、美术、舞蹈等是比较典型的非语言符号系统，是人的感性的或情感的符号系统，这些艺术样式至今不仅没有被人类废弃，相反以更新、更多的形式活跃在人类传播信息的舞台上，这说明了人类有些要传达的东西的确是语言文字所无法胜任的。语言文字远没有图形、图像、实体、动作等来得真实。非语言符号传递的信息往往比语言符号更加形象。

(五)多维性

我们知道，语言符号只能一个字一个字地说，具有线性的特点，是一维的。而非语言符号则是多维的，其传播不是靠单一的通道，而是多通道的互动，各种非语言符号可以互相交叉，互为补充，同时进行。也就是说，非语言符号可以同时传递多条信息，当受播者去接收非语言符号传播的信息的时候，其感官的调动是多方面的，感受到的是一幅立体画面，留下的是整体性的印象。比如，我们在观看一段风光片时，是从点、线、面、体、色彩、时间、空间等多个维度，运用我们的多个感官去感知和接收信息的，这和语言文字的描述带给我们的感受与信息的接收情况是有很大差异的。

(六)隐含性

非语言符号由于其鲜明的丰富性与形象性，在信息的传播过程中，往往更为深刻、更加给人以想象和思考的空间，这也是为什么释迦牟尼通过“拈花微笑”的非语言语境来完成精深佛法以心传心的“衣钵真传”过程。所以，非语言符号可能会传递给我们比语言符号更丰富、更深刻的信息意义。

（七）可靠性

在传播过程中，传播者对语言符号的控制相对比较容易，但由于非语言符号的多维性和多感官性，传播者对非语言符号的控制就不那么容易。因此，语言符号的传播中可能会有虚假的成分。相对于语言符号，非语言符号常常是自发地发出来的，通过其传播的信息更具有说服力，非语言符号的传播的可靠性和真实性更高，正如非言语专家帕特里克·米勒所说，当我们的口头语言和身体语言发生冲突时，人们更相信我们的身体语言。

二、非语言符号的功能

萨姆瓦（L. A. Samovar）等人从跨文化传播的角度，提出了非语言符号的五种功能：最初的印象、相关的信息、引起感情的因素、自我表现和对他人的控制。[①]

传播不仅是信息的交换和意义的传达过程，同时也是情感的表达和相互传递的过程。非语言符号的传播既存在于或伴生于语言符号的传播过程中，又可以脱离语言符号而独立存在，并同样能够完整、系统、生动地进行信息传递，表达丰富的意义和情感。

（一）直接传播的功能

由于语言符号在信息传播过程中会受到时间、空间、深度以及某些特殊环境等方面的限制，妨碍正常的语言交流，这就需要运用非语言符号来完成信息的传播。比如，在需要噤声或比较吵闹的环境下使用手势，用眼神传达情绪或感情，情人的一束玫瑰花等都能够起到直接传播信息的作用。

（二）辅助传播的功能

非语言符号也称为“副语言”，对人们使用语言进行信息传播与交流具有补充与强化的辅助作用。当传播者运用语言来进行信息传播的时候，往往会配合使用一些非语言符号，更好地表达自己的思想，让受播者真正理解自己。比如，在态度与情绪的表达方面，“手舞足蹈”“眉飞色舞”“怒发冲冠”等都能够对语言的传达起到很好的强化和补充的作用。另一方面，受播者在对以声音信号传递的语言符号进行接收的时候会产生一种听力差，只能听到所传递信息的大约40％，在这种情况下就需要运用非语言符号的传播来唤起听力。

（三）调节传播的功能

非语言符号的调节功能主要体现在两个方面，就是对语言传播的状态进行协调和控制。比如，可以通过非语言符号当中的调节性动作缓解自己的紧张和语言传播中的不

---

① ［美］拉里·A.萨姆瓦，理查德·E.波特，雷米·C.简恩.跨文化传通[M].陈南，龚光明，译.北京：生活·读书·新知三联书店，1988：206.

足；在有同学讲话的课堂中，教师可以通过眼神、沉默或将手指靠近嘴唇，表示“别说了”来对受播者进行控制，这往往比语言符号来得更加有效。

（四）核实语词的功能

非语言符号的一个很突出的功能就是它对语词的核实功能，这主要是由于非语言符号的隐含性，它是一个综合的、整体性的符号系统。一方面，一种非语言符号往往伴随着其他类型的非语言符号整体出现。[①] 另一方面，它不但可以与语言共同使用，表达相同或相近的意义，也可以独立传达相反的意义，对语言符号所传达的意义进行否定。当语言符号与非语言符号不一致时，受播者会对语言符号所传达的信息意义进行重新核实，并且更加相信非语言符号所传达的信息，因为非语言符号不像语言符号那么容易控制，更能真实地传达信息的意义。例如，一个老师用带讽刺的口气对学生说“你干得好呀”，学生更加相信的是语言后面的非语言成分所传达的真实意义，而不会认为是在夸奖自己。

三、教育传播中非语言符号的运用

教育传播的水平和效果，不仅有赖于课前的准备、课堂的语言教学等，有时还依赖甚至是取决于在语言、文字之外，通过视觉、触觉、嗅觉感受到的姿势、动作、音容、笑貌、气味、颜色等非语言符号所营造的非语言境界。教育传播中的非语言符号是教师思想观点、知识掌握、教学技艺和整个身心能量的一种体现。它要求传播者本身具有较高的艺术修养，能恰如其分地借助仪表、表情、举止、手势、图表、图像、音响等手段来传达感情，传递信息，具有一种“只可意会而不用言传”的神奇力量，并且和其他符号有机结合在一起，赋予教育传播以艺术、生机和个性。

（一）教育传播中的非语言符号

教师作为教育传播过程中的主导者，除了善于运用语言提问引导外，还必须善于运用各种非语言的手段。后者虽然不如前者那样直截了当，却有着前者不可比拟的暗示、感染、激励、驱动的作用，它往往会形成一种十分重要的心理力量。

1. 仪态

仪态是一种“无声的语言”，是指人在行为中的姿势和风度。姿势是指身体所呈现的样子，风度则属于内在气质的外化。教师的仪态是教师的外在形象，是教师内在素养通过客观形式——容貌、服饰、情态等表现出来的外在的美。

在教育传播过程中，师生之间可以通过语言交流信息。信息的传递与反馈，从表面上看，主要是嘴、耳、眼的运用。但在说话的同时，双方的面部表情、身体的姿态、手势和动作也在传递着信息。对方在接收信息时，不仅“听其言”，而且也在“观其行”，表情、姿态等所起的作用，远远超过自然语言交流本身。仪态语言是一种极其丰富、极其复杂的语言。据研究者估计，世界上至少有70多万种可以用来表达思想意义的态势动作，这个数字远远超过当今世界上最完整的一部词典所收集的词汇数量。仪态是一种很广泛、很

---

① 南国农，李运林. 教育传播学（第二版）[M]. 北京：高等教育出版社，2005：86.

实用的语言，往往比有声语言更富有魅力，可使人们在交流中收到“此处无声胜有声”的效果。

仪态在教育传播过程中主要表现为以下几个方面。

(1)仪表

教师的仪表语言是指教师的外表、穿着等所传递出的一定信息，是向学生传送信息的第一件工具，所谓第一印象在大多数情况下就是通过观察人的外表而产生的。纳普(M. Knapp，1978)的研究认为，容貌和服饰是影响人际交往的非语言讯号的一个部分，而且在有些条件下，它们是决定因素。罗尔曼(1980)的一项研究也表明，学生会根据教师的服饰来判断他们的性格。

一位名人说过：“从口袋里掏出揉皱了的脏手帕的教师，已经失去了当教师的资格。”但一个浑身珠光宝气或奇装异服的教师对学生的教育作用，较之“脏手帕”教师也不会好多少。教师的仪表应该优雅而大方、简朴而自然，“山蕴玉而生辉，水怀珠而川媚”。仪表美虽是一种形式美，却与一个人的审美追求和审美理想紧密相连，仪表的审美效果对周围的人，特别是对学生的思想作风、审美情趣都有着潜移默化的影响。

(2)眼神

人们常说：“眼睛是心灵的窗户。”在所有非语言传播中，眼睛的语言应该是最丰富、最耐人寻味的。眼睛是人们情绪最集中、最敏感的外显部位。生理心理学的研究指出，人在愉快时，瞳孔也会跟着扩大，而扩大了的瞳孔，又会使对方产生愉快，这样交互影响，就产生了“愉快”的良性循环。这就使在实际教学中师生之间愉悦情感交流的相互促进作用得到了解释。因此，眼神在传播过程中扮演很重要的地位，因为眼神的接触是沟通的第一步。眼神是表达心灵的一种方式，教师的眼神则是打开学生心扉的一把钥匙。

一个关爱的眼神可以使学生对教师产生信赖感，一个鼓励的眼神可以使学生精神振奋，一个批评的眼神可以让学生意识到自己的错误，一个制止的眼神可以使学生停止错误的行为，一个赞许的眼神可以缩短师生之间的心理距离。

(3)面部表情

现代心理学的研究证明，情感是打开学生智力通道阀门的钥匙。在教育传播过程中，教师的面部表情对激发学生的情感有着特殊的作用。马卡连柯曾说：“这种表情并不是死板的机械的表情，不是单纯作舞台式的表面的那种表情，而是我们心灵里所有的那些变化的真实反映。”面部表情与话语一样，是一种重要的表达方式，但相比而言，面部表情更具直观性和感情性。

面部表情往往会伴随着谈话的内容改变而改变，在面部表情中以微笑及皱眉影响最大。罗曼·罗兰曾说：“面部表情是多少世纪培养成功的语言，是比嘴里讲的更复杂千百倍的语言。”在课堂教学传播中，教师的面部表情对激发学生的情感有特殊的作用，教师要善于用表情说话，做到端庄中有微笑，严肃中有柔和。在面部表情中，微笑是传情表意的一种重要语言符号，学生会从教师的微笑中感受到关心、爱护和理解。据医学研究，笑能使机体放松，加快内分泌；能减少紧张、压抑，使人神采焕发，有效地思维。因此，一些教育家提出“用爱的微笑去征服学生的心灵”。美国1988年总统教育奖获得者埃斯卡兰就把自己的教育哲学归结为爱的微笑，他认为这是自己多年来征服学生的诀窍。

(4)身体动作

身体动作主要指教师在教室里身体位置的移动和身体的局部动作。[①] 作为一种体态语言，身体动作有着特定行为主义的含义，体现着教师特定的情感和思想，它虽是无声的，却和面部表情一样，对学生有着潜移默化的影响。而与面部表情有所不同的是，肢体语言更具有动作性和具体性，它因不同的文化背景而有所差异。

走动是教师传递信息的一种重要的身体动作，如果一个教师一节课只是一个姿势地站在那里一动也不动，课堂就会显得单调而沉闷。相反，教师适时地在学生面前走动，而又没有分散学生注意力的动作，课堂就会变得有生气，还能激发学生的兴趣，引起注意，调动学习的积极性。走动也是教师获得学生学习情况的一种方式。

手势是非语言传播行为的另一个重要组成部分。手势的表达作用仅次于面部表情，因为它具有可操作性。在课堂教学传播中，准确适度的手势，既可以传递思想，又可以表达感情，还可以增加教师有声语言的说服力和感染力。也许正因为手势具有形象、指示、情意等多种功能，所以有人把它称为讲课的“第二语言”。手势较其他姿势（如头姿、步态、腰姿等）更易变化（伸展和变换），更易引起学生的注意，从而成为视觉的中心。所以，在实际教育传播活动中，人体所要传递的信息有相当大的一部分是由手势来承担的。手势语言是最能动、最显眼的部分，而头、面部也常常提供一些伴随性的体现情绪反应的动力表现，这就使手势语言更传神。

2. 拟似语言

拟似语言是语言符号中的非语言成分，又被称作“副语言”，包括音色、音量、语速、语调等。教师作为教育传播的传播者应做到口齿清楚、音量适宜、语速适中、语调准确。

在有关声音的复杂性中，对教育传播最有影响的一个特质是语调的变化，因为语调的变化最能吸引参与传播的人的注意。语调是由音量的轻重强弱、音调的抑扬顿挫、节奏的起伏快慢、语速的停顿连续构成的一种调式。它直接作用于口语效果，制约着口语行为。教师的教学语调是一种有别于其他任何交际语言的独特的符号系统，它表现着细腻的情感，负载着丰富的信息。教学语调具有丰富的暗示性，它可以帮助注意时间过短的学生提高注意力。教师只要在渲染课堂气氛、环节转换、设悬解疑、重点难点等关键处着意变换语调，便可以在学生的心理上形成一种较强的暗示作用。心理学家彼得罗夫在《普通心理学》中说：“说话者在自己的言语中应当反映出各个不同等级的语气，甚至是‘没有’这个词的发音，也可能有不少于九十种不同的语调。”

3. 空间

美国人类学家爱德华·霍尔（Edward T. Hall）于20世纪60年代创立了“近体学”(prosemics)，又译为“距离学”。近体学把人际交往中的距离同交往性质与信息传播效应

① 郭友. 新课程下的教师教学技能与培训[M]. 北京：首都师范大学出版社，2007：78.

之间的关系作为研究对象，是研究交际过程中交际双方在空间上的相互关系、所处交际位置的距离的学科。他认为，人际距离可划分为4个区，分别为亲密区、个人区、社会区和公众区。这4个区的人际距离分别在1.5英尺[①]以内、1.5～4英尺、4～12英尺和12英尺以上。交际双方所处位置的距离不仅告诉我们双方的关系、心理状态，而且也反映出民族和文化特点。

近体学在教育传播领域则主要探讨师生间的距离远近、学生座位的安排及教师在空间上的运用等对教育传播效果的影响。若缩短师生间的传播距离，或师生间的位置安排为面对面的方式，则会提高学生对教室活动的参与程度；教师的位置停留在教室的前方中央，对传统排排坐的教室而言，会产生"参与的三角地带"(triangle of participation)，也就是参与教室活动的学生，会集中在前面几排和靠近中间2/3列的学生，显然地，后排及两侧的学生与教师间的互动较少。

4. 传播环境

教育传播环境是指围绕教育传播活动四周的一切事物，是教育传播系统赖以存在和发展的全部外部条件的总和。教育传播系统作为一个开放系统，其内容是复杂的和多方面的。社会、经济、科技、文化背景、风俗习惯以及各种天然物、人工物等，对教育传播行为，都可以产生不同的影响，都是教育传播环境中不可忽视的因素。

5. 其他非语言符号

教育传播过程中的其他非语言符号，如标本、模型、插图、挂图、实验、幻灯、投影、电影、电视、多媒体课件以及网络课程中的非语言符号等，需要与各种媒体和语言符号的传播相互配合、取长补短，发挥最佳的传播效果。

总之，非语言符号在教学过程中的开拓与运用，可探索的方面还很多，特别是在课堂教学艺术日益发展的今天，已越来越显出它的重要性。一堂课成功与否，固然与文化知识传授的多与少有关，但更重要的是要看它能否带领学生一起进入一种崇高的美的意境，使他们不仅可以高质量、高速度、高效率地掌握教师传播的文化科学知识，而且能从教师的教学艺术中，得到艺术的享受和性情的陶冶，进而焕发出一种不可抑制的创造能力，使参与传播的双方构成的耦合系统能处于最佳状态，把教学信息量的流失与损耗减少到最低限度。

(二)教育传播中非语言符号的运用原则

1. 真诚原则

非语言符号非常适合传播态度与情感方面的信息，而且由于非语言符号的不易控制性，通过非语言符号所传达的信息更具有真实性，当语言符号与非语言符号所传达的信息含义相悖时，受播者更相信非语言符号所传达的信息意义。在教育传播过程中，学生能很快地分辨出教师通过语言和非语言符号所传达出的真实的信息意义，如果教师的非语言符号，如语言的重音、语调、面部表情、眼神等与语言符号相悖时，教师作为传播者的

① 1英尺=0.3048米。

威信就会骤然下降。所以，教师在教育传播过程中运用非语言符号时，一定要真诚，自己要有真情实感，不要煽情，更不能有任何矫情和虚情，“动真情才能真动情”，只有与你的传播对象真诚地进行感情交流，即敞开自己的心扉，才可能获得期望的传播效果。

2. 理解原则

学生是教育传播的对象，教师在教育传播过程中应首先掌握学生的心理特征，在对非语言符号进行选择与使用时，务必赋予它们以明确的含义，力求简洁通俗，使其能为学生所正确理解和接受。

3. 搭配原则

搭配原则是指非语言符号和有声语言符号合理搭配的原则。在教育传播过程中，语言符号与非语言符号完美组合、合理搭配、相互作用、相互补充，使得语言符号传达的内容和非语言符号表达的意境有机统一，让各要素之间产生耦合，可以促进学生与教师的沟通，使教师向学生更有效地传递信息，从而达到最优的传播效果。

4. 适度原则

适度原则是指在教育传播过程中，非语言符号的使用要有节制，毕竟在整个教育传播的大系统中，它只是其中的一个要素，而且很多时候是起辅助作用的，所以不能用得过多、过滥，否则会成为传播过程中的一种干扰。另外，还必须充分考虑到课程内容的特征以及文化差异等因素的影响。课堂中失去控制的非语言符号，只会使学生反感、厌倦，反而会削弱教育信息的传播效果。

[学习思考题]

1. 什么是符号、语言符号、非语言符号？
2. 阐释传播符号的本质意义。
3. 结合语言运用的实例说明语言符号的本质与意义理论。
4. 阐述非语言符号的类别及其在传播中的运用。
5. 分析非语言符号的特性，并能举例说明。
6. 阐述在教育传播中常用的语言符号及其有效运用的方法。
7. 阐述在教育传播中常用的非语言符号及其有效运用的方法。

第五章　教育传播通道与媒体

信息技术时代下的教学过程，早已突破传统的“讲者→受者”即“教师→学生”的单线式传播模式，而变为双向模式，带来了教育思想的飞跃和教育观念的更新。教育传播通道作为中介因素处于传播者和受播者之间，对实现两者的信息沟通具有重要的意义。在教育传播通道的组成中，媒体是重要的部分。随着现代教育媒体在教育实践中的广泛应用，教育媒体在推动教育改革和发展中的巨大作用日益显现出来。

第一节　教育传播通道

“假设我站在一个岸陡水阔的大湖的一边，你站在对岸。我有一个包裹要递给你。这时，我需要哪些工具和方法呢？首先，我需要一只能载包裹的船；其次，我需要有把包裹送到船上的方法。还需要一个停靠船的码头把我和船联系起来。从你那方面来说，你需要有一种把包裹从船上取下来的方法。你也需要一个联系你和船的码头。最后，我需要有水，即需要一些能承载船走的东西——能使船往前走的中介。如果我们彼此都有可用的码头，如果我们有一只用来承载包裹的船，如果湖里有水承载这只船，那么我们可以把我手头的包裹送到你那儿去。如果我们没有上述三种东西，我们就不能互相往来。”① 贝罗(David K. Berlo)在《传播过程》中的这个比喻让我们直观地看到了传播理论上的“通道”。

一、传播通道

从贝罗的比喻中我们看到，通道在传播过程中处于传播者和受播者之间，是两者得以实现信息沟通的中介因素。因此，传播通道是指在传播过程中信息传递的途径。从香农的传播过程模式(如图 5-1)来看，信息是不能直接传递的。在信源端，对真实世界事物的信息，选择一定的符号去表征，然后将这一符号变换为信号，才能在信道中传送。在接收端，受播者将接收的信号变换成相应的符号，并解析该符号的信息意义。这一过程就是信息传递的过程，这一途径就是信息的传播通道。因此，传播通道包含三个基本要素。②

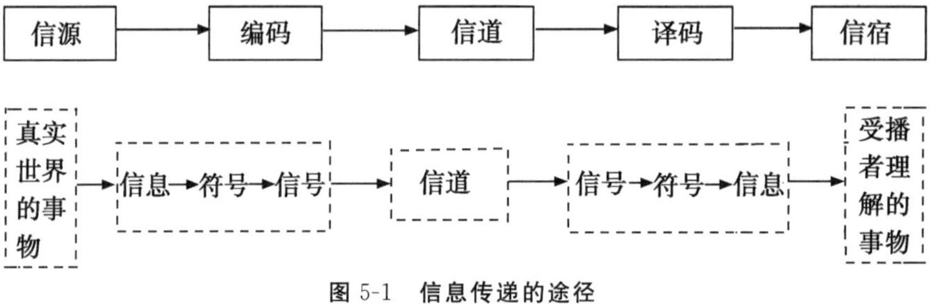

图 5-1　信息传递的途径

(一)编码

编码是传播者在发送端将信息转换为可以发送的信号的过程，它包括信源编码和信道编码。

把信息意义转变为信息符号的过程叫信源编码。这一过程通常在传播者大脑中进

① 高蕴琦等.教育传播学[M].上海:上海教育出版社,1992:108—109.

② 南国农,李运林.教育传播学(第二版)[M].北京:高等教育出版社,2005:93—94.

行，再通过操作性行为表现出来。信息传送，首先是将抽象的信息转换为具体的某种符号，如某件事情是用语言符号去表达，还是用动作、图像符号去表达，对不同的信息内容选择合适的符号，才有好的传播效果。

把信息符号转换成信号的过程叫信道编码。符号是具体的，但不是物理性的，还不能传送出去，不能成为受播者的刺激物。如语言符号只有用口说出来成为声音信号，或用文字写出来成为光的信号，才能被传送，才能成为刺激物为受播者的耳朵或眼睛所感受接收。而一份文字电报稿必须转换成莫尔斯电码才能以电报的形式传送。

(二)译码

接收端的译码过程，包括信道译码和信宿译码。

把接收到的信号还原为信息符号的过程叫信道译码，这个过程是传播媒体或受播者把接收到的刺激信号转换为符号的过程。例如，邮局将通过电报形式传送的莫尔斯电码的内容转换成一份可以供阅读的文字电报稿。

把信息符号转换为信息意义的过程常常在受播者的大脑中进行。他们根据自己的知识和经验来解释符号的意义。例如，读懂电报的内容。

(三)信道

信道是传送信息的通道，即载着信息借以通行的物理设施或介质场。如甲对乙面对面说话的声音信号是通过空间传送到乙的耳朵接收的。甲给乙打电话，在发送端电话机将声音转化为电信号后在电线中传送，在接收端电信号又转换为声符号为乙所接收。无线电广播和广播电视，编码时将语言、图像符号转换为声、光信号，再转换为电磁波信号在空间传送。信道是连接信源与信宿的主要中介环节，不同物理性质的信号，需要不同物理性质的信道来传送。因此，我们将信道分为空间信道和线路信道两种类型。

1. 空间信道

空间信道又分为两种类型：一种是声、光信号在空间直接传送，传送的距离短，范围宽；另一种是声音信号变换为电磁波信号在空间传送，传送距离远，范围非常广阔，如无线广播、手机通信和卫星电视广播等。

2. 线路信道

我们通常会将线路构成网络系统，如有线电话网络系统、有线电视网络系统、计算机网络系统等。它们都是将变换后的电信号在线路中传送，可以传送很远的距离和非常广阔的范围。

在教育传播中，传播通道具有非常重要的意义。教育传播特别关注受播者获得教育信息的状况，如果传播通道不畅，教育效果差，教育目的就无法实现。可见，教师与学生之间存在一条传播通道，而教师的教育信息转变为学生知识和技能的过程又存在着复杂的信息符号转换、接收等问题，因此，有必要对教育传播通道进行探讨和研究。

二、教育传播通道

(一)教育传播通道及组成

教育传播通道是教育信息传递的途径。在教育传播过程中,通道是一个中介因素,它将教育者和受教育者连接起来,使两者之间能够实现信息的传递。教育传播通道一般由以下要素组成。

1. 人的感觉器官

人们通过眼睛、耳朵、鼻子、舌头、身体等感觉器官,从视觉、听觉、嗅觉、触觉等方面来获得物体的有关信息。

(1)视觉

它是由光波作用于视网膜所引起的。视觉可以分为色觉和非色觉,前者反映各种色调的色彩及其变化,后者反映白—灰—黑非色彩的变化。物体通过光作用于视网膜,经过大脑的加工,人们便可以从视觉上获得物体的有关信息。

(2)听觉

它是由声波作用于内耳所引起的。听觉可以分为三种形式:言语听觉、乐音听觉和噪音听觉。通过听觉,人们能分辨出声音的四种属性:音调(高音、低音)、响度(强音、弱音)、音色(不同人或乐器所发声音的特色)和持续性(音响的时间)。

(3)嗅觉

它是由各种有气味的物质微粒作用于鼻腔所引起的。虽然人类的嗅觉不及其他动物敏锐,但它仍可为人们提供不少信息。

(4)味觉

它是由溶解于口内液体的化学物质作用于舌头和软腭上的味蕾所引起的。一般认为,基本的味觉有酸、甜、苦、咸等。

(5)触觉

它的感受器呈现点状,不均匀地分布于全身。通过触觉,人们可以获得冷、热、痛以及物体表面的光滑度、硬度、黏性等信息。

2. 教学媒体

媒体用于传递以教学为目的的信息时,被称为教学媒体。

现代教学媒体是相对于传统教学媒体而言的。传统教学媒体一般指黑板、粉笔、教科书等。现代教学媒体主要指电子媒体,由两部分构成:硬件和软件。硬件指与传递教育信息相联系的各种教学机器,如幻灯机、投影仪、录音机、电影放映机、电视机、录像机、电子计算机等。软件指承载了教育信息的载体,如幻灯片、投影片、电影胶片、录音带、录像带、光盘等。

教学媒体是教育信息传播的载体,没有教学媒体,教育和教学活动就不能开展。随着以通信技术、音视频技术和计算机技术为代表的信息技术的迅猛兴起,凝聚着现代传播技术的各种现代教学媒体不断涌现。如何运用各种现代教学媒体对学习过程和学习资源进行设计、开发、利用、管理、评价,是当今教育学者们共同关注的焦点。

3. 教学环境

教学环境是“学校教学活动所必需的诸客观条件和力量的综合,它是按照发展人的身心这种特殊需要而组织起来的育人环境”①。教学环境构成要素主要有自然因素、各种教学设施、社会信息、人际关系、校风班风等，概括起来说，教学环境包括物质环境和心理环境两大方面。

4. 处理和传播信息的方式②

美国传播学者贝罗把处理与传输信息的方式也包括于通道的概念之中，他认为通道的基本含义有三种：处理信息的方式、传输信息的方式和传输信息的媒体。③ 他对通道的这种解释在西方传播学界有一定的影响。处理和传输信息的方式是整个信息通道中所不可缺少的，可以被看成通道的组成要素之一。

（二）教育传播通道的类型

本书结合高蕴琦对教育传播通道的分类，将教育传播通道按照传播的方向分为单向型传播、双向型传播和混合型传播三类。

1. 单向型传播

（1）单向直接传播

（备注：T 表示老师，S 表示学生，下同）

图 5-2 单向直接传播

讲授法是单向直接传播最典型的应用，就是教师通过口头语言，辅以板书、挂图、幻灯等向学生传授言语信息的方法，有面授、示范和讲座等具体形式，主要是教师讲、学生听的活动。这种传播方式主要用于课堂教学，能够在较短的时间内让学生获得大量系统的科学知识，教育者可以充分传达教育信息。但是运用这种方法，师生之间难以及时获得反馈信息，学习者间的相互作用少，如果教师运用不当，就容易变成注入式或填鸭式教学，难以调动学生学习的积极性。因而此种结构模式不利于教育者及时了解受教育者对教育信息的接受程度，从而也就无法对教育效果进行评估。

（2）单向间接传播

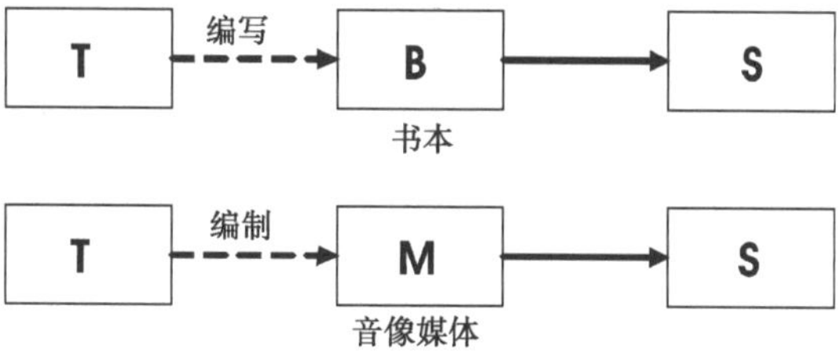

图 5-3 单向间接传播

① 石英，孙多金．略论教学环境[J]．甘肃社会科学，1998(3)：66—67．

② 南国农，李运林．教育传播学[M]．北京：高等教育出版社，1995：147．

③ 方兰生．传播原理[M]．台北：三民书局，1984：7．

这种传播方式主要用于函授自学和学生自己收看收听音像教学节目，以电视教学为典型。以上两类传播方式都是单向型的教育传播通道，缺少反馈的结构。

2. 双向型传播

(1)双向直接传播

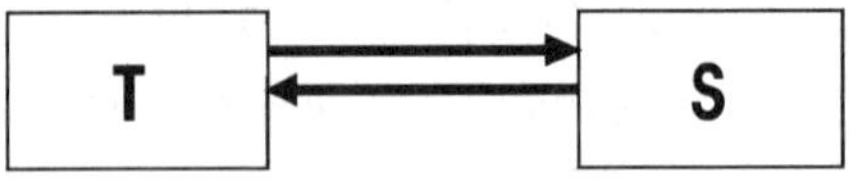

图 5-4　双向直接传播

双向直接传播包括师生座谈、对话、讨论等。其中，讨论法是师生之间交流最为直接的一种方法，它是在教师指导下，由全班或小组学生围绕某一个问题进行交流、切磋，从而相互学习的方法。这种方式可使问题得到充分的展开，学生有疑问可以当场提出来，及时得到反馈信息。因而此种结构模式有利于教育者及时把握受教育者的思想动态和观点意见，能够有效地调整教育信息的传播速度和改进教育方式。但是这种方式的关键在于教师提出的问题能有效地引起学生的争论且具有启发性。

(2)双向间接传播

图 5-5　双向间接传播

如程序教学，学生虽然不能直接从教师面授中获得知识信息，但是能从机器或书本中获得关于学习结果的反馈信息。这是学生运用程序教材进行学习的结构模式，学生可从书本上获取反馈信息。这种间接联系结构拓宽了信息传播的接受范围，使教育者和受教育者不必受时空的限制，可自由支配信息传递的时机。但是受教育者无法亲身感受教育者言传身教的人格魅力，教育者也无法根据受教育者的表情、动作等直观印象而做出评判。

3. 混合型传播

由前面几种教育传播通道结构的分析可以看出，无论是直接结构还是间接结构，都存在各自的优点和弊端。因此，教育传播过程的复杂性和长期性要求我们建立混合的通道结构，并建立与其相应的双向互动模式，以求达到最优的教育传播效果。

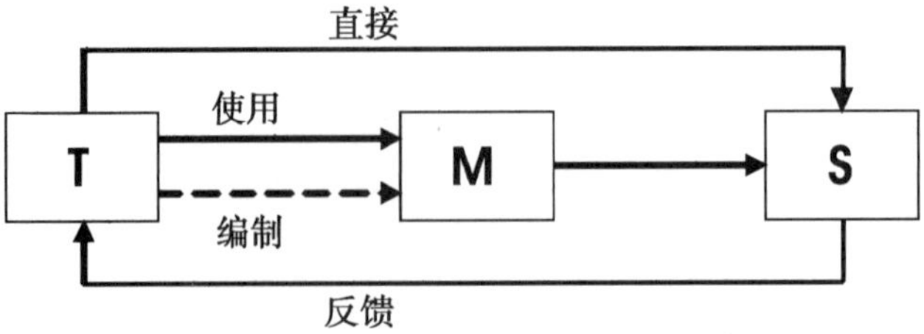

图 5-6　混合型传播

这是教师直接向学生传授知识信息和教师通过编制的教育媒体向学生传递信息两种结构的同时使用。以远程教学为例，远程教学是一个特殊的传播过程，传播过程包括两部分：主讲教师与学生之间的单向信息传播，以及教师通过媒体与学生的双向传播。教师与学生既是信息的发送者，又是信息的接收者，主讲教师发出信息，学生同步接收信息，并很快做出反馈；主讲教师根据媒体接收到学生的反馈信息，或调整视听材料的播放节奏，或对发出的信息重新编码、解释，或安排必要的教学活动，完成该传播事件。

这种混合型的联系结构可以使教育者在同受教育者直接的接触过程中，除了传播理论知识方面的信息内容外，也同时传播各种非语言的信息，如教师对学生的苦恼表露出关怀的神色等。同时，教师也能获得学生反馈的信息，如学生对教师的讲演报以热烈的掌声。这些信息可以在不同程度上增进师生之间的情感友谊，使教育达到以理服人、以情感人的效果。教育者在通过网络、书信等媒体和受教育者进行间接交流的过程中，可以获得许多在面对面的情况下受教育者不便表达的思想困惑和真实感受，从而在更深的层次上了解受教育者的思想状况，以便采取相应的教育手段解除他们的思想包袱和内心忧虑。

（三）教育传播通道在教育中的地位和作用

从上面的分析我们看到，教育传播通道在传播过程中处于教育者和受教育者之间，是两者得以实现教育信息沟通的中介因素。回顾贝罗的比喻，我们不难发现教育传播通道在教育传播过程中的重要地位。如果只有水，没有船，包裹没法送到对岸；而如果只有船，没有水，包裹也不可能到达对岸。在这个传播过程中，只有同时具有“船”和“水”两个传播通道，包裹才能顺利被接收。由此可以看出通道在传播过程中的重要地位。

在教育传播中，教育传播通道的地位更是举足轻重。教师作为信息的发出者，他不能把自己头脑中的知识信息用手取出，然后揭开作为信宿的学生的头盖骨装填进去，而必须通过各种传播通道，如幻灯、投影、录音、录像、计算机课件等教学媒体将知识信息传播出去，经学生的五官接收，并传给大脑处理之后才能真正变为学生的知识。可见，如果没有教育传播通道，教师头脑中的知识信息是无法传递给学生而实现教育的真正目的的。

第二节　教育传播媒体

一、媒体概述

(一)媒体的内涵

1. 媒体的概念

媒体(media)一词在《信息技术词典》中被界定为:(1)在通信中指通信介质,是用于载送信号的媒介。在局域网中,一般是指同轴电缆、双绞线和光缆等;在无线扩频网络中,是指自由空间;在远程网络中,通常是指同轴电缆、普通电缆、光缆以及传播微波信号、卫星通信信号和激光的自由空间等。(2)泛指承载信号的固定或可移动载体,如软盘、光盘、磁带等。[①] 潘云泽等人在《现代传播技术》一书中对“媒体”的界定是:“在计算机和通信领域,我们所指的文字、数据、符号、图形、声音、图像(静态的照片和动态的电影、电视和录像)、动画等,都可以称为媒体。”[②]

在信息传递过程中,媒体指从信源到受播者之间承载并传递信息的载体或工具,具体有报纸、书刊、广播、电影、电视等。而“媒体”概念中的一个关键组成部分是信息。没有承载信息的物体,不能说是媒体,因为它起不了“媒”的作用,如一张白纸、一张空白的透明胶片或者一盒空白磁带,我们都不能称为媒体,因为它没有承载信息。信息是抽象的,需要用符号来表征,即实际上,媒体所承载和传递的是信息符号。

2. 广义媒体与狭义媒体

还有学者在对“媒体”含义进行理解时,将其分为广义媒体和狭义媒体。对其界定主要是从传播过程中编码与译码的环节来进行的。从图 5-7 中,我们可以很清楚地看到广义媒体与狭义媒体的界定点。

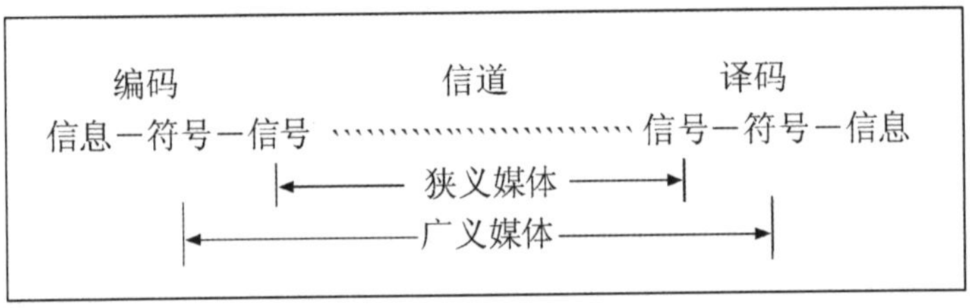

图 5-7　**广义媒体与狭义媒体**

① 《信息技术词典》编写组.信息技术词典[M].北京:化学工业出版社,2005:261.

② 潘云泽,侯友谊,胡春燕.现代传播技术[M].北京:科学出版社,2004:309.

比如,我们以甲说乙听这样一个最简单的传播行为为例,按照上图所示对广义媒体与狭义媒体的界定观点:广义媒体包括符号与信号转换的发音器官、信号与信号的传递通道——空气、信号与符号转换的听觉器官等;而狭义媒体在这一传播事例中则只包括信号与信号的传递通道——空气。

(二)媒体的共性

1. 固定性

媒体可以记录和储存信息,以供需要时再现。媒体的这一特性使前辈们能够把丰富的实践经验逐渐积累,把宝贵的知识、技能传授给后代。

2. 扩散性

媒体可以将各种符号形态的信息传送到一定的距离,使信息在扩大的范围内再现。

3. 重复性

媒体可以重复使用。如果保存得好,这些媒体可以根据需要,一次次地被使用,而其呈示的信息的质和量稳定不变。另外,它还可以生成许多复制品,在不同的地点同时使用。

4. 组合性

若干种媒体能够组合使用。这种组合可以是在某一活动中,几种媒体适当编排、轮流使用或同时呈示各自的信息,也可以把各种媒体的功能结合起来,组成多媒体系统。组合性还指一种媒体包含的信息可以借助另一种媒体来传递。多媒体计算机集中地反映了这一特点。

5. 工具性

媒体与人相比处于从属地位,即使功能先进的现代化媒体,还是由人所创造,受人所操纵的。媒体只扩展或代替人的部分作用,而且适用的教学媒体还需要教师和设计人员去精心编制或置备。

6. 能动性

媒体在特定的时空条件下,可以离开人的活动独立起作用。精心编制的教学媒体一般都比较符合教学设计原理,采用的是最佳教学方案,尤其是由经验丰富的老教师参与设计、编制的教学媒体,一般情况下较之由缺乏教学经验的年轻教师设计、编制的教学媒体来说,教学效果会更好。

(三)关于媒体本质的几种观点

1. 马歇尔·麦克卢汉的媒体观

1964年,加拿大大众传播研究者麦克卢汉(Marshall McLuhan)出版了一本名为《理解媒介——论人的延伸》的专著,其中提出了几个关于媒体的观点,在西方传播学界引起了轰动。

(1)媒介即讯息

媒介本身才是真正有意义的讯息,即人类有了某种媒介才有可能从事与之相适应的传播和其他社会活动。他认为，真正决定文明历史的是传播科技（形式）本身，不是它的内容。因此，从漫长的人类社会发展过程来看，真正有意义、有价值的“信息”不是各个时代的传播内容，而是这个时代所使用的传播工具的性质，以及它所开创的可能性和带来的社会变革。麦克卢汉过分强调了媒介本身的作用，过分强调媒介作为社会发展和社会形态变化的决定因素，忽视了信息内容的作用。

(2)媒介是人的延伸

在麦克卢汉看来，任何媒介都不外乎人的感官的扩展或延伸：文字和印刷媒介是人的视觉能力的延伸，广播是人的听觉能力的延伸，电视则是视觉、听觉能力的综合延伸。每一项新的媒介的出现，每一项新的延伸，都会使人的各种感官的平衡产生变动，使某一感官凌驾于其他感官之上，造成心理上和社会上的影响。这个观点具有重要的启发指导意义，但它不是严密的科学考察的结论，而是建立在“洞察”基础上的一种思辨性的推论。

(3)“冷媒介”与“热媒介”

所谓“热媒介”，就是能够“高清晰度”呈现信息，不需要人的思维做过多的补充，即受播者参与程度低的媒介。因此，人们从这类媒介获得信息不需要花费太多的思考。例如，就视觉而言，照片是热媒介，因为照片是高清晰度的。相对而言，“冷媒介”传达的信息含量少而模糊，在理解时需要多种感官的配合和丰富的想象力。如漫画就是冷媒介，因为它提供的视觉信息很少。从听觉来讲，电话是冷媒介，广播是热媒介。

(4)媒介是导致社会变动的最强大动力

先进的现代媒介技术使信息的传递迅速、及时，地球成了一个“村落”。麦克卢汉认为，媒介决定性地影响并改变着人们的生活方式、工作方式和思维方式，改变着人与人、人与世界的关系。

麦克卢汉的媒体观中，有的很有道理，如“媒介是人的延伸”；有的则未免偏颇，如“媒介即讯息”，太偏重于媒介本身而忽视了信息内容；有的则是令人费解的，如将媒介分为“冷媒介”“热媒介”；有的则让我们现在还不敢妄下结论，比如“媒介是导致社会变动的最强大动力”。但是麦克卢汉的媒体观还是给我们以很多的启发。他的观点促使人们对媒体本身的特点加强研究，同时让人们注意到受众对不同媒体的偏爱以及这种偏爱的变化应成为大众传播的重要研究课题。只是对其中有失科学性的内容，我们还是应该保持冷静与清醒的认识。

2. 英尼斯的媒介偏倚论

英尼斯(H. A. Innis)认为，媒介是人类思维的延伸，而传播就是思想的扩张。要了解各种传播媒介传播思想、控制知识、垄断文化的实质，必先认识媒介的时间偏倚(time bias)和空间偏倚(space bias)的特性。时间偏倚是质地较重、耐久性强的媒介，如黏土、石头和羊皮纸等，较适于克服时间的障碍，较能长久保存，但是不便于携带；空间偏倚是质地较轻、容易运送的媒介，如纸草纸、白报纸等，较适于克服空间的障碍，但是不易于长久保存。因此，偏向时间的媒介存在于具有丰富的口语传统或复杂的、仅为少数人所掌握的书写技术的社会之中。偏向空间的媒介面向现在和未来，有利于发展科技知识，具有传播速度快和质量高等特点。但偏向空间的传播系统无法传达口语系统的丰富性、多样性和灵活性。可见，人类传播媒介的演进史，是由质地较重向质地较轻、由偏倚时间向偏倚空间发展的历史，而且与人类文明进步阶梯相协调。

在传播技术相当发达的今天，这些偏向空间的媒介，如电视的发展、通俗读物的盛行都极大地调动了人们的欲望，人们渐渐地对这些媒介产生了某种偏好，甚至是"瘾"。在这种情况下，媒介的负面效应必然会产生，例如，暴力犯罪等逐渐产生并危害社会。所以，在发展偏向空间的大众媒介的时候，一定要重视对偏向时间的媒介的研究和发展，即要重视对传统文化的研究，引导人们的文化消费朝着健康的方向发展。

然而，英尼斯的理论也有其不足的地方，如对媒介的划分就很难准确定位其空间性和时间性，而且他的"技术决定论"的思想，过分强调媒介的决定作用，对于媒介所传播的内容却很少论及。

3. 梅罗维茨的媒介情境论

梅罗维茨(J. Meyrowitz)的理论包括三个层次：第一个层次是情境论——对情境做传播学的界定；第二个层次是传播情境，这一情境对人的行为产生影响；第三个层次是电子媒介所产生的情境。

(1)情境就是信息系统

"谁处在什么地点"和"什么类型的行为可被谁观察到"是构成信息系统的两种情形，或者说信息系统是以人们接触社会信息——自己和别人行为的消息——的机会为核心的。在这一信息系统内，"信息不但在自然环境中流通，也通过媒介传播"，因此运用媒介所造成的信息环境如同地点场所一样，都促成了一定的信息流通形式。梅罗维茨认为，媒介所造成的信息环境比通常意义上的物质场所更重要，而在确定情境界限的时候，应该以接触信息的机会作为判断和辨别的一个关键因素。

(2)每一种独特的行为都需要一种独特的情境

梅罗维茨在《空间感的失落》一书中指出："真正不同的行为需要真正不同的情境。"① 对于每个社会情境来说，人们都需要一种明确的界限。因为人们需要始终如一地扮演自己的社会角色，不同情境的分离使不同行为的分离成为可能。例如，一个女人在公司扮演职员角色，在父母面前扮演女儿角色，在儿女面前扮演母亲角色，这是三种不同的情境所造成的。当这三种情境重叠时，传播者就会感到困惑，不知所措。梅罗维茨把情境分离和结合看成一个动态的过程，"制约情境的分离和结合形式的因素包括个人生活决策和社会对媒介的运用"②。

(3)电子媒介促成情境合并

情境的合并包含三个层面的内容。一是知识结构层面所形成的情境合并。众所周知，印刷媒介的传播必须借助文字符号的编码与解码过程，因此文化程度决定了人们的接受水平，也就自然而然地形成了不同文化层次和类型的群体。而电子媒介，如电视所

① Meyrowitz, J. (1985). *No Sense of Place*. Oxford University Press, Inc., New York, p. 40.

② Meyrowitz, J. (1985). *No Sense of Place*. Oxford University Press, Inc., New York, p. 43.

呈现的就是一种一看就懂的画面，几乎“不是一种代码”，无须掌握观看技巧或接受特殊的训练和教育。二是生活风尚的合并。由于电子媒介逼真地再现生活经验、世界中的视听形象，使得不同类型、不同区域的受众群对信息进行更大程度的分享，结束了人们“老死不相往来”的局面。通过电子媒介的影响，人们在生活习俗、文化方面的差异越来越小，形成了情境的合并。三是公私情境的合并。通过电视、电脑，人们可以观察到别人的私生活。例如，老百姓可以了解到大人物或明星的生活情境，逐渐模糊社会角色之间的界限。梅罗维茨把这一现象称为私人情境并入公共情境，这样直接导致民主意识的产生。

梅罗维茨理论的缺陷是很明显的，如情境决定论忽略了人的主观能动因素，混淆了媒介内容和媒介本身，过高地评价电子媒介在人们生活情境合并中的作用，等等。但是，他提出的媒介情境论在传播学研究中具有一定的地位和影响，并且独创性地突出了媒介在创造情境中的积极作用。

4.一些学者的教学媒体观[①]

克拉克(Clark)认为，教学媒体只是一种信息发送的手段，不同的媒体可以传递相同内容的信息，其效果并没有不同，所不同的仅仅是信息的传递方式。因此在他看来，传递方式在教育学上是无关紧要的。他写道：“各种媒体仅仅是传播教学的媒介而已，就如同卡车能运转食品引起我们营养的变化那样，它们对学生成绩并不能产生更大的影响。”“所带来稳定且再三复现高质量教学的，与其说是所使用的媒体，不如说是软件的设计。”

贝茨(Anthony Bates)同意克拉克的观点。但他认为，在传递知识信息方面，电视与其他媒体存在重大差异，这在教育学上有重要意义。例如远程教育，传播方式是一个重要因素，在选择媒体时，必须加以考虑。也就是说，在这种情况下，信息传递方式对传播效果会产生重要的影响，媒体并不是一个无足轻重的因素。贝茨对教学媒体的主要观点包括四个方面：媒体一般是灵活而可替换的，关键在于在一定的条件下采用何种媒体更合适；各种媒体都有内在的规律，必须正确地加以利用，再好的媒体，使用不当也不会有好的效果；世上并无“超级媒体”，所有媒体各有长短，人们应根据扬长避短的原则对它们加以综合运用；对于某个具体的教学目标来说，还是存在最为合适媒体的选择问题。

布鲁纳(J. S. Bruner)的观点是媒体在传授知识方面的功能是相近的，几乎毫无差别，而在发展技能方面是独特的，各不相同，但是总会有一种相应的媒体比其他媒体更合适、更有效。

二、教育传播媒体

(一)教育传播媒体的概念

教育传播媒体是承载和传播教学信息的载体或工具。作为储存与传递信息的任何媒体，都能作为教育传播媒体。但事实上，绝大多数新开发出来的媒体，首先都不是用在教学上，而是在军事、通信、娱乐、工业等部门使用相当长一段时间之后，才逐步被引进教学领域。

---

① 中华人民共和国国家教育委员会电化教育司.教学媒体与教学设计[M].北京：高等教育出版社，1990：20—21.

一般的媒体不都是教育传播媒体，但都可以发展成教育传播媒体，那么教育传播媒体有哪些特殊的组成要素呢？概括来说，一般的媒体发展为教育传播媒体要具备两个基本要素。[①]

1. 媒体用于储存与传递以教学为目的的信息时，才可称为教育传播媒体

以教学为目的的信息，也就是教学信息，它是由教学目标决定的。因此，教育传播媒体区别于一般的媒体，它储存与传递的教学信息，是为达到特定的教学目标服务的，是为特定的对象——教师或学生所使用的。

2. 媒体能用于教与学活动的过程时，才能发展为教育传播媒体

任何媒体都能用来储存与传送教学信息，如电影、电视甚至计算机等媒体。它们都具有储存或传送教学信息的功能，但这些媒体诞生的初期，只在人们活动的通信与娱乐领域中获得应用，在教学活动中没派上用场。因此，它们只是一般的传播媒体，不是教育传播媒体，只有当它们经过改进，符合教学要求，用于教学活动时，才成为真正的教育传播媒体。

一般的媒体经过改进演变成教育传播媒体，往往要经过复杂甚至漫长的历程。比如，1895 年诞生的电影首先用于娱乐，经过了几十年后，才逐渐有了科教片，用于社会教育。1936 年出现电视节目，经过了几十年后，教育电视才被普遍引入教育领域。目前得到迅速发展的计算机媒体及计算机网络系统，首先也是用于通信与工商业，后来才逐步被引进教育教学领域。在一般媒体演变为教育传播媒体的过程中要解决两大关键问题。一是硬件的改造，使它能满足教学活动的要求，方便教师与学生使用；同时要使硬件的价格降下来，能为缺乏经费的部门所采用。二是软件的编制，使该媒体所贮存与传递的信息是教学信息，并且编制的原则与方法要符合教学活动的要求。

(二)教育传播媒体的特性

教育传播媒体除了具备一般媒体的共同特性之外，还有自己独有的个别特性。

1. 表现性

表现性，也称表现力，指各类媒体表现客观事物的时间、空间、声音、颜色以及运动特征的能力。由于信息不是事物本身而是事物的表征，而不同的媒体用不同的符号去表征或描述事物，因而对事物运动状态与规律具有不同的表现力。如空间特征指事物的形状、大小、距离、方位等；时间特征指事物出现的先后顺序、持续时间、出现频率、节奏快慢等；运动特征指事物的运动形式、空间位移、形状变换等。

2. 重现性

重现性是指媒体不受时间、空间的限制，能将记录、存储的内容随时重新使用的能力。不同媒体的重现能力是不同的。如实时的广播与电视瞬间即逝，难以重现；录音、录像与电影媒体能将记录存储的信息反复重放使用；幻灯、投影与计算机课件也能根据教师与学习者的需求反复重现。

① 南国农，李运林. 教育传播学(第二版)[M]. 北京：高等教育出版社，2005：99－100.

3. 接触性

媒体的接触性，或称传播性，是指媒体把各种符号形态的信息传递到一定空间范围内再现的能力，有无限接触和有限接触之分。如计算机网络和有线电视系统能将信息传送至较为广阔的范围，而幻灯、投影、录音、录像等只能在有限的教学场所播放等。

4. 参与性

参与性指在应用媒体教学时，学习者参与活动的机会。它可分为行为参与和感情参与。如电影、电视、广播等媒体，具有较强的表现力与感染力，容易引起学生情感上的反应，从而激发学生感情上的参与；而多媒体计算机的交互作用，能使学习者在上网学习过程中根据本人的学习需要去控制学习进程，因此，它是一种行为与感情上参与程度高的媒体。

5. 可控性

可控性指使用者对媒体操纵控制的难易程度。像幻灯、投影、录音、录像及计算机媒体等，比较容易操纵，适合于个别化学习。而广播、电视，只能按其播出的时间去视听，学习者的自主性不强，且不易操纵。

(三)教育传播媒体的类型

教育传播媒体发展至今，种类很多。为了便于使用和研究，人们开始对它们进行分类。目前，对媒体的分类方法有很多，本书主要从教育传播媒体发展的历史将其分为：传统教育传播媒体和现代教育传播媒体。

1. 传统教育传播媒体

过去传统教学中常用的媒体称为传统教育传播媒体，如教师语言、黑板、粉笔、挂图、标本、模型、实验演示装置等。

(1)语言媒体

语言媒体是人类历史上既古老又原始的一种信息传播媒体，语言作为一种符号代表事物与现象，成为人类较早使用的交流的传播媒体。语言的产生使得人们可以把自己学会的东西有效地传授给其他人，通过语言，人们能更好地进行交流合作、组织和安排生产。从开始描述简单的事物与现象开始，发展到描述复杂的事物与现象，语言越来越丰富，使得信息量越来越大，因此其被称为教育后代的主要媒体。

(2)实物媒体

实物媒体包括教师课堂上使用的挂图、标本、模型、实验演示装置等。

(3)印刷媒体

印刷型教育传播媒体是指各种印刷的教学资料。例如，教科书、挂图、辞典、杂志、报纸和教学指导书等。

2. 现代教育传播媒体

20世纪以来利用科技成果发展起来并被引入教学领域的电子传播媒体称为现代教育传播媒体，在我国也被称为电化教育媒体。它主要包括幻灯、投影、广播、录音、录像、电影、电视、电子计算机等教学媒体，还包括它们的组合系统，如语言实验室、微格教学系统、多媒体电教室、计算机网络机房、闭路电视系统、视听阅览室、校园网等。

(1)视觉媒体

视觉媒体是提供图像类教育信息的媒体,学习者主要通过视觉感官来接收信息。

(2)听觉媒体

听觉媒体指承载声音信息的媒体,如教学中使用的录音带、唱片等都属于听觉媒体。

①录音媒体。

例如,盒式磁带,操作简单,价格便宜,便于复制,制作简单,易于剪辑等。

②CD机、DVD机和CD光盘。

存储在光盘上的数字信号比存储在磁带上的物理模拟信号清晰,且光盘的容量大,易于携带,便于寻址。

(3)视听型媒体

所谓视听型媒体,就是将视、听相结合形成的一种媒体,如电影、电视、录像等。电视电影是综合的媒体,它们能表现图像、文字、图表等视觉信息,同时又能表达音乐、言语和其他音响等听觉信息。此外,电视电影又具有艺术属性,能激发人的情感,使人产生美的感受。

(4)交互性媒体(智能媒体)

交互性媒体基本上就是借助于计算机的一些新型媒体,它们离不开计算机的支持。这类媒体大致有以下几种:多媒体、超媒体、计算机多媒体教学网、虚拟现实系统以及计算机网络等。

①多媒体。

多媒体计算机技术是指能同时对文字、图形、图像、声音、动画、活动影像等多种媒体进行编辑、存储、播放,并能同时对它们进行综合处理的多功能技术。

②超媒体。

超媒体是一种与多媒体紧密相关的新型教学媒体,即超媒体=多媒体+超文本。超文本(hypertext)是按照人脑的联想思维方式非线性地组织管理信息的一种先进技术。超文本不仅指具有非线性结构的纯文本,实际上还包含图形、图像、表格等静态的非文字信息对象。超媒体则在实用意义的超文本基础上增加了"时变媒体"对象,即包含了动画、视频和音频信息。因此,超媒体是一种多媒体化的非线性的信息结构。

③计算机多媒体教学网。

计算机多媒体教学网,即多媒体网络教室,是指将教室中的学生用机及教师用机,通过多媒体网络线路及控制台软件连接而构成的一个网络化的教学环境。

④虚拟现实系统。

虚拟现实系统可以广泛用于化学、物理等课程的实验教学中。物质的原子、分子结构与化学反应是很抽象的,虚拟现实系统则可以让抽象的内容具体化。

⑤计算机网络。

计算机网络是以计算机为核心，能提供相关教育信息的设备，具有表现信息内容丰富多彩和实现人机对话的功能。

⑥手机、MP3、MP4 等小型移动教学媒体。

手机、MP3、MP4 等也可以用于现代教学之中，它们体积较小，携带极为方便，便于实现泛在学习，而且它们多是使用数字资源，易于获得，可以有效地应用于外语、普通话等语言学习中。

(四)教育传播媒体的功能

1. 教育传播媒体的认知功能

(1)媒体可以提供具体的经验

以戴尔为代表的美国视听教学论专家综合了许多人的观点，在总结视听教学经验的基础上，较为系统地提出了媒体教学应用的理论基础，并集中体现于“经验之塔”理论中。戴尔认为，教学应从具体经验入手，逐步过渡到抽象经验。在教学中应用各种媒体，可以为学习者提供较具体和易于理解的经验，并能冲破时空的限制，弥补直接经验难于获取的不足，从而使学习更为具体，进而达到更好的抽象。

具体经验对学习者的学习具有重要作用。直接与客观事物接触、对客观事物进行直接观察固然可以使学习者获得学习所必需的具体经验，但也必将耗费大量的时间与精力，且可能由于时空限制使许多具体经验无法获取。利用教学媒体可以克服这一困难，教学媒体所提供的“替代的经验”，是学习者方便地获取直接经验的有效途径。而且媒体的简化、纯化和突出作用，使学习者不会陷于真实事物的复杂性之中，能够抓住事物的关键部分和主要环节，减少、排除非主要信息对学习者注意力的干扰，从而使学习者能够更准确地认识客观事物，获得同现实较为一致的经验。利用教学媒体获得具体经验，是学习者获取直接经验的重要途径，对学习者的认知建构有重要作用。

(2)媒体是交互工具、认知工具

皮亚杰提出的发生认识论的一个中心思想是“相互作用论”，他认为知识不是外界客体的简单摹本，也不是主体内部预先形成的结构的展开，而是由主体与外部世界不断相互作用而逐步建构的结果。维果茨基强调活动和社会交往在人的高级心理机能发展中的作用，认为高级心理机能来源于外部动作的内化，这种内化可以通过教学、日常生活、游戏和劳动等各种活动来实现。无论是主动性、社会性，还是协作与会话，都是学习主体与外界的交互作用，可见交互作用在学习中具有重要地位。教学应保证足够的交互。

教学中交互作用既存在于教师与学生、学生与学生、教师与教师之间，也存在于学生原有认知结构与新知识之间。媒体是实现充分的交互作用的重要工具。例如，目前的高等教育主要是教师讲，学生听，教师与学生之间的交互比较少，如果能在原来教学的基础上增加一些辅助教学工具，开辟网上答疑、主题论坛等，则可大大增加教师与学生、学生与学生之间的交互。媒体作为交互工具，可提高交互的频率和有效性，取得更好的教学效果。综上所述，学习者主动利用媒体与外界进行交互作用，促进认知发展，从这个意义上讲，媒体既是交互工具，也是认知工具。

(3)媒体是连接学习者原有认知结构与新知识的桥梁

建构主义学习理论认为，学习是主体积极主动的建构过程，学习者不是被动地接收外在信息，而是主动地根据先前认知结构有选择性地注意和知觉外在信息，建构当前事物的意义。而这种建构过程又是双向性的：一方面，通过使用先前知识，学习者建构当前事物的意义，以超越所给的信息；另一方面，被利用的先前知识不是从记忆中原封不动地提取的，而是本身也要根据具体实例的变异性而受到重新建构。因此，学习过程是一个双向建构的活动过程，这一过程涉及学习者的原有认知结构与要理解的当前事物(即新知识)。教学必须使学习者的先前知识与新知识建立起某种联系，所以，建构主义强调学习的情境性，即要创设真实性的学习情境，提供真实性任务，以激活学习者的先前经验，建立原有认知结构与新知识的联系，激发学习者的内部学习动机，促使学习者进行有效的深水平加工，提高知识的迁移水平，增强学习者解决问题的能力。

利用媒体技术，一方面可以提供丰富的情境性信息资源，提供高度真实的模拟学习环境；另一方面，学习者可以在媒体创设的环境中运用自己的先前经验对问题进行尝试性的解决，以寻找解决问题的方法与途径。所以，在学习过程中，利用媒体技术创设情境，模拟解决真实性问题的情境，可以充分地调动学习者的先前经验，并使其与当前的问题建立起联系，促进学习者进行深水平的认知加工，从而建构起当前事物的意义，达到学习目的。

(4)媒体可提供丰富、优化的学习资源

学习不再是强调学习者对知识的机械记忆，而是学习者最终对知识的意义建构。这样的学习要求学习者应从多个角度、多个层次来理解知识的丰富含义及其复杂性。所以，这样的学习必须要有丰富的信息资源来支持。仅靠传统教学中的教师、教科书等信源是不够的，必须要有大量的、学习者容易获取的信息资源。现代媒体技术可以提供丰富的、多样化的学习资源，如利用CD-ROM光盘提供形式生动活泼、内容丰富、信息量大、具有交互功能的学习资源；利用网络媒体，可以使学习者共享丰富的信息；利用信息组织结构的超链接技术，建造符合人类联想方式的超文本信息组织结构，便于学习者利用多样化的学习路径，从多方面、多角度、多起点、多层次、多结果等建构对事物更为全面和丰富的理解；还可以利用虚拟现实技术，提供交互式的信息资源，使学习者在与信息的交互过程中达到对知识的意义建构及培养运用知识的能力；利用人工智能技术提供针对学习者特性的反馈信息，促进学习者学习策略的发展等。

2. 教育传播媒体的教育功能

(1)改进教学方法

媒体可帮助改进教与学中的发现和询问方法。当学习者在接收媒体传送的信息时，如观看教学录像时，他们先可观察信息内容中呈现的各种关系，继而去发现并解释这些关系，并可引起或诱发询问与信息有关的直观经验。

(2)管理教学

媒体可用来确保教师和学生之间保持一种更有活力的关系。它促使教师成为一名合格的教育组织者,而并不仅仅是信息传递者。因为,采用媒体后教师可以有更充裕的时间用于对学习者的研究,即为他所传播的对象做出分析处理,并可与学习者进行交流或一对一的教学。这点正好符合了当今教育界极力提倡的因材施教,即个别化教育。个别化教育是指根据学生个人的能力、经验或兴趣专门设计并选择信息的一种有效的教学方式。不过这种方式是基于现代媒体或媒体组合物的。现代媒体为个别化教育的发展提供了可能,而个别化教育也为媒体或媒体组合物在教育中的更为广泛的应用提供了广阔的天地。

(3)实施特殊教育

那些身体器官有障碍的学生应接受一种特殊的教育,对某些有相同特性的学生与那些有不同特性的学生分别施教。这样的教育可根据某些有相同特性的学生的特殊性将教育调整、设计到最佳状态,实实在在地去扩大适合他们特性的知识领域或经验。如对有视力障碍的学生,他们的相同特性莫过于更重视并强调听力训练。

(4)"潜在的教学功能"和"实际的教学功能"①

潜在的教学功能是指某种教学媒体在理想的、最好的使用状态下所表现出来的教学功能。我们平常所谈论的教学功能即是指潜在的教学功能,它是某种媒体所能达到的最强的教学功能。要达到最强的教学功能,就必须使这种教学媒体呈现合适的教学内容,在恰当的时机合理地使用它,才可能表现出强大的教学功能,这是使用教学媒体的难点。实际的教学功能是指某种教学媒体在实际教学中,某一教师使用下所表现出来的教学功能。我们平常所见到的某种教学媒体的教学功能,往往是这种教学媒体在某种状态下,在某个教师设计、使用的情况下所表现出来的教学功能,即实际的教学功能。实际的教学功能总是小于潜在的教学功能,我们不能把这两者混同。教学媒体的潜在的教学功能,只有通过在教学中科学而熟练地使用教学媒体才能充分发挥出来。

(五)教育传播媒体的选择

1. 教育传播媒体选择的基本原则

(1) 教学目标控制原则

每个单元、每个课题、每个项目都有一定的教学目标,即具体的教学要求,比如要使学生知道某个概念,或明白某种原理,或掌握某项技能,等等。为达到不同的教学目标,常需要使用不同的媒体去传输教学信息。教学目标是贯穿教学活动全过程的指导思想,它不仅规定教师进行教学活动的内容和方式,指导学生对知识内容的选择和吸收,而且控制媒体类型和媒体内容的选择。以外语教学为例,"让学生知道各种语法规则"与"使学生能就某个题材进行会话"是两种不同的教学目标。对于前者,教师往往采用讲解,辅以板书或投影材料,使学生在井井有条的内容安排中形成清晰的语法概念;对于后者,往往采用角色扮演并辅以幻灯或录像资料,使学生在情景交融的沟通条件下掌握正确的言

① 刘世清,刘珍芳,王冬.论现代教学媒体的本质、发展规律与应用规律[J].电化教育研究,2005(8):14－17.

语技能。但假如是为了纠正学生的外语发音，则最好采用录音媒体。

(2)教学内容统一原则

各门学科的性质不同，适用的教学媒体会有所区别；同一学科内各章节的内容不同，对教学媒体也有不同的要求。如在语文学科中讲读那些带有文艺性的记叙文，最好配合再造形象，通过能提供某些情境的媒体，使学生有身临其境的感受，以唤起他们对课文中的人物、景象和情节的想象，使之加深理解和体会。又如数学、物理等学科的概念、法则和公式都比较抽象，要经过分析、比较、综合等一系列复杂的思维过程才能理解，所以应使媒体提供的内容随教材变化，才能帮助学生理解。总之，对教学媒体的选用和设计应以符合教学内容为原则。

(3)教学对象适应原则

不同年龄阶段的学生对事物的接受能力不一样，选用教学媒体必须顾及他们的年龄特征。比如，小学生的认知特点是直观形象的思维和记忆比逻辑抽象的思维和记忆发达，注意力不容易持久集中，对他们可以较多地使用幻灯、电影和录像。幻灯片要生动形象，重点突出，色彩鲜艳，能活泼的地方力求活泼，每节课使用的片数不宜过多，解释要细致些；使用录像和电影也宜选用短片，动画镜头可以多一些。随着年级的升高，学生的概括和抽象的能力发展了，感知的经验也逐渐丰富起来，注意力持续集中的时间延长，为他们选用的教学媒体就可以广泛一些，传递的内容则多了分析、综合、抽象、概括，增加了理性认识的分量，重点应放在揭示事物的内在规律性上，同一种媒体连续使用的时间也可长些。另外，在两种效果接近的媒体中进行选择时也可适当考虑学生的习惯和爱好。

(4)教学方法协调原则

教学方法是教学的中介，是教师和学生为达到教学目标所采用的途径和程序。媒体与教学方法的协调就是要根据不同的教学内容，采用适当的教学方法和选择与之配合的媒体，并使之协调，以产生最佳效果。要做到这一点，就必须明确各种信息媒体的特性和功能。表 5-1 中列出了部分教学媒体的教学特性以供参考。①

表 5-1　教学媒体特性一览表

教学特征		教学媒体种类									
		教科书	板书	模型	无线电	录音	幻灯	电影	电视	录像	计算机
表现力	空间特性			√			√	√	√	√	
	时间特性	√	√		√	√		√	√	√	√
	运动特性							√	√	√	√
重现力	即时重现		√			√				√	√
	事后重现	√		√		√	√	√		√	√

① 章伟民.教学设计基础[M].北京:电子工业出版社,1998:267.

续表

教学特征		教学媒体种类									
		教科书	板书	模型	无线电	录音	幻灯	电影	电视	录像	计算机
接触面	无限接触	√		√					√		
	有限接触		√	√		√	√	√		√	√
参与性	感情参与				√	√		√	√	√	
	行为参与	√	√	√			√				√
可控性	易控	√	√	√		√	√			√	√
	难控				√				√		

(5)教学条件符合原则

教学中能否选用某种媒体,还要看当时当地的具体条件,其中包括资源状况、经济能力、师生技能、使用环境、管理水平等因素。录像教学具有视听结合、文理皆适的优点,但符合特定课题需要的录像片是不是随手可得呢?语言实验室是一种极其有效的外语教学媒体,但并非每个学校都有能力配备,因陋就简采用录音机代替也是可以的。使用计算机辅助教学前景被看好,但除了需要资金购买计算机外,还得培训使用人员。若教室不具备遮光设备,连"价廉物美"的投影、幻灯都用不上。有的单位管理混乱,使不少已经置备的现代化教学媒体也无法选用。

2. 教育传播媒体选择模型

依据媒体选择的原则和影响因素所做的媒体选择,更多地具有主观判断的性质,为了使我们在选择教育传播媒体时所做的主观判断更为客观、准确,我们还可以借助一些有效的媒体选择模型,使我们尽可能做出较为客观的选择和判断。

(1)问题表

问题表实际上是列出一系列要求媒体选择者回答的问题,通过对这些问题的逐一回答,来比较清楚地发现适用于一定教学情境的媒体。下面的一组问题便是例子:

①所需媒体是用来提供感性材料还是提供练习条件?

②该媒体是用于辅助集体讲授还是用于个别化学习?

③媒体材料与学生的认知水平相一致吗?

④教学内容是否要做图解或图示的处理?

⑤视觉内容是用静止图像还是活动图像来呈现?

⑥活动图像要不要配音?是用电影还是录像来表达视听结合的活动图像?

⑦有没有现成的电影或录像以及放映条件?

问题表列出的问题根据实际情况可多可少,可按逻辑排序,也可不按逻辑排序。这种模型出现较早,并为其他一些选择模型提供了基础。

(2)算法式

算法式是通过模糊的数值计算决定媒体选择的一种方法。在运用此方法时,一般先对备选媒体使用的代价、功能和管理上的可行性等诸要素都给一个定值，然后对备选媒体的效益指数运用公式加以运算，从而确定优选媒体。其具体算法是：

备选媒体的效益指数＝功能(媒体)/代价(媒体)

我们可以通过对两种或两种以上备选媒体的效益指数进行比较，最终确定所选媒体。例如，根据教学内容的要求，需要提供事物形象，而挂图、幻灯、电影、录像及多媒体CAI都具备上述功能，这时就需要对各种媒体所能达到的教学功能与所要付出的代价(经济成本、开发时间及要求的技术水平的高低)进行计算，得出挂图、幻灯、电影、录像和多媒体CAI的效益指数，在此基础上确定最终要选择的媒体。

(3)矩阵式

矩阵式通常是两维排列，如以媒体的种类为一维，以教学功能和其他考虑因素为另一维，然后用某种评判尺度反映两者之间的关系。评判尺度可用“适宜”与否、“高、中、低”等文字表示，也可用数字和字母符号表示。

①加涅提出的常用教学媒体功能表。

表 5-2　加涅教学媒体功能表

教学功能	教学媒体种类						
	实物演示	口头传播	印刷媒体	静止图像	活动图像	有声电影	教学机器
呈现刺激	Y	Li	Li	Y	Y	Y	Y
引导注意和其他活动	N	Y	Y	N	N	Y	Y
提供所期望行为的规范	Li	Y	Y	Li	Li	Y	Y
提供外部刺激	Li	Y	Y	Li	Li	Y	Y
指导思维	N	Y	Y	N	N	Y	Y
产生迁移	Li	Y	Li	Li	Li	Li	Li
评定成绩	N	Y	Y	N	N	Y	Y
提供反馈	Li	Y	Y	N	Li	Y	Y

Y:有此功能;N:无此功能;Li:功能有限

②威廉·艾伦关于教学媒体的种类和目标的关系矩阵。

威廉·艾伦(Willian Allen)根据“教学设计取决于具体的学习目标，教学媒体的功能高低是相对于一定的学习目标而言的”观点，设计建立了一个关于教学媒体的种类和目标的关系矩阵(如表 5-3)。这种程序通过表格排列，能把教学媒体与教学任务、学习目标或者其他的一些相关因素的关系清晰地表示出来，使选择者一目了然，便于选择。

表 5-3　教学媒体的种类和目标的关系矩阵

教学媒体种类	学习目标					
	学习真实信息	学习视觉鉴别	学习原理、概念和规律	学习过程、程序	完成熟练的知觉运动动作	发展所期望的态度、观念和动机
静止图片	中	高	中	中	低	低
动画片	中	高	高	高	中	中
电视	中	中	高	中	低	中

续表

教学媒体种类	学习目标					
	学习真实信息	学习视觉鉴别	学习原理、概念和规律	学习过程、程序	完成熟练的知觉运动动作	发展所期望的态度、观念和动机
三维物体	低	高	低	低	低	低
自动录音	中	低	低	中	低	中
程序教学	中	中	中	高	低	中
演示	低	中	低	高	中	中
印刷课本	中	低	中	中	低	中
口语表述	中	低	中	中	低	中

矩阵式通常是两维排列，除了两维矩阵外，还有“一维分类”和“多维排列”的媒体选择方法。前者如比较受推崇的戴尔的“经验之塔”，它将教学媒体按其所能提供的经验的抽象程度不同划分为 11 个层次，由低层向高层，抽象程度逐渐增加；后者如托斯悌(D. T. Tosti)和鲍尔(J. R. Ball)的“六维排列”方法，涉及的六个纬度分别是：信息呈现形式、信息呈现的持续时间或间隔频率、呈现的信息要求学生做出的反应类型、要求学生做出各种反应的频率和时间、管理形式和意图、管理的频率。它可以顾及更多的与教学情境有关的因素，但实际使用起来有一定的难度。

(4)流程图[①]

流程图建立在问题表模型的基础上。它将选择过程分解成一套按序排列的步骤，每一步骤都设有一个问题，由选择者回答“是”或“否”，然后按逻辑被引入不同的分支。回答完最后一个问题，就会有一种或一组媒体被认为是最适合于特定教学情境的媒体。媒体选择的流程图可以根据不同需要设计成各种形式。下面介绍几组不同的媒体选择流程图。

①集体授课的媒体选择流程。

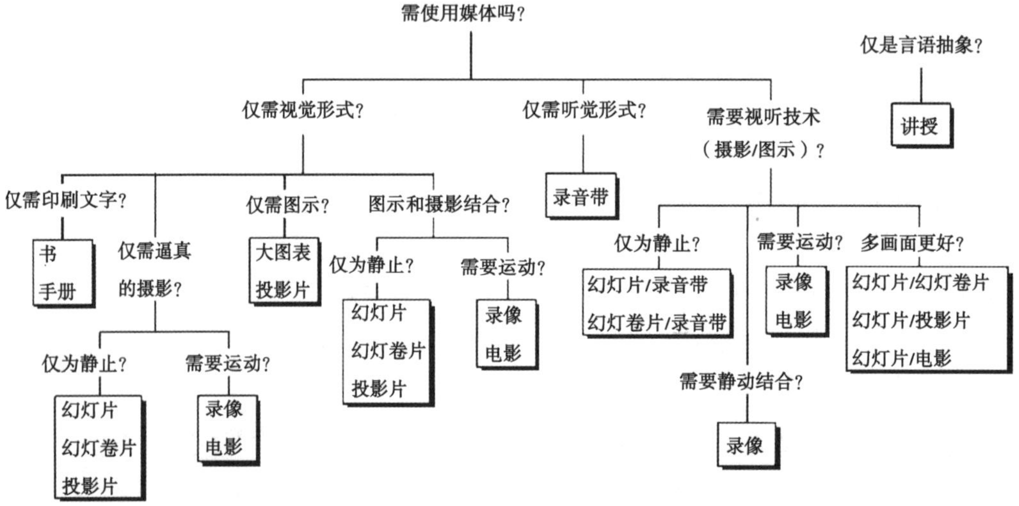

图 5-8 集体授课的媒体选择流程图

① 中华人民共和国国家教育委员会电化教育司.教学媒体与教学设计[M].北京：高等教育出版社，1990:220—226.

②个别化学习的媒体选择流程。

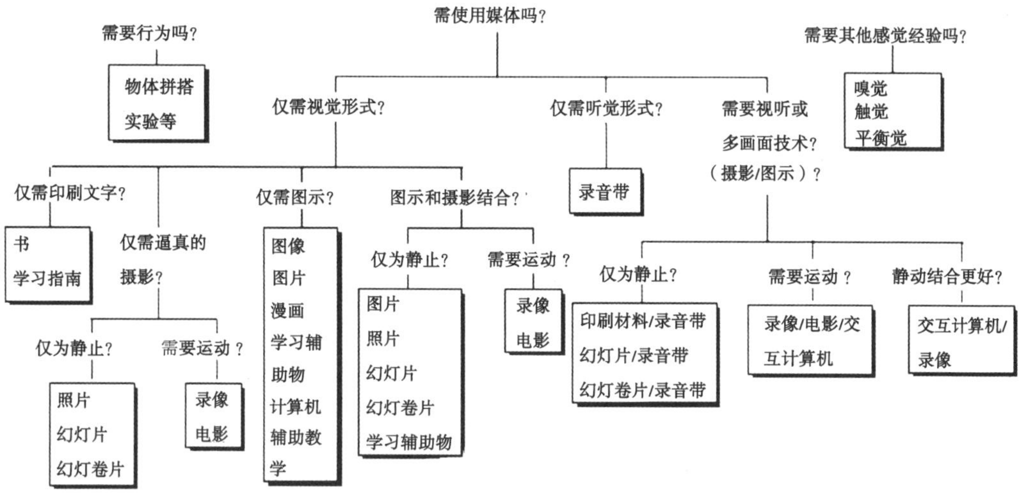

图 5-9 个别化学习的媒体选择流程图

③小组相互作用的媒体选择流程。

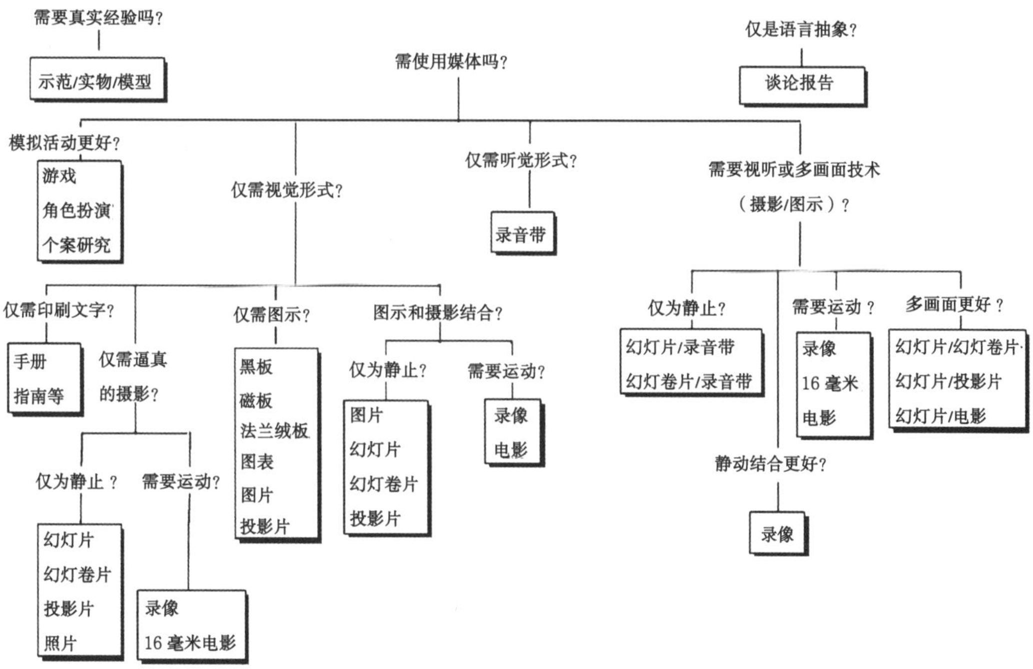

图 5-10 小组相互作用的媒体选择流程图

④罗密斯德斯基选择视觉媒体的流程图。

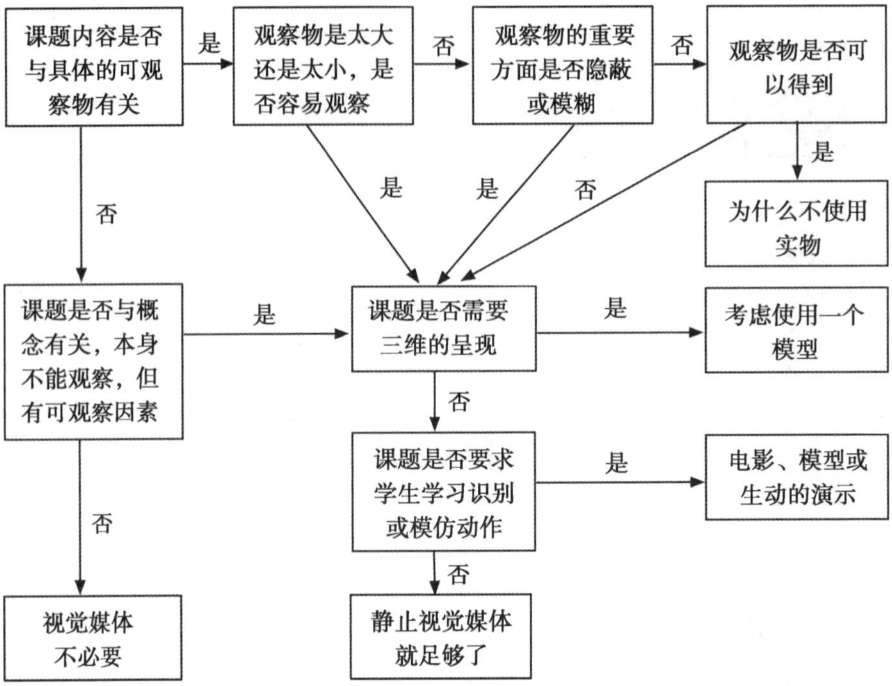

图 5-11　罗密斯德斯基选择视觉媒体的流程图

流程图是辅助教学媒体选择的很好的工具，它为教师选择合适的媒体、进行教学决策提供了思维步骤和明确指向。

(5)表格式[①]

表格式媒体选择程序是由加涅和布里格斯提出的一种系统的媒体选择方法。它对教师，特别是经验不丰富的教师分析自己每一节课所需要的教学活动和相应的教学媒体很有帮助。

①分析目标。

把教学目标具体化，最好具体到每一节课。

②目标分类。

根据加涅的目标的三种类型，即认知目标、动作技能目标和情感态度目标，对一节课的主要学习目标进行划分，明确目标类型。

③列出教学活动。

列出一节课上师生的全部活动情况。一般学生年龄越小，课堂教学中就越重视对教学活动的计划。

① 中华人民共和国国家教育委员会电化教育司．教学媒体与教学设计[M]．北京：高等教育出版社，1990：234－238.

表 5-4　教学活动列表

(1)分析目标　(2)说明学习范畴(目标分类)　(3)教学活动　(4)刺激种类　(5)备选媒体 (6)理论上最佳媒体的选择　(7)最终媒体选择				
A				
B				
C				
D				
E				
(8)媒体选择的基本原理 (9)对媒体制作者的指示				

④选择刺激种类。

根据学习目标、教学活动计划、学习者年龄特征和学习能力等决定每个教学活动中使用的刺激的种类。例如，如果教学目标是引导学生思考，语言刺激是必要的；如果教学目标是要求学生学习技能，行为示范则比较适合。对应各种教学活动常用的一些刺激种类在选择时可参考表 5-5。

表 5-5　刺激选择列表

序号	教学活动	刺激种类
A	引起注意	异常的声音或惊人的视觉
B	关于目标的信息	口头语言或实物
C	指导学习	口头或书写语言、演示标本或行为示范
D	提供反馈	口头语言或书面语言
E	促进记忆和迁移	各种媒体和实例

⑤列出备选媒体。

选定教学活动的刺激类型后，就可列出许多可用来实现要求的媒体，给出一个媒体选择范围。表 5-6 是对应刺激种类的各种备选媒体。

表 5-6　媒体备选列表

序号	刺激种类	备选媒体
A	异常的声音或惊人的视觉	教师、录音、图片
B	口头语言或实物	教师、录音、各种物体
C	演示标本、行为示范	教师、电影、录像、访问专家
D	口头或书写语言	教师、录音、书、录像、访问专家
E	各种媒体和实例	各种色彩、大小、形状的实物，照片、图片，问题情境

⑥理论上选择的最佳媒体。

教师不考虑实际情况，只根据媒体选择的基本原理，判断哪种媒体是最佳媒体，这是选择媒体的关键。

⑦最终的媒体选择。

根据实际情况，结合以上各种分析，教师进一步明确最理想的教学媒体。表 5-7 可以帮助教师分析影响教学媒体的实际因素。

表 5-7　媒体分析列表

因素	备选媒体材料			
	照　片	幻灯片	幻灯卷片	缩微胶片
市场上有供应				
准备费用				
复制费用				
准备时间				
技术能力、设施和其他服务				
观察和操作的难易				
维修和贮存				
学生偏爱				
教师偏爱				

在表中可填每一备选媒体的每一实际因素的等级分数（可分 3～5 个等级），将所得分数相加，计算出分值最高的媒体，即为最终选择的媒体。

⑧媒体选择的基本原理。

总结媒体选择的基本原理，熟悉理论的应用，有助于自我提高和改进工作。

⑨对媒体制作者的指示。

如果选定的媒体需要制作的话，还要为其制作写下若干规定、注意事项和文字稿本。

3. 教育传播媒体选择程序

前面已介绍了有关媒体选择应遵循的基本原则和主要的选择模型，那么如何运用前面的知识去一步步地选出适宜可行的媒体呢？这涉及媒体选择的工作程序。国内学者李克东等人提出的媒体选择的工作程序（如图 5-12），将媒体使用目标的确定及媒体的硬件和软件的选择相结合，比较全面地反映了媒体选择的各个方面，对媒体选择具有一定的指导意义。

该媒体选择工作程序主要分为三个步骤[①]：

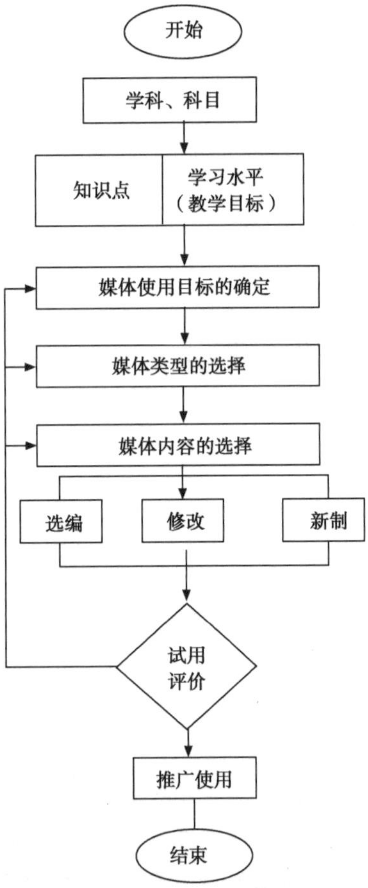

图 5-12　媒体选择的工作程序

① 何克抗，郑永柏，谢幼如. 教学系统设计[M]. 北京：北京师范大学出版社，2002：127.

第一，在确定教学目标和知识点的基础上，首先确定媒体的使用目标；创设情境，引发动机；反映事实，显示过程；示范演示，验证原理；提供练习，训练技能等。

第二，媒体类型的选择。可借助前述媒体选择的原则和方法进行。

第三，媒体内容的选择。媒体内容是指由教学信息转化的对学习者的感官产生有效刺激的成分，具体包括画面资料、画面组合序列、教师的活动、语言的运用、刺激的强度等内容。媒体内容的选择可通过选编、修改、新制三种途径进行。

根据媒体选择的原则，运用各种媒体选择的模型和程序，我们最终可以选择一种或一组教学媒体，但选择的媒体在教学中究竟起什么作用，在选择媒体时虽然也有所考虑，但并不十分清晰、全面，因此，最后有必要把各知识点、学习水平与所选媒体在教学中的运用及其之间的相互关系通过表 5-8① 的方式清楚地加以描述，为教学实施提供参考。

表 5-8　教学媒体运用说明一览表

课题名称	知识点	学习水平	拟选媒体	媒体在教学中的作用	媒体内容要点	资料来源	媒体使用方法	使用时间
	1							
	2							
	3							
	4							

三、现代教育传播媒体对教学改革和发展的支持

（一）扩大教学规模

利用广播、电视和联网计算机及手机等终端媒体，能向远距离的广大区域传送教学信息，凡是有收音机、电视机、计算机和手机等终端的地方都可以成为课堂。一个教师能同时教成千上万的学生，大大节省了师资、校舍和设备。现在世界各国都用办广播学校和网络学校的办法，来普及义务教育，发展成人教育，进行职业技术培训，取得了良好的效果，受到了社会的欢迎。

（二）提高教学质量和教学效率

利用现代化媒体（如电视、联网计算机等）的各种表现形式可以充分揭示教学内容，把抽象教材形象化，使教学过程生动、有趣、感染力强，促进学生的理解和记忆，并且使学生的多种感知器官，主要是视觉器官和听觉器官，共同参与认知活动，同时接收信息，这当然比只用一种感知器官学习的效果要好。而且采用计算机辅助教学，能够模拟一些危险的教学实验，使学生在人机交互的活动中学得更加主动，更有针对性，从而提高学习质量和学习效率。

① 李克东，谢幼如. 多媒体组合教学设计[M]. 北京：科学出版社，1992：68.

(三)改变教学模式

传统教学的基本模式是在规定的时间和地点，由教师“讲”或“演”，学生“听”或“练”，从而完成知识技能的“传”与“受”。现代化媒体为打破这种单一教学模式起了积极的作用，使学生可以不受时间、地点、课表、进度的限制，使不同形式的教学活动具有同等的价值。如除了充分利用无线电、电视等广播系统“开放式”传输教学信息外，也能把学校图书馆改造成“闭路式”的学习资源中心。开发通信卫星、双向电视、多媒体计算机和网络通信等技术综合而成的“虚拟”教学系统，还可使个别化学习和小组协同学习以多种形式进行。

(四)共享教学资源

现代教学媒体实现了资源共享，最大限度地利用教学媒体资源，面向全体学生，使教学媒体得到共享。利用现代教育技术形象直观的特点，为学生提供一个“潜移默化”的学习环境，使学生的各种潜能都能得到刺激和开发，激发学生的学习兴趣，唤醒学生的学习动机，营造一种生动、活泼、平等、自由的教育气氛，使学生充分发挥自己的主观能动性，积极参与教学活动。

(五)改善师生关系

长期以来，我国学校教育实行的“以课堂为中心、以教师为中心、以课本为中心”的教学体系使学生处于被动地位，严重限制了他们主体作用的发挥。现代化媒体的介入，扩大了教学信息源，使师生双方在教学系统中的实际地位发生了良性转变：学生可以通过直接与各种电子媒体建立人机联系，从各种渠道获得知识，对教师的直接依赖减少；教师则可以依据学习目标，以新的方式对人员、教材、教具，以及时间、空间等资源进行合理的组合和支配，充当起教学的组织者、指导者和咨询者的角色。

四、教育传播媒体的教学应用

(一) 教育传播媒体的优化组合

1. 各种教学媒体各具优势与局限

随着科学技术的发展，出现了各种各样的教学媒体，不同时期出现的教学媒体带给人们的期望与影响也不同。正如英国学者贝茨所认为的，各种教学媒体既有共性，也有各自的特性。媒体在应用时是灵活的、可替代的，同样的教学目标可通过不同的媒体实现；对于任何教学目标而言，其使用效果都是最好的“超级媒体”是不存在的；而且各种媒体在不同的教学环境里，对不同的学习者而言，其效果也不尽相同。每种教学媒体都有它自身的一些优点，同时也有它难以克服的一些缺陷，即使多媒体、虚拟现实技术或将来出现的功能更强大的某种教学媒体，它们在传播策略性知识、传递情感、塑造学生品格等方面也会感到无能为力。

幻灯机能给人呈现放大的、细腻的事物图片，它比用教科书、语言呈现事物更具体、更形象，人们可以慢慢地加以详细观察和研究，但它对事物的运动状态及过程不能加以有效地表达，它呈现的只是事物以前静止状态下某一瞬间的信息，并不能说明当前的状态。

电视录像善于表现事物运动和变化的过程与状态，但它对事物细节的表达又不及幻灯投影。

现在很常用的多媒体，它确实比之前的任何一种教学媒体的功能都强大，既可以呈现静态信息，也可以呈现动态过程，还可以呈现动画信息。但它对师生情感的交流、对学生心灵反应的捕捉和回应显得无能为力。

可见，在教学过程中没有能够解决所有教学问题的万能的媒体，万能的媒体以前没有，现在没有，将来也不会有。只有正确地认识教学媒体在教学中的优势与局限，才能恰当地运用它来为教学服务。

2.不同的学科内容需要不同的媒体来呈现

学科有不同的种类，不同类型的学科教学内容其特征和属性相差比较大。中外许多专家对知识分类进行了大量研究，结果表明，学习内容可以划分为不同的类型。不同类型的学习内容，它们的特性不同。比如，文科性的教学内容多属陈述性知识，知识点与知识点之间的联系相对比较松散，学习时不一定要按某种顺序来进行，可以根据具体情况灵活安排；理科性的教学内容，多属于程序性知识，前后知识点之间有比较严密的逻辑关系，学习时要按一定的顺序或程序（知识内容自身固有的）来进行，一般不可跳跃进行。

所以，当我们要对不同的学习内容进行有效的传授时，就要根据学习内容的特点和教学媒体的优势，选择最能有效表达这些知识内容的教学媒体来进行教学，做到教学媒体和教学内容相协调，这样才可能取得较好的教学效果。

3.应用多种媒体进行组合教学，能产生较好的教学效果

一门学科的教学内容或者一节课的教学内容，往往是由众多不同类型的学习内容组成的，而不同的学习内容又需要用不同的、恰当的教学媒体来表达。这样，在客观上就要求我们在教学过程中用多种不同类型的媒体来进行组合教学，做到每一个知识点都能在现有条件下用最合适的、经济的教学媒体来进行有效的呈现和表达，取得相对较好的教学效果。过分热衷于现代教学媒体，会有非常有害的后果。随着科学技术的发展，又有新型的教学媒体进入教学领域，这时人们又抛弃了还未能熟练使用的新媒体，而去追逐更新式的教学媒体，到头来哪一种类型的教学媒体都没有能够使用得非常熟练，教学效果依然没有明显提高。所以，在教学实践中应该采用多种媒体进行组合教学，而不是从头到尾用一种教学媒体。

（二）现代教学媒体的运用模式

媒体的使用方式主要有：设疑—演示—讲解；讲解—演示—概括；演示—练习—总结；边播放、边讲解等。皮连生等人提出了以下几种现代教学媒体运用的基本模式。[①]

① 皮连生.教学设计——心理学的理论与技术[M].北京：高等教育出版社，2000：168－170.

1. 辅助式

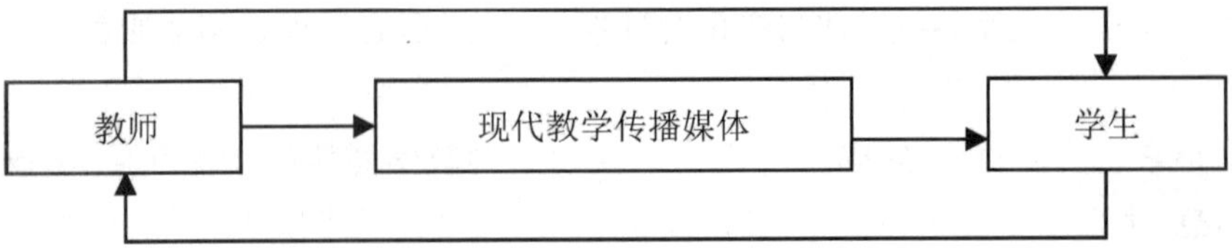

图 5-13 **辅助式**

在这种模式中，教师主要借助现代教学媒体，向学生传递教学信息，师生进行交互反馈。在此，媒体通常是作为课堂教学中的辅助手段运用的。它的特点是教师的面授与辅助手段紧密结合。这种模式主要表现为两种方法：演播法和插播法。

（1）演播法

演播法就是在课堂教学中，教师主要借助现代化教学媒体演示图像、播放录音录像，以传达教学信息。教师的责任主要是做教学的组织和引导工作。具体步骤如图 5-14。

图 5-14 **演播法**

提示：播放前，教师做必要的提示，比如必要的说明、简单的介绍、应该思考的问题等。

播放：一般由教师播放，也可以由学生或媒体中心的专业人员播放。在播放过程中，教师适当做一些必要的提示。

讨论：播放后进行讨论，或由教师对播放的内容有重点地进行讲解和巩固性提问。

小结：教师进行简短的小结，或让学生谈谈对提出问题的认识。

（2）插播法

插播法就是在教师讲授中穿插播放音像教材的有关片段，为讲授提供感性材料或例证，作为抽象概括的基础，并激发学生听讲的积极性。

图 5-15 **插播法**

在播放过程中，要随时注意学生的知觉过程，并加以指导。把学生的注意力引导到应该学习的内容或现象上，特别是对某些重要的或表达不够清楚的画面要及时提醒。否则，这些内容就容易被学生忽略。教师的讲解要与播放紧密结合，做到播放、讲解合理配合。讲解主要是为了指导学生弄清楚那些不能直接看（听）到的知识，而对那些一目了然的问题就不必多讲。

2. 直接式

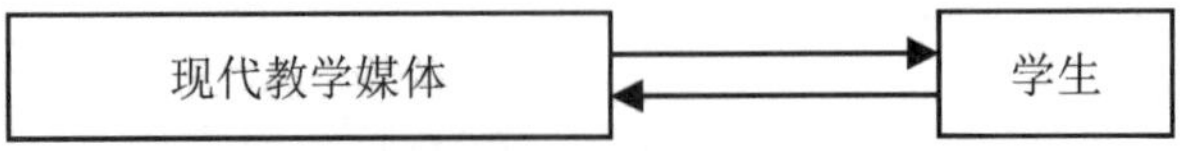

图 5-16 **直接式**

这种模式是学生直接从教学媒体上进行学习，媒体对学生的反应做出反馈。该模式一般是在使用程序教学机器学习和计算机辅助教学时采用。程序教学法主要有两种：直线式程序法和分支式程序法。

(1)直线式程序法

直线式程序法也叫斯金纳型程序学习，就是把教材分成许多具有逻辑联系的小步子(小单元)，由学生解答，然后机器呈现正确的答案，学生加以核对，得到强化，再进入下一个单元的学习。

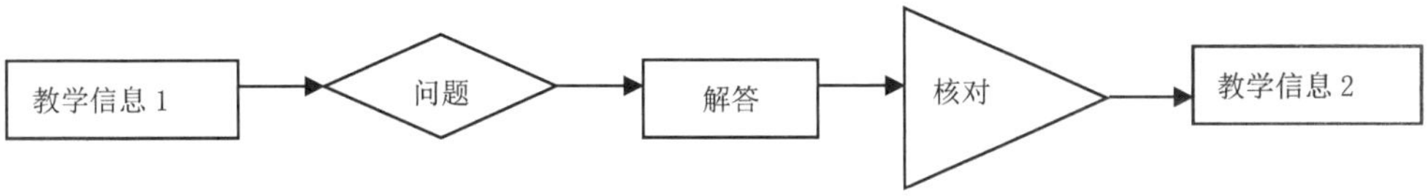

图 5-17 直线式程序法

(2)分支式程序法

分支式程序法又叫克劳德型程序学习，就是把教材分成许多步子(这种程序的步子比较大)，在每个步子中，都包含多重选择题。学生用键盘选答，答对了，进入下一步学习；答错了，导入一个分支程序，完成分支程序的学习后再回到原处，重选答案，直到学懂、答对，再进入下一步。

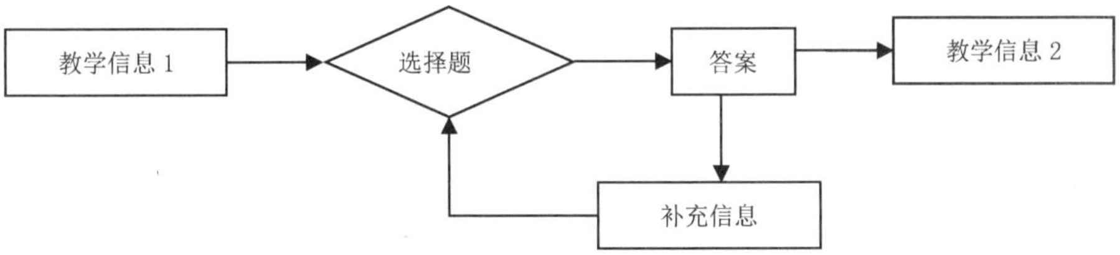

图 5-18 分支式程序法

在使用这种教学模式时，教师的作用主要是为学生编制教学软件——程序教材和通过软件的程序设计来间接控制教学过程。采用这种模式，对教师的要求主要是编制和提供足够的、优质的成套程序教材。对学生的要求是有高度的独立、自主的学习精神。

(3)循环式

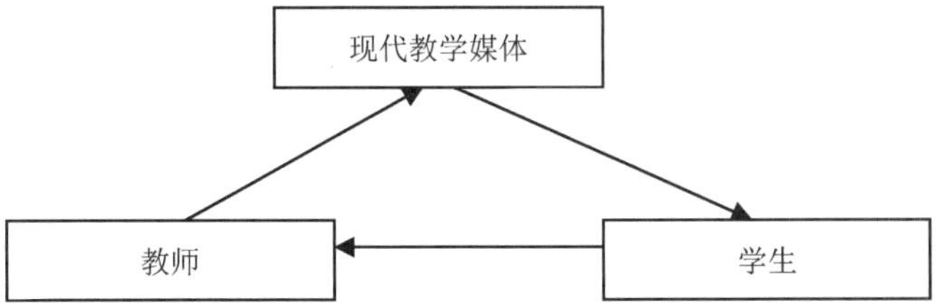

图 5-19 循环式

这种模式是学生向现代教学媒体学习，媒体主要是通过广播、电视等的声音与图像传递教学信息，主讲教师不(或很少)和学生直接见面。这种模式在自学辅导和远程教学时采用。它的特点是电授、函授、面授相结合，它常用在电视大学和函授大学的教学中。

此外，在学校教学中，教师布置课外作业，让学生在视听阅览室、视听资料中心运用多种现代教学媒体来独立完成，由教师辅导检查，也是这种模式的运用。

采用这种模式，除了要有足够的合格的教学条件外，还要注意通过多种渠道，如采用填写媒体使用调查表、学生作业、考试等，及时获得学生学习效果的反馈信息，以调整教学内容，改进教学。

第三节　教育传播干扰

在教育传播过程中，如果教师传出的教育信息能全部传达给学生并使其充分接收，那就获得了理想的教育传播效果。但在事实上这几乎是不可能的。教师发出的信息与学生接收到的信息之间常常有差距，有时差距甚至很大。这是因为教育信息在传输过程中会遇到来自各方面的干扰。[①]

一、干扰的概念及分类

(一)干扰的概念

干扰原是电子学术语，[②]指来自外部或内部的一些杂乱电波或电信号影响电子设备或器件工作的现象。在教育传播过程中，干扰的概念扩大了。它不仅是上述物理方面的干扰，还包括造成信息传递后得不到实效的一切其他消极因素，如设施不完善造成的环境性干扰、接收者生理和心理的特点造成的干扰等。干扰可能发生在教育传播过程中的各个环节，对教育传播的效果影响很大。克服干扰可以使接收者接收信息的效率提高，从而使单位时间的利用率提高。克服干扰还可以使接收者得到真实的信息，不致使接收者误以为真，造成后患。

(二)教育传播中干扰的特点

1. 干扰存在的必然性

只要有传播过程存在，就必然有十扰存在，没有干扰的理想传播过程是不存在的。教育过程中的显性干扰，如教育媒体的机械性能、电子性能，以及媒体所呈现的视觉形象、听觉形象变化所附带的干扰等，人们可以将其减小到不影响传播效果的程度；一些不可测量或预料的干扰，如传播者的社会地位、临时心理，受众的生理性、心理性因素，传播者与受众的共同经验范围等因素，却是不可避免的。因此，干扰和传播中的其他要素相互影响和制约，矛盾而又统一地存在于整个传播过程中。

2. 干扰存在的普遍性

干扰不只是存在于教育传播过程的某个或某几个环节中，而是存在于构成传播过程的各个环节中。

3. 干扰存在的多样性

干扰的存在是广泛的，同时，它的存在形式也是复杂多样的，技术性的、环境性的、生理的、心理的干扰，存在于教育传播过程的各个环节中。

---

① 马奇.电教中信息传递的干扰问题初探[J].外语电教，1983(3)：3—4，13.

② 盖永传.教育传播过程中的干扰[J].中国电化教育，1996(2)：28—29.

(三)教育传播中干扰的分类

在理想的传播过程中,信息传播者通过传播通道把教育信息传递给受众,产生预期的传播效果。但实际传播过程要受到各种生理、心理、技术、环境等因素的影响的,并不能达到理想的传播效果。这些影响因素构成了教育传播过程的干扰,这种干扰主要来源于以下几个方面。

1. 信源质量干扰

信源方面可能传送的不是教育信息,或是效果不佳的教育信息。如在计算机网络中,常能收到一些黄色、暴力的有害的干扰青少年成长的信息。在一些电视、报刊中,常有一些颠倒是非的报道。因此,教育者作为教育传播的信源,对信源的质量起决定性作用,在进行传播活动时,教育者作为信息的把关人,对如何筛选信息、预见和去除干扰信息具有十分重要的作用。

2. 编码准确性干扰

编码就是将信息变换成符号和信号的过程,在这个过程中符号与信号选择与变换不当就会出现干扰,通常出现的情况是在变换成语言符号时,语言不准确,容易造成干扰。

3. 环境干扰

教学活动需要一个安静、舒适的环境,以排除一切影响师生注意力的干扰因素。如果教室安排不当,就会造成干扰。教室里的座位安排以及空气、温度、光线、声音、色调等,都会直接影响学生和教师的身心活动,影响信息的传输效果。视听环境不佳,也会造成干扰。例如,教室外的喧哗声,运动场上的操练声,以及暴风、雨、雷、电等,都会分散学生的注意力,使之产生消极的情绪反应。

4. 技术干扰

构成信道的空间、线路以及发送、接收信号的设备,都会造成干扰。例如,教学设备不良,容易造成干扰。教学机器性能不良,会导致图像滚动、变形、声像异步以及串声、噪声等现象,以致声像失真。

5. 受播者心理和生理干扰

受众的信息接收过程是由生理和心理共同作用的结果,受众接收信息时的注意力、好奇心、性格等都直接决定接收信息量的多少和质量,各种生理性和心理性干扰直接影响学生的注意力,使其产生消极的情绪反应。如学生的视、听、味、触、嗅觉等感觉器官在生理上有一些缺陷,不能接收来自通道的信号;学生的知识、经验存在局限,也会阻碍他们将符号解释为准确的信息意义。

二、教育传播过程中干扰的避免

干扰的存在,使本来通畅的信息传递通道产生了附加信息,使得编码后的信息再经受众译码后,不能够正确还原。从信息传递的有效性考虑,这种现象应当尽量避免。

1. 提高教育者和受教育者的信息素养,优化信息质量

网络资源已经成为信息社会教育传播获取信息的重要途径,教育者和受教育者作为

信息的把关人，具有对信息进行筛选和提取，保留有利于受教育者发展的各种有效信息的任务。教育者除了加强自身对信息形象化、符号化的能力外，同时应提高自身的知识水平，增加知识量，注重信息传递的方法，还要注意加强对受教育者的指导。因此，教育者和受教育者都要努力提高自己的理论素养、信息素养，增强对各类信息的判断和反馈能力，使双方都能有效地利用丰富的信息资源，达到共同优化教育传播的目的。

2. 注重传播环境的建设

良好的传播环境是信息传播顺畅的必要条件。这里的传播环境既包括自然条件组成的自然硬环境，也包括施教者和受教者发送和接收信息时的心理软环境。由外界环境引起的图像、声音的大小变化，可以构成传播的环境性干扰，这种干扰削弱了受众的注意力，使其产生抵触情绪，影响传播活动的正常进行。通过建设良好的硬件环境，建立适宜的学习氛围，保证传播活动有一个良好的传播环境，如构建微格教室、语音室等。在教学过程中，根据需要选择最佳媒体，保证信息传递的强度与保真度，而针对心理环境的建设，只能提出预计的建设方案，即乐教善学，教与学双方心理均处于发送最佳状态和接收最佳状态，通过双方的意志力集中，完成信息的传递。

3. 注重教学过程的进行

在设计教学过程时，应注意教学模式、教学方法的选择，依据学习者特性，选择适合于学习者的方法和模式，即使不能找出适合于所有学习者的方法和模式，也要在选择适合大多数学习者的策略时兼顾个别学习者。改善学习效果的最佳途径就是选择合适的教学模式和方法。另外，在教学过程中，传播者除了要及时了解受播者的能力素质、知识水平、经验范围外，还要善于运用反馈，通过多种渠道收集反馈信息，从而调整教学过程，减少教学干扰。

4. 利用多余信息抵消传播过程中的干扰

多余信息是对确定性或可预见性的度量。当通道中有噪声时，就得在多余信息和有效信息间求得平衡。在教学过程中，可以通过提高多余度（如重复要点、课堂总结等）来抵消传播过程中的“噪声”。

三、教育传播过程中干扰的利用

一般而言，干扰在教育传播过程中的存在是应当尽量避免的，但从信息论的角度看，在技术上又增加了信息量。因此，在教育传播过程中，人们为了特定的目的有时也故意在信息中加入干扰，使其达到教育者预定的目的。

1. 干扰在教学过程中的利用

在教学过程中，有意增加心理性干扰来锻炼人的意志和辨别能力。如美国的录音教材《常人趣事》[1]就录制了市场上嘈杂人群中的对话，供训练者使用，这种干扰噪声可以锻炼受教育者的语言辨别能力，使受教育者能真正掌握和领悟教学内容，训练后在实际生

---

① 高蕴琦. 教育传播理论及其应用[J]. 继续医学教育，1995(1)：16－21.

活中与人对话就不会不习惯。又如在情感领域的教学目标中,要使某一行为或思想对受教育者的行为和思想产生影响,通常采用的方法是在将正确的行为和思想的视听觉形象呈现给受教育者的同时,将与之对立的不正确的行为和思想的视听觉形象也呈现给受教育者,使受教育者通过正反两方面的学习达到预定的教学目标。不正确的行为和思想的表现即形成了这一情感领域的教学目标的干扰,但正是这种干扰使学生对正确的行为和思想有更深入的了解。

2. 干扰在教育测试中的利用

在教育测试中,可适当引入教育干扰,以达到测试学习者目标水平的目的。如在客观测验中编制是非题、选择题时,必须设计一至数个错误答案作为干扰因素,以测验应试者的知识再认能力。只有在测试中加入干扰,才能使测试结果更科学、更准确,并且干扰越多,测试结果越准确。

3. 干扰在传播效率中的利用

为了提高传播系统的效率,有时也可适当地加入干扰信息。这种干扰信息,尽管偏离了正常的信息传递,却可以使欲传播的信息更加清晰和明确,使学习者的注意力更加集中,同时,也可以活跃课堂气氛,扩大学习者的知识面。但这些干扰信息必须与欲传递的信息有内在的联系,否则就达不到预期的效果。

[学习思考题]

1. 简述教育传播通道、教育传播媒体以及教育传播干扰的基本概念、特点和类型。
2. 对麦克卢汉的媒体观做简要评价。
3. 简述几种典型的教学媒体观。
4. 解释教育传播媒体的功能。
5. 阐述教育传播媒体的选择与利用及在具体教育传播过程中媒体的运用策略。
6. 阐述教育传播过程中干扰的避免和利用。

第六章 教育传播环境

信息技术的飞速发展，改变着人类的教育并带动着教育从目的、内容、形式、方法到组织形式的全面变革。教育传播环境作为一个开放的系统，也发生着深刻的变化。

教育传播系统的内容是复杂的和多方面的。社会、经济、科技、文化背景、风俗习惯以及各种天然物、人工物等，对教育传播行为都会产生不同的影响，都是教育传播环境中不可忽视的因素。

第一节　传播环境

人类是在特定的环境中生存、发展的。人类的一切活动也总是同其周围的环境相互作用、相互制约和相互转化的。恩格斯指出："人本身是自然界的产物，是在他们的环境中并且和这个环境一起发展起来的。"人类的传播活动是人类在自然界和社会实践过程中长期发展的产物，它与人类自身的产生和发展有着同样悠久的历史。认识人类传播活动的发展过程，也就是认识人类社会的发展过程本身。

一、传播环境的含义

(一)环境与传播环境

1.环境

环境(environment)，通常是指围绕主体的空间和作用于主体这一对象的所有外界影响与力量的总和。它总是相对于某一主体而言的，当人们把某种事物作为主体中心的时候，围绕这个主体中心的所有相关的事物，也就构成了主体的环境，因此环境只具有相对的意义。环境因主体的不同而不同，随主体的变化而变化。我们在讨论环境时，要包含特定的主体，离开了主体的环境是没有内容的，同时也是毫无意义的。主体的不同或不明确，往往是造成对环境分类及环境因素分类不同的一个重要原因。围绕主体的外部空间、条件和状况，就构成了主体的环境。

对不同的主体和学科而言，环境的内容也有所不同：对生物学而言，环境是指生物生活周围的气候、生态系统、周围群体和其他种群；对文学、历史和社会科学来说，环境指具体的人生活周围的情况和条件；对建筑学来说，环境是指室内条件和建筑物周围的景观条件；对企业和管理学来说，环境是指社会和心理的条件，如工作环境等。

对人类而言，环境是指人生活的空间范围内与人的生活密切有关并能影响人的生存与发展的一切外部条件，[①]也称人类环境。人类环境习惯上分为自然环境和社会环境两大类。自然环境亦称地理环境，是指环绕于人类周围的自然界，包括大气环境、水环境、生物环境、地质和土壤环境等。社会环境是指人类在自然环境的基础上，为不断提高物质和精神生活水平，通过长期有计划、有目的的发展，逐步创造和建立起来的人工环境，包括居住环境、生产环境、交通环境、文化环境等。

2.传播环境

传播环境，是指存在于传播活动周围特有的情况和条件的总和。或者说，传播环境是传播这一过程实现的必要媒介，它对传播的进行会起到一定的促进或阻碍的作用。在

① 南国农，李运林．教育传播学(第二版)[M]．北京：高等教育出版社，2005：137．

现实的社会活动中，没有绝对孤立、封闭的传播活动，传播活动必然要依赖一定的环境来进行。人类在根据自身的目的和需求改造环境的同时，环境也在按照其自身的规律、方式制约和影响着人类的传播活动。

(二)传播与环境的关系

任何一种人类文化，在其发生、发展、演变的过程中，除了要受到所处自然生态环境的制约外，还要受到所处文化环境的影响。传播活动作为人类文化活动的一部分，与环境的关系也是极其复杂的。

1.传播对环境具有依赖性

传播活动不是孤立存生的，不是超然于时空之外的，它必然要依赖于一定的环境来进行。任何传播媒介的产生和发展，都必须植根于某种独特的社会、经济和政治环境之中。美国传播学家梅尔文·德弗勒和美国大众传播社会学家桑德拉·鲍尔-洛基奇(Sandra Ball-Rokeach)(1990)认为，在对传播活动的认知过程中，如果撇开一定的环境因素，单独地去观察各种具体的媒介，那么将永远无法理解当今社会大众传播系统的整体。因为它不仅仅是政治体制、经济体制的一部分，也是文化体制、教育体制、家庭体制的一部分。一个时代的传播活动，一定是和这个时代的环境特点和状况密不可分的。传播活动的生存和发展，无法抗拒环境对它的全方位的渗透和影响。

在信息社会，传播对环境的依赖主要表现在对媒介创造的拟态环境的依赖上。传播活动要达到其目的，必然要依赖于它所依存的环境。正因为传播对环境有如此强烈的依赖性，人们对建设良好的传播环境才尤为重视。

2.环境对传播具有影响性

环境是媒介生存和发展的基础和条件，也是人类进行传播活动的基础和条件。世界上不存在绝对孤立、封闭的传播活动，一定的环境因素必然要以某种方式影响、规定、制约着人类的传播活动。环境因素的缺失或扭曲，不仅会影响传播活动的产生和质量，也会影响受众对传播活动的接受。我国学者戴元光等人在《传播学原理与应用》一书中明确指出："环境对人类的传播行为的影响带有多方面的性质。这种多面性是由环境的宽广性、传播行为本身的复杂性以及两者的互感、互动所引起的。尽管许多传播学研究者对环境中影响传播效果的因素视而不见，充耳不闻，但是越来越多的事实证明：对人们的行为、观点、信念给予重大影响的是周围的环境，人世间不仅不存在绝对孤立和封闭的传播系统，而且人类的传播活动根本无法摆脱环境对它的影响和制约。"

在传播过程中，环境对传播活动的影响是以一种无处不在的形式而存在的，它没有固定不变的目标和对象，也没有明确的目的性和针对性，是以一种无意识、不自觉的方式对传播活动产生影响的。"随风潜入夜，润物细无声。"媒介所创造的拟态环境，即传播者借助文字、图像或声音等符号载体，通过向受众传播媒介信息的方式，为大众构建的一个来源于现实生活，又有别于现实世界的媒介社会环境。这一环境的影响随着媒介对人们生活多层次渗透的加剧和人们对媒介依赖心理的加强而日益明显。社会环境对传播活动的影响更为明显。俗话说："近朱者赤，近墨者黑。"这说明不同的环境对人产生的影响是不同的。在良好的环境氛围内，传播活动不仅得以顺利开展，受众也可以从中得到良好的熏陶，传播者和受播者的积极性和主动性都得以发挥；相反则不然。因此，环境始终是客观存在的，无论它是积极的还是消极的，它都以一种潜在的方式对传播活动产生着影响。

3. 传播和环境之间具有互制性

在传播过程中，存在着各种各样不同的环境，有理想的环境，也有恶劣的环境；有开放的环境，也有封闭的环境。在这种情况下，不同的环境和传播活动之间，既可表现出互动互助、共进共荣的良好氛围，也可表现出互相影响、互为牵制的不良状况。为此，人们总是尽可能地营造理想的传播环境，使之在传播活动中发挥正面效应。

环境虽然在传播活动中起着某种决定性的作用，但并不意味着它可以机械地决定传播活动的成败和效果。传播活动作为一个开放的系统，也会或多或少地对其存在的环境产生一定的影响。因此，传播和环境之间始终表现为一种相辅相成、共进共退的互制性关系。

二、传播环境的类型

依据传播活动参加者的感受，可将传播环境分为硬环境和软环境。

（一）硬环境

硬环境是指由传播活动所需要的那些物质条件、有形条件之和构筑而成的环境，[①]包括现代化的基础设施、便利的交通和通信设备及配套的生产生活服务设施等。硬环境一般是看得见、摸得着的，是相对固定的、有限的，是难以改变的。硬环境主要包括地理环境和物理环境。

1. 地理环境

地理环境是指生物（特别是人类）赖以生存和发展的地球表层的情况，包括所处的地理位置和这一位置上的地形、地貌、土壤、气候、水系、矿藏、动植物及其生态条件等。在传播学中，地理环境主要是指和人类的传播活动有关的自然环境或地域环境。

地理环境是人类赖以生存和发展的物质基础，也是人类的意识或精神的基础。人们总是在一定的地理环境中生活、学习和工作，不同的地理环境也就影响和制约着处于其中的人们的一切。在传播活动中，不同地理环境所面临的不同条件和状况，也会或多或少地影响着传播活动的开展和成效。

（1）地理环境对人类生活的影响

人类生活与所处地域密切相连。俗话说："一方水土养一方人。"每一个地域都具有自身特定的地理环境条件，地理环境中的土壤、地形、气候、水文等自然现象，对身处不同地域的人们的影响是不同的，并形成了不同地域人们的不同的生活方式与思想观念。如生长在北方的人和生长在南方的人，因其所在地域不同，他们在身高体重、外貌长相、生

① 邵培仁. 传播学[M]. 北京：高等教育出版社，2000：238.

活习惯、性格观念等方面都有所差异。

(2)地理环境对传播活动的影响

传播活动与所处地域密切相连。相对而言，地理环境较为优良的地区，往往成为经济中心或者政治中心，也成为各类人才相对集中的地区。虽然国家的制度和政策是相同的，但无论是生活水平、经济效益，还是接收信息的速度和信息本身的质量，以及人们的文明程度和开放程度，地理环境优良地区都相对高于偏远地区。因此，媒介人才和媒介场所也会相对集中在这种地区，这对传播活动的开展和传播效果也有着一定的影响。

2. 物理环境

物理环境主要指研究对象周围的具体的设施、建筑物等物质系统。人们总是在特定的物理环境中生活、学习和工作，而这个特定的物理环境对人们思想观点、知识素养、价值立场的形成和巩固，或多或少地产生着一定的影响。

(1)现时性物理环境

现时性物理环境包括现在正在使用的特定的人为的物理空间，如办公室、会议室、教室、阅览室、礼堂等。在传播活动中，现时性物理环境能让受众对传播者所持的立场观点和所传输的信息知识进行积极的肯定或消极的怀疑。如果传播者在传输信息之前能对现时性物理环境进行认真的调查和科学的布置，就会使受众在一个清爽整洁、赏心悦目的环境中接收有关信息，其效果是不言而喻的。反之，在一个空气污浊、嘈杂混乱的环境中，很难要求受众注意力集中，传播效果可想而知。

(2)历史性物理环境

历史性物理环境主要是指在历史上有着纪念性、象征性意义的一些场所。历史性物理环境包括过去发生过重大历史事件的特定的物理空间，如井冈山、遵义会议旧址、人民英雄纪念碑、邓小平故居等。在这种特定的历史性物理环境中，人们很容易产生一种崇敬、仰慕之情。传播活动的即时开展，有利于人们树立正确的世界观、人生观、价值观，提高社会责任感。不过要注意的是，在历史性物理环境中进行思想教育传播活动时，必须要考虑到受众的心理接受能力，不能一味地反复说教、强制灌输，只能恰到好处、点到为止，否则会引起受众的反感和抵制，事与愿违。

(二)软环境

软环境是指由传播活动所需要的那些非物质条件、无形条件之和构筑而成的环境。[1]它是除物质条件以外的诸如政策、文化、制度、法律、思想观念等外部因素和条件的总和。软环境一般是能观察到的、感悟到的，是无形的、无限的，并且是可塑的、易造的、有伸缩性的。

软环境主要包括文化环境、心理环境和传播生态环境。

1. 文化环境

文化环境是相对于社会中的物质环境而言的精神环境，主要是指一个社会的价值取

① 邵培仁. 传播学[M]. 北京：高等教育出版社，2000：238.

向、道德标准、文化传统、宗教信仰、风俗习惯以及社会思潮、社会风尚等。

每一个国家或民族都具有自身独特的文化传统。这些特定文化对人的影响是潜移默化的、深远持久的。不同的国家,不同的民族,由于文化背景不同,因而有着不同的价值取向、道德标准、风俗习惯和风格。每一个生活在特定的文化环境中的个体,都在传承着代表自己国家或民族的文化特色。

中国历史悠久,文化源远流长。一方面,中国传统文化中的许多宝贵财富,对人们的价值取向、道德标准、社会风尚等起着积极的作用;另一方面,传统文化中许多消极因素也与当代文化中的一些新思想、新观念发生着种种冲突。这些,都会在传播活动中对传播者、受播者或多或少产生影响。俗话说:“蓬生麻中,不扶而直;白沙在涅,与之俱黑。”良好的文化环境能对传播者和受播者产生无形的感染力量,起到潜移默化的作用,而不良的文化环境则会对传播活动产生负面影响。

2. 心理环境

心理环境是指对人的心理发生实际影响的整个生活环境。人们的生活环境包括自然环境和社会环境,它囊括了对人发生影响的一切过去、现在和将来的人、事、物等全部社会存在。在这种环境氛围中,人们自身的以喜悦、欢乐、悲哀、痛苦等情感因素构成的心理环境,必然要对信息传播及其成效产生一定的影响。

良好的心理环境是受众在传播过程中所表现出来的积极情绪、情感态度及其人们的心理体验。传播心理学的研究表明,传播活动中的任何一种与该活动有关的愉快的情绪体验,都能使这种活动强化,产生良好的效果,而不愉快的情绪只会抑制这种传播活动。[①]因此,在传播过程中,不论是传播者还是受播者,总是力求保持良好的心理状态,营造良好的心理环境。在整个传播过程中,作为心理环境直接创造者的传播者,应了解良好的情绪是受众形成良好的情感心理的开端。只有在轻松愉快的情绪氛围下,受众的情绪才会随之高涨,对传播活动产生浓厚的兴趣,进而对所参与的传播活动予以进一步强化。相反,如果受众的情绪低落,便形成了某种潜意识的消极心理结构,这种负性的情绪体验就会抑制受众的参与行为和积极性。

3. 传播生态环境

“在最宽泛的意义上,传播生态(ecology of communication)指的是信息技术的结构、组织和易接近性,各种论坛、媒介和信息渠道。”[②]传播生态环境的形成并不取决于某些人的意志、行为、观念,而是由于我们的传播形态已经远远超出它作为大众媒介的范围,和宗教、文化、政治、法律、商业、社会组织、战争、恐怖主义等产生频繁的符号互动,是媒介与社会在长期的信息传播和人际互动中逐渐形成的。因此,传播生态环境不是一种物理性环境,而是充满着符号互动的意义环境,是由各种传媒机构营造出的一种整体社会情境,它是传播者、受播者等多种力量综合作用后形成的一种习惯模式。

在传播生态中有一个非常重要的内容就是媒介生态(media ecology)。波兹曼(N.

---

① 邵培仁. 传播学[M]. 北京:高等教育出版社,2000:240.

② [美]戴维·阿什德. 传播生态学:文化的控制范式[M]. 邵志择,译. 北京:华夏出版社,2003.

Postman)认为，媒介生态学观照媒介传播之实质，即媒介传播如何影响人类的感知、理解、情感和价值判断，以及人类与媒介之间的互动如何增进或阻碍我们的生存机会。波兹曼把这些影响归为三个要点：其一，媒介环境“构建着我们所能看的、能说的是什么，进而构建着我们所能做的是什么”；其二，媒介环境“赋予我们以角色，并且坚持要求我们扮演好它”；其三，媒介环境“具体规范着什么是允许做的、什么是不允许的”，但这种规范完全不同于现实环境诸如法庭、教室、办公室里“明晰的、正式的”规范。在媒介环境中，规范“更多的时候，是模糊的、非正式的、半隐蔽的”，因此，“媒介生态学就是试图使这些隐蔽的具体规范清晰起来”，“它试图发现媒介究竟迫使我们扮演着什么角色，媒介如何构建着我们的所见、所言、所行”。波兹曼最后一言以蔽之，媒介生态学是媒介作为环境的研究 。①

邵培仁先生在《传播学》一书中，将构成媒介环境的因素分为五个方面：媒介威望、社会意识、团队精神、行为规范、求实精神。他认为：“媒介环境的五大因素的指标愈向正级发展，媒介的社会效益和经济效益愈好，而媒介人员的成就感和积极性亦会随之提升。反之，就差，就下降。”同时他也将媒介环境分为封闭式、开放式、复合式三种。这三种媒介环境各有特点。封闭式媒介环境主要是通过规范化的管理，迫使媒介运作和信息传播活动条理化、程序化，培养传播者认真敬业的工作作风，使传播活动具有一定的严谨性。开放式媒介环境是通过民主管理的方法，充分尊重传播者的自由度和创新能力，允许传播者根据自身特长和爱好进行传播活动，使传播活动更加自由、开放。复合式媒介环境综合了前两种媒介环境的优点，既有严格的规章制度，又给予传播者充分的自由；既有宏观的严格要求，又有微观的灵活度。

随着大众传播的日益发达，人们主要根据媒介提供的有关信息获得知识、感知世界。因此，传播生态环境成为人们感知世界的一种“间接环境”。在这种“间接环境”中，人们通过各种传播媒介间接体验现实世界，不同的传播生态环境带给人们的感受也是不同的。

① 邵培仁，廖卫民．思想·理论·趋势：对北美媒介生态学研究的一种历史考察[J]．浙江大学学报(人文社会科学版)，2008(3)：180－190．

第二节　教育传播环境

一、教育传播环境的体系结构

从表面上看，教育传播环境虽然是静止的，且处于教育活动的外围，但它一直都在潜移默化地影响着教师的“教”和学生的“学”。应该说人们并不是被动地受环境的影响，在受环境影响的同时还能控制、改造环境，使之有效地为自己服务。因此，只有了解教育传播环境，适应教育传播环境，控制教育传播环境，使教育传播环境为教学工作服务，教育传播才能获得理想的效果。

教育传播环境是指围绕教育传播活动四周的一切事物，是教育传播系统赖以存在和发展的全部外部条件的总和。教育传播系统作为一个开放的系统，其内容是复杂的和多方面的。社会、经济、科技、文化背景、风俗习惯以及各种天然物、人工物等，对教育传播行为都会产生不同的影响，都是教育传播环境中不可忽视的因素。

教育传播环境以三种不同的体系结构出现：社会环境体系、学校环境体系和家庭环境体系。每一个个体都是在这三种环境中成长起来的，这三种不同的体系结构决定着人们的价值观念和心理状况。

（一）社会环境体系

1. 社会环境

社会环境是指人类在自然环境基础上创造和积累的物质文化、精神文化和社会关系的总和。人的知识水平、行为习惯、思想品德、人生观、世界观等的形成，均与社会环境有关。社会环境所包括的范围很广，如各种社会关系、社会风气、习惯势力、文化设施、家庭条件、亲友关系等。

2. 社会环境在教育传播中的作用

在社会环境中，个体总是通过相互关系而从事社会活动的。人类具有社会性，不能脱离社会而生存，人需要与家人、朋友和同事发生交往，与其所生活的社会发生交流，从中获得安全感、归属感、成就感等。随着社会的不断发展，社会环境的成分越来越复杂，社会环境对人类活动的影响也越来越大。特定的社会环境中的有关社会风气、习惯势力、文化设施、家庭条件、亲友关系等因素，都会在人们身上打上深深的烙印，并影响着教育传播活动的开展和成效。

3. 新媒介环境下社会环境对教育传播的影响

李长春在十一届全国人大二次会议上，就新媒介环境下的社会环境问题专门做出过指示：“要本着对人民负责、对青少年负责、对国家和民族负责的精神，高度重视社会文化环境建设，切实加强对互联网、荧屏声频、出版物市场和校园周边环境的管理。”“努力提供更多愉悦身心、丰富多彩的精神食粮，为青少年健康成长提供有力保证。”

学生是教育传播活动中的主体，而社会环境对学生的影响又是最为广泛的。在信息化时代的今天，网络、电视、电影、杂志等均以各自的经济目的传递着信息，海量未经筛选的社会信息，对处于成长期的学生的影响是巨大的，并影响着他们对纷繁复杂的社会环境的分辨能力和自制能力。在新的传播环境下，有必要关注社会信息给学生带来的一些负面影响，诸如道德问题、迷航问题等。

(二)学校环境体系

学校环境是校园文化的内核，是学生成长和发展的微观环境，也是学校教育教学活动能够顺利开展的重要条件，它对学生的身心发展有着潜移默化的影响。

学校环境也可以由硬环境与软环境两大类构成。前者包括校园布局、校园建筑、校园美化绿化等。后者包括校风、班风、人际关系等精神氛围。硬环境是软环境发挥作用的物质基础，软环境是硬环境的本质内容。两种环境相互作用、相互影响，构成一个完整的、有机的校园环境体系。

1. 学校环境体系中的硬环境

优美的自然环境是一个学校开展令人身心愉快的学习活动的基础。美丽整洁的校园，有助于激发学生对美的追求、对生活的热爱，可以陶冶学生美好的情操，可以形成学生良好的习惯，可以培养学生规范的行为，从而优化教育传播的效果。

(1)校园物质环境

校园物质环境泛指校园内的房舍建筑、操场、各项设备及器材等硬件设施，以及健康的学习环境、饮食环境。校园物质环境主要包括：校舍建筑，如办公楼、教学楼、电教楼、信息中心、图书馆、体育场、音乐厅、礼堂、食堂、宿舍等；校园建筑物的造型、色彩、布局等；校园中的各种绿化、美化、净化设施，如花坛、植物、草坪、水池、文化艺术走廊等。校园作为育人的场所，要通过科学的规划与建设，使构成校园环境的基本元素组合效果达到使用功能、审美功能和教育功能的和谐统一。

(2)教室物质环境

教室物质环境主要包括教室的内部设计、结构安排、色彩搭配、桌椅陈设、通风照明等一系列物质要素。对于学生而言，教室是他们最主要的学习与生活场所。一个整洁的、健康的环境，有利于学生个性的培养、心理素质的锻炼、道德习惯的形成、知识才能的增长。故而教室物质环境的布置是班级管理不可缺少的一部分，它在学生的成长过程中具有异乎寻常的意义。

(3)物理因素

在教育传播活动过程中，教育传播环境中的物理因素也是不可忽视的。电、光、声、色、空气、温度等一些构成教育传播环境的物理因素，可以直接影响教师和学生的生理和心理活动。一方面，它能引起教师和学生生理上的不同感受，如刺眼的光线容易让读者产生视觉疲乏，刺耳的噪声容易分散听者的注意力等；另一方面，它能使教师和学生产生不同的情绪，形成不同的情感，如过分跳跃的色彩或过分灰暗的色彩会使人过于兴奋或沮丧,闷热浑浊的空气会让人昏昏欲睡等。

2. 学校环境体系中的软环境

(1)校园社会心理环境

校园社会心理环境泛指校风、班风,是学校或班级所有人员在长期教育、教学实践中所形成的一种共同心理倾向和行为风尚。面对校园内不同层次的教育对象,学校除了提供系统的科学知识以外,亦须教导他们如何与人相处、如何在群体生活中培养自信等。校园社会心理环境包括学术风尚、文艺气氛、社会意识、集体观念、协作精神、人际关系、务实精神、文明习惯等,还有学生的自我调节与控制的能力。良好的校园心理环境的构建是一个复杂的系统工程,需要很长时间甚至几代人的努力。

(2)校园文化环境

校园文化是学校的灵魂和精髓,是一所学校个性的反映。从构成上看,校园文化由外在的物质景观和内在的精神景观两个方面组成,可以体现在学校的专业办学特色或传承的人文精神中,可以体现在特定的地域环境中,也可以体现在校园的公共空间环境和建筑中。校园物质环境和校园社会心理环境,共同构成富有特色的校园文化,它们对教育传播活动产生着直接或间接的影响,它们可以直接影响师生的传播行为,也可以影响师生的生理或心理,从而间接影响他们的传播行为。

校园文化是校园内呈现的一种特定的文化氛围。它是以校园内的生活成员为主体,以课外文化活动为主要内容,以校园为主要空间,以校园精神为主要特征的一种群体文化。这种特定的文化氛围是和学校的培养目标、校风校纪、生活方式等内容紧密相连的。校园文化是学校在长期的教学、科研和行政管理过程中逐步形成的,更是在广大师生直接参与和精心培育下发展起来的。从显性和隐性的角度来说,外显的物质文化和制度文化是体现学校价值目标、审美意向的物态文化,可以起到调节情绪、控制行为、陶冶情操和启迪智慧的作用。内隐的校风、教风、学风、管风,亦即学校精神,是影响人们行为模式的根本,是校园文化蕴涵的力量和含义。显性文化和隐性文化是辩证的统一,显性的物质文化是学校办学实力的体现;制度文化可以保证教学秩序和工作的稳定性,同时又是一种教育手段,对培养良好的校风、教风、学风、管风发挥着作用。而隐性文化正是在这些显性文化的强化、渗透、灌输中形成的。显性文化推动隐性文化,隐性文化又反作用于显性文化,两者密不可分,互相促进,共同发展。校园文化能够把学校内的全体成员凝聚在一起,形成共同的行为方式、价值观念、道德规范,有利于增强学校全体成员对学校的认同感、归属感和责任感。

(3)教室文化环境

美国俄勒冈大学的理查德·施穆克(Richard Schmuck)认为,一种积极的教室环境是这样一种环境,学生在这种环境中共同得到大量潜移默化的影响,包括彼此之间以及与教师之间的影响;在那里,各种价值标准都是有助于开展学术工作的,也都是充分重视个别差异的;在那里,思想交流是公开的,而且是以同学间进行对话为特征的;在那里,人们都把共同工作与发展的进程本身看作与学习密切相关的。

施穆克所论述的主要是教室环境中的社会心理特征和文化环境。教室作为学生最主要的学习与生活场所，其文化环境是以学生为主体创造出来的，而文化环境反过来又给学生以改造，决定和影响他们的成长发展。著名教育家苏霍姆林斯基说："如果你想使人的道德达到完美与和谐的境地，那你就要创造环境与言语的和谐关系。"教室文化渗透在各个角落，小则一句名言警句，大则一个班级的规章制度，都应该引起人们的广泛关注。

(4)人际关系

人际关系是指社会人群中因交往而构成的相互联系的社会关系，属于社会学的范畴，包括亲属关系、朋友关系、学友(同学)关系、师生关系、雇佣关系、战友关系、同事及领导与被领导关系等。人是社会动物，每个个体均有其独特的思想、背景、态度、个性、行为模式及价值观，人际关系对每个人的情绪、生活、工作都有很大的影响，甚至对组织气氛、组织沟通、组织运作、组织效率及个人与组织之关系均有极大的影响。

在教育传播活动中，存在着各种类型的人际关系。与教育传播有关的人际关系主要是指教师与学生、学生与学生、教师与教师之间的关系。这三种人际关系是构成教育传播环境的一个重要因素，并对教育传播效果产生重大的影响。其中，师生之间平等、互爱的关系对学生的影响是极为深刻的。教师作为传播者，是学生学习的榜样，教师的言行会对学生的性格产生潜移默化的作用。作为教师，应该本着尊重学生的态度，从多方面了解学生、鼓励学生。融洽的师生关系会让学生在一种宽松、民主的氛围中成长，使之在学习、生活中更加充满自信，更富有创造力和开拓精神。

美国的雷维奇(P. Lewicki)博士把错综复杂的人际关系归纳为七种类型：主从型、合作型、竞争型、主从—合作型、竞争—合作型、主从—合作—竞争型、无规则型。也有人把人际关系简略地分为两种：积极、友好的关系和消极、对立的关系。人际关系的基本功能是达到交流信息、增进情感、共同协作、互相激励的目的。

(三)家庭环境体系

家庭环境是指对人的存在和发展产生影响的各种家庭条件的总和。家庭环境对学生的个体素质，比如性格特征、基本生活技能、道德情操、理想志趣等方面的发展有着重大而深刻的影响。而这些个体素质会直接影响传播活动中学生对信息的接收与理解。

家庭环境一般包括物质环境、精神氛围与教养方式等因素。物质环境为学生的学习提供必要的物质基础，精神氛围为学生的学习创造良好的心理环境，教养方式是影响学生传播行为的关键因素。三个因素相互联系、彼此渗透。物质环境在一定程度上制约着精神氛围，精神氛围又在很大程度上影响着教养方式，任何一个因素都不可能孤立地产生作用。①

1. 家庭物质环境

家庭物质环境的优劣对学生的成长产生着一定的影响。相对而言，条件优越、整洁

① 钟鹏明，顾玉英. 家庭环境对学生学习影响的调查与分析[J]. 上海教育科研，1995(9)：45—48.

明亮的家庭环境能给人带来心理的安定和愉悦的美感，能使人从小养成良好的生活习惯和文明的言谈举止，能让学生在稳定的成长环境中安心完成自己的学业。但要明确的是，家庭物质环境的好坏，并不与学生学习成绩的好坏之间存在着必然的联系。

2. 家庭精神氛围

家庭精神氛围是指家庭里的心理环境，是家庭成员意识、思维、心理、情感等精神活动发展所需要的精神要素，包括家庭成员间互动形成的人际关系和心理氛围。它在很大程度上反映了家庭成员的道德观念、价值取向与审美情趣，并以一种潜移默化的方式给每一个家庭成员以影响。在这种家庭环境里成长起来的孩子，能充分认识到自我的价值，其独立能力、解决问题的能力和适应社会的能力都能得到较好的发展。

3. 家庭教养方式

家庭教养方式是指父母在抚养、教育孩子的活动中通常使用的方法和形式，是一种具有相对稳定性的行为风格。它与父母的文化程度、职业习惯、人格素养、价值取向等有着密切的联系。家庭教养方式的好坏，会直接影响孩子各项能力的发展。积极的教养方式有助于孩子建立明确的自我观念，培养自信心，从而养成良好的生活适应能力。

家庭作为一个社会单位，对孩子成长阶段性格的形成产生着极大的影响。父母是孩子的第一任老师，父母的言行、性格、处理问题的态度常常会潜移默化地影响着孩子性格的培养。良好的家庭教育起着社会教育、学校教育不可替代的作用。

二、网络教育传播环境

计算机网络的迅速发展促使网络教育在我国迅速崛起，网络成为各种文化传递和融合的主要通道。许多高校及普通中小学校都在积极尝试运用计算机网络进行教育信息的交流和传播，网络教育传播是未来人们学习普遍采用的方式。因此，网络教育传播环境也成为研究的一个热点。

（一）网络传播环境

互联网等传播技术的发展，促使信息传播领域发生巨大的变化，超越时空限制进行信息交流与共享是信息通过网络传播“全球化”的重要特点。

“全球化”是一个可以从多个角度加以探讨的概念，其内涵十分丰富。从 1969 年布热津斯基在《两代人之间的美国》中提出以后，该概念不断得到修正，但普遍认为，全球化是以经济为核心的，包括经济、政治、社会、文化等在内的全方位的全球化，它使“某个场所发生的事物受到遥远地方发生的事物的制约和影响，或者反过来，某个场所发生的事物对遥远地方发生的事物具有指向意义，并以此种关系将远隔地区相互连接，在全世界范围内不断加强这种关系。”[①]这一定义描述了全球化的运行状态，揭示了全球化是人类社会发展的应有之义和必然结果。

信息全球化是全球化的一个重要方面，它是与全球化的进程相伴而生并随着传播手

---

① 郭庆光. 传播学教程[M]. 北京：中国人民大学出版社，1999：242.

段(主要是大众传播手段)的成熟而不断发展的。早期有报纸、电视等远程传播的途径促使信息向全球化发展,互联网的出现则大大加速了信息全球化的过程。互联网是一种高效率、大容量、极具开放性的传播媒体,因此,网络传播是一种呈几何级数的非线性传播。

网络技术的特性使网络为人类的传播提供了这样一种交流平台:不同国家、地区文化背景以及宗教信仰的人都可以利用网络进行自由交流。它使网络传播在地球上任何地方跨越时间、空间、地域和边界的限制及时、广泛地进行着,使世界各国从此联结为一个紧密的整体——“地球村”。

但随着信息全球化的深入,世界文化必将不断撞击、融合、同化、断裂。因此,强势文化冲击弱势文化不可避免,加之网络中“垃圾信息”的大量存在,有时信息传播需要在人类的控制下进行,这种网络传播也被称为过滤式的网络信息传播,如网络教育传播。

(二)网络教育传播环境

网络教育传播充分利用网络传播的优势,利用计算机和网络中的相关技术,创设多媒体的网络教学环境,提供多种学习方式并存的教学环境和学习交流平台,让学生跨越时空共享教育信息,让优质教学资源最大限度地发挥其作用。

1. 网络教育传播环境的特点

网络教育传播不同于大众传播,也不同于一般的网络传播。网络教育传播是按照一定的目标(学生获取知识)传授既定的教学内容,促使学习者进行一定学科的学习或训练。网络教育传播环境相对于传统的教育传播环境而言,已经超出了校园的限制,复杂的社会环境、人文环境都会对网络教育的传播效果带来一定的影响。此外,参与网络教育传播的传播者与受播者的心理环境以及网络教育传播过程中使用的多媒体教学应用环境(多媒体硬件环境的建设和多媒体软件的设计开发)等,构成了复杂的网络教育环境。

综合网络传播环境和教育传播环境的特点,网络教育传播环境具有如下特点。

(1)便利性

网络教育传播环境属于开放式的教学环境,学习者不受时间和空间的限制,可以随时随地通过网络获取相关的知识。并且,网络教育的根本目标是实现人类的终身教育,因此,操作平台简单方便,各种层次的学习者通过简单的培训就能正确使用学习平台获取知识,同时,学习平台也支持学习者的同步和异步的学习活动。

(2)主动性

在网络教育传播环境中,学习者对学习时间、内容的选择都具有主动性,而不像大众传播或教育传播中采用信息强制传播,即便是网络教育直播课堂,学生参与课堂也是主动的。

(3)交互性与协作性

在网络教育传播环境中,学习者依靠一定的学习平台进行信息交互、协作,通过协作或讨论等方式加深对知识的理解。

(4)生动性与多样性

在网络教育传播环境中,学习者以计算机作为媒介进行知识的获取,相比传统的教育传播环境而言，缺乏师生面对面的交流，网络教育传播环境则充分利用多媒体技术，通过提高学习平台的生动性以及提供多种学习方式的途径弥补这一缺点。

(5)开放性

网络教育传播环境打破了传统学校教学环境的限制，通过发挥网络传播环境中信息的相互交流与共享的作用，实现网络教育传播的传播者与受播者的隶属关系，并使这种关系平等化。

网络教育传播环境的特点主要依靠多媒体网络教学应用环境来体现，网络教育传播环境也包含部分网络教育心理环境的内容，当然，其他复杂的社会环境和更深入的心理环境则分别参照社会学和认知心理学的内容。

2. 网络教育传播环境与传统教育传播环境的比较

传统的教育传播主要是指校园课堂面授，以教师为核心，教师在教室中通过教授、板书和多媒体的辅助，把教学内容传递给学生的教育模式。网络教育传播则是指以网络为依托、以多媒体信息为传输媒介的开放式、远程化教学模式。作为一种采用先进的现代信息处理和远程通信工具手段的传播方式，网络传播具有容量大、速度快、更新频繁、交互性强、多媒体呈现等特点。因此，两种不同的教育传播方式进行的环境也呈现出不同的风貌。

(1)传统教育传播环境长于“身教”，网络教育传播环境长于“自学”

传统的教育传播模式主要以教师、教材、课堂为中心，强调的是教师的“身教”。在传统教学过程中，因为教师和学生是在面对面的沟通环境中进行教学的，教师就需要更多地了解学生的身心发展特点，制订个性化的培养方案，有目标、有计划、有重点地开展教育、教学活动，促使学生能力和人格的健全发展。同时，教师的语言、行为、举止对学生的人文精神与情感体验都具有直接的潜移默化的作用和深远的影响。孔子曰：“其身正，不令而行。其身不正，虽令不从。”身教重于言教，这一点是网络教育传播无法替代的。

网络教育传播环境可以突破时空的限制，让学生的学习方式十分灵活，主要以学生自主学习为主，强调的是学生的自学。网络教育传播打破了学生只能在教室里听教师讲课的单一局面，学生可以在图书馆、计算机多媒体教室，甚至在自己的寝室里学习，学生完全可以根据自己的实际情况自主学习。同时，网络教育传播环境中的信息异常丰富，为学生提供了丰富的教学资源，学生完全可以根据自己的需要与兴趣选择学习的内容、方法和进度。学生在网络环境中不仅要接收信息，还要对信息进行判断、分析与综合，这样有利于激发学生学习的兴趣，提高学生学习的主动性，充分发挥学生学习主体的作用。

(2)传统教育传播环境长于“合作”，网络教育传播环境长于“独立”

在传统的教育过程中，教师和学生互相联系交流，接触的时间很多，教师与学生面对面交流时，语言符号与非语言符号中存在着许多潜在的情感交流，彼此之间也更容易沟通；学生和学生之间也常常从事同样的活动，彼此之间的合作经常在各项教学活动中进行，学生的协作精神也日益增强。教师和学生之间、学生和学生之间常在一个集体环境中生活，由于共同的目的和共同的活动，大家互相观摩、启发、切磋，在使学生能更全面地获得各方面知识的同时，也保证了教师与学生之间、学生与学生之间的情感交流和合作沟通，有利于群体意识、集体主义观念、团结协作精神的培养。

在网络教育过程中，网络环境是一个相对间接的环境，人与人直接交流的机会减少，师生之间是通过 BBS、E-mail 等网络工具进行间接交流的。学生在独立学习过程中遇到难以解决的问题时，更多的也是在网络中自己寻求解决问题的方式，有很强的独立思考能力。由于互联网是一个汇集全球大量资源的数据库，因此网络教育能为学生提供取之不尽、用之不竭的信息资源，极大地拓展了学生的学习内容，充分满足了不同层次学生的需要。这种以信息网络技术为载体的网络教学，改革了传统的教学模式，促进了教学形式的丰富多彩、教学过程的优化组合和教学质量的提高，使教学时空大大扩展，让学生真正成为学习的主体，学生独立学习和思考的能力得到加强。

(3)传统教育传播环境长于“共性”，网络教育传播环境长于“个性”

在传统教育过程中，学生在课堂上所接收的教育信息，都是经过严格筛选把关的，不符合社会规范、道德标准与法律范畴的内容不会出现在教材中，因此对学生人生观、世界观、价值观的形成具有一定的指导作用。同时，学生的思想品行、言谈举止也在学校和教师的监控之下，如果学生出现不符合规范的行为，教师会对其进行纠正，学校也会采取相应的惩罚措施。虽然这种传统的教育环境对学生的个性培养也有所注重，但总的来说，学生更多地处于一种约定俗成的集体氛围与环境之中，“共性”大于“个性”。

在网络教育传播环境中，没有绝对的权威，学生可以质疑权威，可以指责权威，并把自己的观点和想法公布在网络中，让所有人参与其中，讨论辩驳，一分高下，真正做到畅所欲言，个性张扬。在网络教育传播环境中，道德规范与价值观呈现出多样性与复杂性，各种信息都可以在网络上流传。面对良莠不齐的网络信息，学生很容易迷失其中。因此，在网络教育传播环境中，在培养学生个性的同时，还要求学生具有较强的分辨能力和自控能力。

总之，网络教育传播环境和传统教育传播环境这两种不同的环境模式，既有它们自身的优势，也有各自的不足或缺陷。因此，它们之间不是相互替代，也不是彼此对立的关系，而应取长补短、相辅相成、相互包容、共同发展。网络教育传播环境是传统教育传播环境的补充，它只有与传统教育传播环境相结合，才能全面完成教育的使命；而传统教育传播环境只有借助网络教育传播环境才能实现学生的个性化、独立化的发展，实现终身教育和终身学习。

3. 网络教育传播环境的优化

构建良好的网络教育传播环境，可以从以下几个方面进行。

(1)强化教育传播的目的性与导航性

网络教育传播环境构建的目的是使学习者在这种环境中获取知识，相比一般的网络传播环境而言，其提供的信息要能帮助学生获取知识。为避免网络中垃圾信息对教学的干扰，需要对教育信息进行监控，同时，它相比传统的教育传播环境而言，缺乏课堂强有力的教学组织，因此，要对教育信息进行适度的导航。

(2)强化硬环境的畅通性与可靠性

在网络教育传播环境中，信息传播不是面对面进行的，而是采用计算机与网络作为中间媒介进行的，计算机的正常运行以及网络的畅通无阻都是网络教育传播环境优化的基本内容。

(3)强化软环境的交互性与人文性

“人性只能由人性来培育，情感只能由情感来陶冶”，网络教育传播环境中的传受双方不是直接面对面地进行交流，中间横亘着计算机与网络这些中间媒介。因此，界面友好、交互性强、具有智能性的网络教育传播平台可以优化网络教育传播环境，提高学习者的学习效率，从而提高网络教育传播的效率。

[学习思考题]

1. 解释概念：环境、传播环境、硬环境、软环境、文化环境、心理环境、教育传播环境。
2. 简述环境与传播的关系。
3. 简述传播环境的特点和类型。
4. 简述教育传播环境三大体系对学生的作用。
5. 简述教室文化环境对学生的影响。
6. 阐述文化环境和心理环境对教育传播的影响。
7. 阐述网络教育环境的特点，及其与传统教育传播环境的关系。

第七章　教育传播效果

教育传播的目的是通过教育传播活动，取得良好的教育传播效果，达成信息传播者的预期目标。但是，在教育传播过程中，教育信息会因受播者的个体差异而产生不完全相同的传播效果。教育信息受播者对信息的接收、理解和转化是衡量教育传播效果的重要指标。为了使教育传播过程始终沿着教育者预定的轨道进行，需要对教育传播效果进行测量，通过教育传播效果优化教育传播过程，进而改善教育传播的效果。

第一节　传播效果理论

教育传播与大众传播虽然在传播的目的、过程以及受众等方面存在明显的区别，但是重点都在于信息传播，其信息传播效果的基本原理可相互借鉴。大众传播效果的研究起源于20世纪30年代，传播学研究者从社会学、心理学等多重角度探讨传播者与受播者之间的能动关系，使传播学在近几十年的发展异常迅速，各种理论模式构成了当今传播学理论的庞大体系。

一、大众传播效果理论的变迁

如果以传播学家对大众传播效果评估的好坏和时间为坐标系，则可画出一条马鞍形的曲线，如图7-1所示。"万能效果论"认为大众传播具有百发百中的无敌威力，但第二次世界大战后至20世纪60年代期间的"有限效果论"对"万能效果论"提出质疑，认为大众传播的效果相当有限。20世纪70年代以来，大众传播效果的研究突破了原来笼统和线性的思维方式，对大众传播可能产生的效果进行重新评估，产生了大众传播的"适度效果论"和"强大效果论"等学说，相信大众传播对受众极有威力。

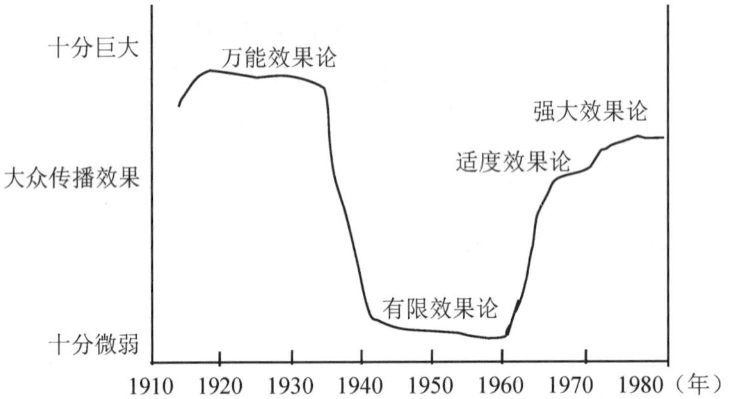

图7-1　大众传播效果理论的变迁

(一)万能效果论

万能效果论，也被称为"子弹论""魔弹论"或"皮下注射论"，产生于20世纪初，是大众传播早期效果研究的理论。它认为，在大众传播过程中，传播媒体的力量强大，传播的信息犹如子弹一样，能迅速有效地达到预期的传播效果。

1. 产生背景

万能效果论曾经非常流行，主要是因为人们受到了第一次世界大战、第二次世界大战中的大众传播的影响。第一次世界大战中，交战双方为了团结自己和瓦解敌人，从新闻报道、图片、书刊、电影、唱片到海报、标语传单和街头演讲，使用了一切传播渠道和传播媒体进行信息传播。因此，人们普遍认为第一次世界大战对万能效果论的产生及其流行起了促进作用。第二次世界大战期间，纳粹运用的宣传心理战是对第一次世界大战宣传形式的改进，其宣传影响很大，蒙骗了许多民众。万能效果论以本能学说中的刺激—反应论和“相互隔绝、老死不相往来”的现代大众社会观念为基础，并在第二次世界大战期间被强化和放大，因此，梅尔文·德弗勒得出大众成员可以被媒体左右的结论[①]，但严格意义上来说，万能效果论并不是学术理论。

2. 基本观点

20 世纪初至 20 世纪 30 年代末，该阶段是传播效果研究的初级阶段，也是报纸、电影、广播等媒体迅速普及和发展的时期。这一时期的核心观点是：传播媒体拥有不可抵抗的强大力量，它们所传递的信息在受播者身上就像子弹击中躯体，如同药剂注入皮肤，可以引起直接速效的反应；它们能够左右人们的态度和意见，甚至直接支配人们的行动。

早期传播效果的研究结果是提出了多种版本的刺激—反应效果模式，其中包括贝罗的传播过程模式，即简单、线性的 SMCR 过程：信源—信息—通道—受众。

哈罗兰(J. D. Halloran)认为，尽管刺激—反应模式很粗陋，但是，它为传播效果的研究提供了一个理论基础，从这个基础衍生出了许多对大众传播的思维。麦克奎尔也认为，万能效果论虽然是主观臆测的，缺乏科学论证，但是它的出现引发了当时学者们对媒体研究的兴趣。它的价值就在于将我们的研究引导到对大众传播过程的关注上来。

20 世纪 20 年代到 20 世纪 30 年代之间，万能效果论的基本思想非常盛行，传播学研究的主要内容是应用社会心理学原理进行系统化的观察和实验，但是，它们主要局限在利用大众传播媒体进行传播效果的研究，包括利用大众传播进行宣传、教育和社会改革等方面；它们的研究焦点在大众传播媒体对个人的态度和行为产生的影响，因此，对效果的衡量尺度通常是受众对传播媒体做出的反应。[②] 这样的研究取向突出了个体心理因素的影响，但忽略了社会因素的作用。

20 世纪 40 年代以后，随着大众传播媒体应用范围的扩大，大众传播效果的研究范围也不断拓宽，更多的研究认为，万能效果论对大众传播媒体效果的评价简单、夸大而且不切实际。万能效果论夸大了大众传播的力量和影响，否定了受众对大众传播的自主权，忽略了传播效果的各种影响因素，特别是忽略了一些客观的社会因素。而且，万能效果论否定了受众对大众传播媒体的能动的选择和使用能力。事实上，许多实验和研究表明，大众传播在现代生活中的影响不可低估；受众在媒体信息面前是能动的自主者，而绝非驯服的被动者，大众传播有其自身的力量，却永远也脱离不了各种相关的社会环境的制约。[③] 因此，在研究大众传播效果的过程中除了要考虑大众传播媒体的作用外，还必须考虑社会、文化和人的因素。

---

① 陈龙. 大众传播学导论[M]. 苏州：苏州大学出版社，2006：273.

② 南国农，李运林. 教育传播学(第二版)[M]. 北京：高等教育出版社，2005：155.

③ 魏奇，钟志贤. 教育传播学[M]. 南昌：江西教育出版社，1992：271.

(二)有限效果论

1. 产生背景

从20世纪40年代开始,传播效果研究开始进入第二个时期,万能效果论逐渐受到否定。著名学者拉扎斯菲尔德领导的哥伦比亚大学应用社会学研究部对传播提出了“有限效果”的评价。有限效果论的产生建立在一系列实验性的研究基础上。研究主要包括霍夫兰关于第二次世界大战期间美国采用电影和其他媒体进行新兵教育的效果研究,拉扎斯菲尔德关于大众传播媒体在美国总统竞选中的效果研究。这些研究结果表明,大众传播媒体的效果并不像神枪手打靶一样百发百中。

霍夫兰对军队的研究发现,电影对入伍受训的士兵来说,在传递信息方面有效,而在改变态度方面则收效甚微。拉扎斯菲尔德主持的研究结果从多方面表明大众传播的效果是有限的,他认为对传播媒体近乎迷信地推崇其威力无穷是站不住脚的,决定一个人的思想与行动的因素,除了从大众传播媒体中获取的信息之外,还有人与人之间的影响力,以及团体和社会组织对其成员的制约力。拉扎斯菲尔德等人的研究表明,大众传播对人没有决定一切的力量。以总统竞选运动为例,对1940年和1944年两届美国总统大选进行研究发现,只有约5%的选民受到竞选宣传的影响而改变了投票意向。投票人从人际接触中所得到的认识对其投票意向的影响比大众传播的影响大得多。由此得出,社会系统中存在着其他强大的影响力,使大众传播的效力受到相当大的限制。

1960年,约瑟夫·克拉珀(J. T. Klapper)在其《大众传播的效果》一书中指出,大众传播通常并非一个可对受众产生效力的、必需的重要起因,它只是作为中介因素与影响的联络者而发挥着各种功能。这里的“中介因素”包括选择过程(选择性理解、选择性接触与选择性记忆)、群体过程与群体规范以及意见领袖地位等。这就是说,大众传播的效力受到上述诸多中介因素的制约,结果就使它处于有限的水平上。①

2. 基本观点

克拉珀在《大众传播的效果》一书中对有限效果论做了很好的说明。他认为,大众传播通常不是受众效果的必要和充分的重要条件,它是通过许多中间因素发挥作用的。他归纳了大量的研究文献后认为:第一,传播媒体不像一般人认为的那么万能,没有任何研究能够显示注意传播讯息与态度行为改变之间的因果关系;第二,许多研究发现,传播讯息的确对受众产生了一些效果,只是效果非常有限;第三,讯息能够产生效果的情况,比早先社会科学家所假设的要复杂得多。②

有限效果论的研究主要集中在以拉扎斯菲尔德等哥伦比亚大学学者为代表的哥伦比亚学派。他们的研究发现了“两级传播”与“意见领袖”的存在,此外还包括由此延伸出的埃弗雷特·罗杰斯(E. M. Rogers)等艾奥瓦学者的“创新—扩散”研究。

---

① 高蕴琦等.教育传播学[M].上海:上海教育出版社,1992:172.

② 陈龙.大众传播学导论[M].苏州:苏州大学出版社,2006:277.

(1)两级传播与意见领袖

两级传播理论最早是由凯兹等人引入的。两级传播理论也叫两级流通模式(后有人修正为多级传播模式),它认为人际传播的影响力比大众传播媒体的影响力大,大众传播的信息和影响不是直接流向一般受众的,而是要经过意见领袖这一中介,即大众传播—意见领袖——一般受众。传播不只是在两个层次间进行,还常常是"多阶段传播",由此形成信息的扩散。意见领袖指的是那些对大众传播媒体保持较多接触,在特定领域能够对他人发挥个人影响的人。两级传播理论的目的在于揭示大众传播过程中的人际影响,强调大众传播的效果受到人际传播的制约。

(2)创新—扩散模式

1995 年,美国新墨西哥大学的埃弗雷特·罗杰斯教授研究了 3000 多个有关创新扩散的案例,出版了《创新的扩散》一书。他考察了创新扩散的进程和各种影响因素,总结出创新事物在一个社会系统中扩散的基本规律,提出了著名的创新—扩散 S 曲线理论。

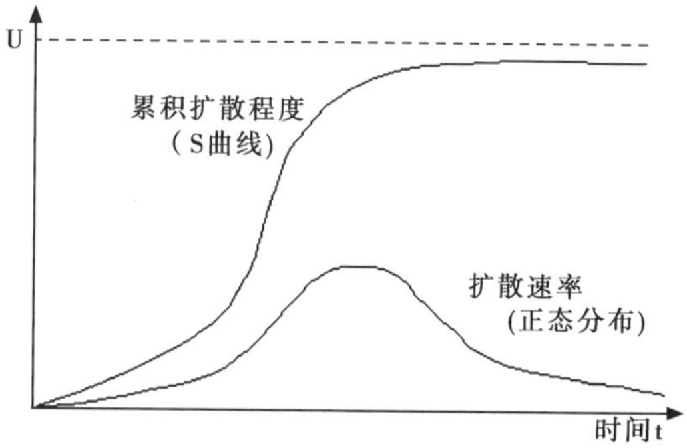

图 7-2 创新—扩散 S 曲线

创新—扩散 S 曲线如图 7-2 所示,创新的扩散总是一开始比较慢,然后当采用者达到一定数量(即临界数量)后,扩散过程突然加快(即起飞阶段),这个过程一直延续,直到系统中有可能采纳创新的人大部分都已采纳创新,达到饱和点,扩散速度又逐渐放慢,采纳创新者的数量随时间而呈现出 S 形的变化轨迹。罗杰斯把创新的采用者分为革新者、早期采纳者、早期追随者、晚期追随者和滞后者等几个发展阶段。

罗杰斯认为,创新推广过程包括五个阶段,分别是:获知、说服、决策、实施、确认(如表 7-1)。

表 7-1 采用新事物的五阶段论

阶段	特点
获知	接触新事物,知道其性质与作用
说服	形成对新事物的赞成或不赞成的态度
决策	取得更多的信息资料,进一步考虑、讨论,决定是否采用
实施	将前面所做出的决定付诸行动
确认	寻求更多信息来支持、巩固原有的决定。如果信息与决定冲突,决定可能会改变

创新—扩散模式研究得到的两个重要结论是:第一,各种媒体在创新推广的各个阶段所起的作用有所不同。为了取得最佳的创新推广效果,应当根据各种媒体的特性和创

新推广的不同阶段的需要，灵活运用各种媒体。第二，一个国家或者地区采用新事物的过程通常呈S形曲线，开始是一个比较缓慢的过程，经过一段时间后，会出现迅速发展，而当发展到一定程度时，达到饱和状态，推广过程又会缓慢下来。

3. 作用与不足

有限效果论将人们重新拉回理性的视角上，两级传播与创新—扩散模式都开始关注人际传播对大众传播效果的重大影响，并且意识到大众传播媒体并不是在社会真空中运作的，而是会进入一个非常复杂的社会关系网络中，并与其他观念、知识和权力的来源相竞争。与此同时，该理论贬低了大众传播本身的效果。研究注重大众传播对态度和意见的影响，如果同时能够探求其他方面，也许会发现大众传播具有更大的效果，比如关注大众传播对受众行为的影响。

(三)适度效果论

适度效果论是20世纪70年代出现的一种效果理论模式。该派别的研究者认为，过去的研究过于注重态度和意见，只注意“大众传播对受众做了什么”，而忽略了“受众对大众传播做了什么”，很少注意媒体的长期效果。适度效果论主要包括信息寻求模式、使用与满足模式以及议题设定模式等。

1. 信息寻求模式

信息寻求模式强调以受播者为中心，不是以大众传播者或信息为中心，重视研究个人寻求信息的行为。该模式来源于社会心理学中的态度一致性理论。其中的一个假说认为，一个人具有某种心理倾向，就会回避与自己既有观点不一致的信息，因为他觉得这些信息对他太具有威胁性，所以，他总是希望能找到与自己观点相同或相近的信息，佐证自己的观点，这样可以获得某种心理平衡。在这一理论范式中，比较重要的关键词是“心理固有想象”“现实的印象”和“寻求信息”。心理固有想象是人在社会生活中经验积累的结果，既包括知识水平，又包括某些主观能动性，即对事物的判断、分析能力。现实的印象是由信息使用的群体构成的，这个群体可以支配个人寻求和处理信息的行为。寻求信息则是指个人在所有不同的寻求信息策略中选取他自己的策略。①

信息寻求模式把研究的焦点放在个人对信息的寻求行为上，把以往对大众传播受众受媒体影响的注意力移向受众在传播活动中的积极行为；强调受播者需要信息，主动寻求信息。

2. 使用与满足模式

使用与满足的探讨最早是由卡茨(Elihu Katz)在1959年提出的。该模式强调受众在大众传播中不是被动的接收对象，而是因为动机和需要，为了各自不同的目的而使用同一条大众传播信息，因此，会使媒体产生极不相同的效果。

与其他模式相比，它不是研究媒体如何影响受播者的思维方式，而是从反向的角度研究人们如何为满足某种需要而使用媒体。这是一种典型的受众中心模式，尝试从受众

① 陈龙. 大众传播学导论[M]. 苏州：苏州大学出版社，2006：282.

利用大众传播媒体的角度探讨大众传播效果。受众使用媒体是为了满足自己的各种需要，需要不同，产生的效果也不同。比如，以消磨时间为目的，是一种效果；以满足知识的需求为目的，则是另一种效果。

布鲁姆勒(Blumler)和卡茨的研究概括了使用大众传播媒体的五大需要：①

第一，社会局势产生各种紧张关系与冲突，受播者期望使用大众传播媒体使之得到缓和。例如，报纸读者呼吁保护生态环境等。

第二，人们在社会环境中发现新问题不能理解，于是向媒体找寻信息来深入认识这些问题。

第三，社会环境有了满足某些需要的机会，大众传播媒体成为中介手段。例如，招工启事等。

第四，社会环境已形成某些价值观，大众传播媒体提供与这些价值观相符合的内容，可以加速价值观的确立与加强。例如，精神文明建设方面。

第五，社会环境期望媒体提供一定内容，媒体必须反映这些预期的内容，以便提供社会成员所需的支持。

总之，由于受播者对大众传播有不同的目的和需要，大众传播也就会有不同的效果。因此，不能笼统地说大众传播对受播者有效或无效。

3. 议题设定模式

议题设定模式最早见于美国传播学家麦库姆斯和肖于1972年发表的《大众传播的议程设置功能》这篇论文。研究认为，大众传播具有一种为公众设置“议事日程”的功能，传播媒体的新闻报道和信息传达活动以赋予各种“议题”不同程度的显著性的方式，影响着人们对周围世界的“大事”及其重要性的判断。议题设定模式，是专门探讨传播媒体对社会的影响的一种模式，其基本内容是：在特定的一系列问题或议题中，得到媒体更多关注的议题逐步为人们所熟悉，这些议题的重要性也逐步被人们所感知，而那些较早得到媒体关注的议题将逐渐被人们所淡忘。② 这表明媒体虽然难以左右人们的思想方式，但是它在一定程度上控制人们的思想内容。或者简单地说，媒体决定了人们认为哪些问题是重要的。它有意识地、有系统地引导人们注意的方向及过程。

(四)强大效果论

20世纪70年代后，传播学界进入了对大众传播媒体效果的再发现阶段。研究者不再去证明大众传播媒体有没有效果，而是侧重探索其发挥作用的条件和规律。对媒体效果的反思导致了强大效果论的产生。强大效果论认为，大众传播媒体能产生强大的影响，但必须根据传播理论的原则去运作媒体和制作指导节目。这些原则有：间歇重复播报信息、有目标地对准受众、目的要很确定、输出的信息要和目的相关等。

强大效果论的代表理论主要有：“沉默的螺旋”理论、文化行为模式和第三人效果。

---

① 南国农，李运林. 教育传播学(第二版)[M]. 北京：高等教育出版社，2005：157.

② 陈龙. 大众传播学导论[M]. 苏州：苏州大学出版社，2006：286.

1.“沉默的螺旋”理论

对强大效果论贡献最大的莫过于德国学者、社会学家伊丽莎白·内尔-纽曼(E. Noelle-Neumann)。纽曼在其著作《重归大众传媒的强力观》中提出了强效力论的模式。她认为,大众传播对舆论有强大的效力。由于过去研究的限制,人们低估或者忽视了这种效力。她总结了大众传播的三个特性:累积性、普遍性与和谐性。这三者的结合能对舆论产生强大的效力。她通过对西德民意测验资料和大众传播媒体的内容分析,提出了“沉默的螺旋”这一假设并做了深入的研究。该假说主要由以下三个命题构成。①

(1)个人意见的表明是一个社会心理过程

人作为一种社会动物,总是力图从周围环境中寻求支持,避免陷入孤立状态,这是人的“社会天性”。个体为了避免因孤立而受到社会惩罚,在表明自己的观点时首先要对周围的意见环境进行观察,如果自己的意见属于“多数或优势意见”时,他们更倾向于积极大胆地表明自己的观点;当发觉自己的意见属于“少数或劣势意见”时,一般人就会屈于环境压力而转向“沉默”或附和。

(2)意见的表明和“沉默”的扩散是一个螺旋式的社会传播过程

一方的“沉默”会造成另一方意见的增势,使“优势意见”显得更加强大,这种强大反过来又迫使更多的持不同意见的人转向“沉默”。如此循环,便形成了一个“一方越来越大声疾呼,而另一方越来越沉默下去的螺旋式过程”。

(3)大众传播通过营造“意见环境”来影响和制约舆论

根据纽曼的观点,舆论的形成不是社会公众“理性讨论”的结果,而是“意见环境”的压力作用于人们惧怕孤立的心理,强制人们对“优势意见”采取趋同行动这一非合理过程的产物。“意见环境”的形成来自人们所处的社会环境、大众传媒,而后者的作用更强大。

2.文化行为模式

文化行为模式是美国传播学研究者德弗勒提出来的。他认为:“基本上,文化行为模式提出这样的假设,大众媒介透过选择性的报道及演出,强调某些主题,在受众之间建立了相关的印象。被强调的内容所体现的文化行为模式往往具有引导性,媒介因而就间接地影响了人们的行为。”②也就是说,大众传播有形成规范的能力,可以间接地影响行为。如大众传播有选择地表现或突出某些主题及其处理方式,给受播者造成一种印象,提供一种文化规范,进而对受播者产生影响。

乔治·格伯纳(G. Gerbner)关于观看电视的研究给德弗勒的文化行为模式论提供了强有力的支持。格伯纳在研究中发现,对于一系列不同的问题,电视爱好者与非电视爱好者的回答有很大差别。电视爱好者选择的答案往往是电视所提出并强调的。这表明,在大众传播媒体中经常提倡或者强调的事物,会在受播者中造成这一事物是社会文化规范的印象,因而会促使受播者去模仿与学习,结果造成对其行为的间接影响。③

---

① 郭庆光.传播学教程[M].北京:中国人民大学出版社,1999:220.

② 陈龙.大众传播学导论[M].苏州:苏州大学出版社,2006:297.

③ 南国农,李运林.教育传播学(第二版)[M].北京:高等教育出版社,2005:160.

3.第三人效果

第三人效果，又称第三人效应，最早是由美国哥伦比亚大学的戴维森(W. P. Davison)教授在1983年发表的一篇题为《传播中第三人效应的作用》的文章中提出的。他认为第三人假设似乎是一种普遍观点的变体，这种观点认为一些事件在社会层面(对其他人)上的影响与个人层面(对我)上的影响大相径庭，前者的影响要比后者大。第三人效果产生的原因如下。

(1)由感受误差造成

一般来说，每个人都希望他人对自己有个好评价，人们在交往中往往会多讲一些肯定的话，但是人们又不想因此而不知他人对自己的真实评价，以致失去对自我印象的管理。因此，人们便产生了一种既想听好话，又想从他人口中了解真实自己的矛盾心理。这种矛盾心理通过第一人是无法解决的，只有通过第三人才能加以解决。一般都会认为背后的第三人的话会比较真实，他会说出了心里话。另外，人们还有这样一种假设，一个人当面都比较喜欢说好话，背后都喜欢讲人家的坏话。现在听到第三人讲自己的好话，因此，倍感激动，信以为真。这种当面与背后的感受差异之大，其中有许多是由误解引起的。事实上，背后第三人也会说奉承话，特别是在背后人群中有你所熟悉的人存在，人们更会像当面夸奖你一样奉承一番，因为他知道这个第三人(即你的熟人)必定会把他的话传达到你这儿。可见，这种感受误差是第三人效应的重要因素之一。

(2)与个人特质有关系

第一，与一个人的受教育程度有关。一个人的受教育程度越高，越容易理性地认知他人的评价，不管是当面的还是背后的;他们更会理智地进行自我评价，特别对背后的小道消息更会提防，因此就不容易产生第三人效应。

第二，与一个人对第三人效应发生机制的认识程度有关。了解第三人效应者一般不容易轻信第三人的传言，对第三人的传言都会加以过滤，以便分辨该传言是真是假，真的程度有多大。

第三，与一个人对第三人效应的破解频率有关。一个人多次破解了第三人效应的发生原因，那么，他对第三人的传言就十分敏感、警觉，就不易再发生这一效应。否则，就容易发生该效应。

第四，与一个人偏信小道消息的个性有关。有的人就喜欢听小道消息，因此，这种人极易发生第三人效应。

第五，与一个人的年龄大小有关。一般来说，年龄大者日常生活经验丰富、信息渠道多，因此，不易发生第三人效应;年轻者则刚好相反，易发生第三人效应。

第六，与一个人的信息渠道多少有关。一个人的信息渠道多、广，就不易发生第三人效应，因为从不同渠道获得的信息总会有误差，从而使人产生警觉，对信息进行过滤，易发现第三人传言的动机与真实性。

第七，与一个人的距离(含社会距离、人际距离)远近有关。一般认为，距离越远，第三人效应越容易发生，而且强度越大。

二、大众传播的社会效果理论

西方传播学界有关传播社会效果的理论主要有议题设定理论、“沉默的螺旋”理论、知沟理论、涵化理论等。议题设定理论和“沉默的螺旋”理论在前面已做阐述，下面主要介绍知沟理论和涵化理论。

(一)知沟理论

1. 产生背景

20 世纪 60 年代，美国政府为回应社会上要求教育机会平等的呼声，拍摄了一部电视教育节目《芝麻街》，该节目作为政府学前启蒙项目的一个尝试于 1969 年播出，目的是为那些家庭贫困儿童提供学前启蒙教育的机会，缩小贫富儿童学前教育的差距，缓解儿童因家庭经济状况而造成的受教育机会不平等状况。《芝麻街》对贫富儿童所产生的教育效果都非常好，但是经过调查后发现，富裕儿童对节目的收视率要远高于贫困儿童，而其教育效果也好于贫困儿童。

1970 年，提契纳(P. J. Tichenor)、多诺惠(G. A. Donohue)和奥利安(C. N. Olien)在大量实证调查的基础上提出了知沟理论：由于社会经济地位高者通常能比社会经济地位低者更快地获得信息，因此，大众传播媒体传送的信息越多，这两者之间的知识鸿沟越有扩大的趋势。

2. 基本观点

提契纳认为，除了接触媒体和学习知识的经济条件外，还有五个因素是造成知沟扩大的原因。

(1)传播技能上的差异

受教育程度高的人具有较强的理解能力和较大的阅读量，这有助于他们对公共事务的理解或对科学知识的获取。

(2)知识信息储备上的差异

从先前的大众传播媒体和正规教育渠道得来的知识越多，这些见多识广的人对新事物、新知识的理解与掌握速度也就越快。

(3)社会交往方面的差异

“教育通常意味着日常行动圈子较大，参与更多的社会团体，人际交往更多，由此扩大了与他人讨论公共事务话题的机会。”社交活动越活跃，交往的范围越广，获得的知识信息就越快、越多。

(4)对信息的选择性接触、接收、理解和记忆方面的差异

对信息的选择性接收和记忆，可能是态度与受教育程度综合作用的结果。大众传播媒体的研究始终发现，人们往往以符号(既有信仰又有价值观)的方式解释记忆信息。也就是说，个人生活的水准、层次与大众传播媒体的内容越接近，个人对媒体的接触和利用程度就越高。

(5)发布信息的大众传播媒体系统性质上的差异

迄今为止,传播有一定深度的关于公共事务和科学知识的媒体主要是印刷媒体,其受众主要集中于高学历阶层。这与当今的广告不同,科学知识、公共事务和新闻一般重复较少,而重复有利于社会地位低的人群对话题的学习与熟悉。

知沟理论认为,在操作上,知沟假设至少可以用以下两种方式表达:第一,经过一段时间,文化程度高的人对媒体大量报道的话题知识的获取速度,比文化程度低的人快;第二,在特定的时间里,经媒体大量报道的话题知识获取与教育程度的相关性,比未经大量报道的话题高。

知识鸿沟最初表现为学龄前教育程度的差异,进而表现为在校学习成绩的差异和高等教育升学率的差异,最终会表现为职业、收入和社会地位的差异。大众传播媒体向社会传播的信息越多,社会经济状况好的人将比社会经济状况差的人以更快速度获取信息,因此这两者之间的知识鸿沟是扩大而非缩小。

3.作用与不足

提契纳提出的知沟理论将关心的层面由经济延伸到知识,富有创意性。其积极意义在于,它揭示出造成知沟的根源在于人们的社会经济地位高低不同。但提契纳在分析知沟产生的原因时,只关注了表现在贫富阶层之间的知沟,忽略了在性别、年龄、职业、行业、群体、地区、民族、国家以及文化之间存在的知沟。同时,知沟理论还存在一些不足。[①]

第一,知沟理论完全站在传播者的立场去考察信息对人的影响。如果接收者没有收到信息,知沟理论就将责任归咎于个人环境或个人因素,而没有检讨传播者的原因。

第二,知沟的发生不仅是因为传播的知识是不受限制的,也包含态度和行为。

第三,知沟研究将信息接收差距限定在高低社会经济地位的人之间,显得过于简单化,有学者认为显著的知沟也发生在老年人与年轻人之间。

第四,信息的使用是一个创造性的过程,不同的人有不同的理解。但这首先得从知识的性质上来区别,而不是把受教育程度作为研究的基础。比如,一个学文科的教授与一个学理科的大学生,前者的受教育程度比后者高,大学生所掌握的很多理科知识却是文科教授所不懂的,这时知沟理论就很难成立了。

(二)涵化理论

1.产生背景

涵化理论又称培养理论、教养理论。它的提出是在20世纪60年代末期,其提出的背景主要是电视媒体在当时所发挥的越来越大的社会影响力尤其是副作用,当时,美国社会的暴力犯罪和其他犯罪十分严重。格伯纳等人在美国政府专门成立的"暴力起因与防范委员会"的支持和赞助下开始了"培养分析"的研究。其研究内容包括:黄金时段节目中描述暴力的内容分析;有关美国人暴力经验的全国性调查。在完成两类研究内容后,将两个世界的暴力加以比较,以评估电视节目的正确性如何。格伯纳把这种由电视

① 陈龙.大众传播学导论[M].苏州:苏州大学出版社,2006:302.

暴力所产生的效果称为“涵化”，即潜移默化的影响效果。[①]

2. 基本观点

涵化理论的核心观点是：大众传播媒体可以培养受众的世界观。例如，接触过大量电视暴力节目的受众，对遭受暴力攻击可能性的估计远高于实际，也高于少接触或不接触同类节目者。这就用实证的方法证实了媒体对受众世界观、价值观的影响具有正反两方面的效果：一方面，如果媒体对客观世界进行客观的、真实的、全面的反映，为受众提供积极、正确的信息，就可以培养受众健康全面的世界观、价值观；另一方面，如果媒体对客观世界进行了偏颇的描述，就会歪曲人们对客观世界的认识，从而形成不正确的世界观、价值观。

涵化理论的基本论点是：电视已成为人类社会化过程中的一个重要因素，电视的主要功能在于散布、稳定社会行为模式。其主要目的不是要改变现有社会行为模式，而是要避免改变。包括电视在内的新闻媒体具有形而上的上层建筑属性，它与一定时期内的政治经济制度相适应，和一定时期的生产力发展状况相适应，从本质上说是具有阶级性的舆论工具。

3. 主要贡献

传统的效果研究关心短期的效果，而涵化理论认为媒体最主要的效果并非在于改变受众，而是维持某种社会结构，使受众对世界的认知符合既有的价值规范和政治经济文化秩序。涵化理论认为，电视对不同的人提供了一套对生活、世界、生命的解释。它的效果不在于使受众发生变化，而是要使受众不发生变化。

上述传播效果的研究，经历了一个从以媒体为中心的、从上到下的、单向线性的刺激—反应模式到以受众为中心的、多向多维模式的发展过程。对于大众传播媒体效果的认识，经历了一个从开始的“无限强大”到“有限效果”，然后是“适度效果”，乃至后来的“强大效果”的发展过程。不论是大众传播效果研究的成果，还是其研究过程中不断发展的研究和实验方法，对教育传播效果的研究都具有重要的借鉴、启示意义。比如，使用与满足理论揭示了传播过程中研究学生、了解学生、根据学生的特点与需求综合运用各种教学媒体与教学方法对取得良好的教育传播效果的重要性。当然，除了运用大众传播效果已有的研究成果，教育传播效果研究还需要建立自身的效果理论体系。

三、对教育传播效果研究的启示

虽然教育传播与大众传播有很大的区别，但是，两者之间有一个本质的共性，那就是两者都是信息的传播过程。因此，大众传播效果的研究成果对教育传播具有借鉴意义。

(一)万能效果论研究对教育传播研究的启示

万能效果论的研究是一个认识不断加深、不断调整研究视野的过程，从最初给予万能效果论以非常高的评价而引发的对媒体效果的影响以及受众对媒体如何反应的相关

---

① 陈龙.大众传播学导论[M].苏州：苏州大学出版社，2006：303.

研究，到后来对该理论的反思转而研究其他相关因素。在教育传播效果研究中，也应该不断反思之前的效果研究，并试图拓展研究的视野，将教育传播的整个环境纳入研究范围，以获取各因素作用的客观结果。

（二）有限效果论研究对教育传播研究的启示

有限效果论把社会学和社会心理学的理论引入大众传播研究中，形成了以后有关大众传播研究的总的倾向。从某种意义上来说，它将劝服的效果研究推向完善的境界。教育传播研究也应该综合应用社会学、传播学、心理学等理论，以丰富研究的思路，形成对问题研究的多视角。

（三）适度效果论研究对教育传播研究的启示

由重点关注媒体对受众产生的影响转变为关注受众自身的特点和需要，是传播效果研究的重大突破，使传播效果研究更加人性化，更加客观。在教育传播效果研究中，尤为重要的当然也是从受播者的角度出发，客观地评价和衡量教育传播效果。

（四）强大效果论研究对教育传播研究的启示

传播效果的研究维度越来越丰富，不仅关注受众的性格特点、价值观、世界观，关注媒体对受众的长期引导效果，而且关注受众所处的社会环境和关系对传播效果的影响。教育传播效果研究也应从整个传播环境进行综合研究，多维度、多视角地探讨传播效果。

回顾传播效果理论的历史轨迹可以发现，传播学研究者从社会学、心理学等多重角度探讨传播者与受播者之间的能动关系，使传播学在近几十年的发展异常迅速，形成了当今传播学理论的庞大体系。与此同时，来自社会各界对各种理论模式的批评也不断推动着传播学迅速发展。

因此，在教育传播效果研究中，首先，应重视教育传播效果的研究，以促进传播者根据受播者的反馈信息调整传播内容的数量和传播方式；其次，可以借鉴大众传播效果已有的研究成果，如使用与满足理论可以帮助我们审视教育传播中受众的各种需求与所提供信息的差异；再次，应结合教育传播自身的特点，研究和建立自己的效果理论体系；最后，在教育传播效果研究中，应采用科学的研究方法和测试工具，增加效果研究的信度与效度，促进教育传播效果研究的现代化与科学化，并在不断的研究和摸索过程中，逐渐积累和确立教育传播领域的效果研究方法。

第二节 教育传播效果的测量

大众传播效果的研究历程为教育传播效果的研究方法提供了宝贵的经验。大众传播效果研究经历了定性—定量—再定性的反复过程。20 世纪 70 年代后期,人类学研究的实地参与式考察方法开始在传播学研究中盛行,大众传播效果研究重新进入以定性方法为主导的研究阶段。教育传播效果的测量研究应吸取大众传播效果研究中的经验教训,根据具体的课题和研究对象确定合适的研究方法。在探讨教育传播效果的测量之前,我们先对教育传播效果的含义和特征进行阐述。

一、教育传播效果

(一)教育传播效果的含义

教育传播效果的含义非常丰富,一般是指在一定的教育传播过程完成之后,受播者在知识、能力和行为等方面所发生的变化。南国农、李运林在《教育传播学》一书中认为,教育传播效果可以从时间、规模效益的角度来定义。例如,从时间的角度看,完成整个教育传播过程所用的时间属于教育传播效果的范畴,它在一定程度上反映了教育传播的效率;从规模效益的角度看,一个教育传播过程使多少人受到教育,多少人获得知识、能力和行为的改变也属于教育传播效果的范畴,它反映了教育传播的规模效益。

此外,也可以从宏观上理解教育传播,将教育传播效果与教育的社会效益相联系。南国农、李运林提出将学生毕业后的工作性质、工作能力与工作成果划分为教育传播的远程效果,将完成某一特定的教育传播过程(如一节课,或一门课程)用了多少时间、有多少人达到预期的教学目标作为教育传播的阶段性效果。例如,中央广播电视大学在总结其教育效果时,常常采用毕业生的就业和工作成绩等数据。一些专业学校在做教育效果调查时,跟踪调查学生毕业后的工作性质、工作能力等,从而作为调整专业课程设置和更新教学内容的依据。

(二)教育传播效果的特征

1. 特定的教学目标

教育传播的目的是按照社会需求,培养德、智、体、美全面发展的劳动者。为此,学校开设的每门课程都规定了具体的教学目标。教育传播效果体现在教育对象达到规定的教学目标的程度上,因此,特定的教学目标是检验教育传播效果的标准。

2. 特定的教学对象

教育传播通常具有特定的对象,因此,其效果的考察也是针对这些特定的对象进行的。在学校教育传播中,这些特定的对象具有入学起点和一定的知识水平,被编进特定的班级，并开展以班级为主的教学传播活动。在其他各种形式的远程教育传播中，也采用某种形式组织特定的对象，进行特定内容的教育传播。研究教育传播效果必须着重研究这些特定教学对象的特点、需求以及教育传播在他们身上反映出来的效果。

3.运用多种教育传播媒体

在教育传播效果的研究中，涉及多种教育传播媒体相结合的效果分析，如分析学校班级教学过程中运用多种传播媒体的教学效果，或者远程教育课程中多媒体教学包的设计和评估。灵活运用多种媒体进行教育传播，有利于因地制宜，因材施教，提高教育传播的效果和效益。但是，由于增加了影响教育传播效果的因素，因此对教育传播效果的研究方法提出了更高的要求。

4.特殊的效果评价方法

教育传播具有特定的目标和特定的对象，它形成了一套特殊的提问、作业与考试的方法，去评价教育传播效果。尽管这些方法还不能全面评价教育传播的全部效果，但是像考试这样的在大众传播研究中难以采用的评价方法，在教育传播效果研究中，用于测定受教育者通过教育后的知识与行为变化效果，却是一种科学性和准确性都比较高的评价方法。

（三）教育传播效果的表征

明确教育传播的概念、含义及其表征，是研究教育传播效果的先决条件。

1.教育传播阶段性效果的表征

（1）达标程度

教学大纲明确规定了一门课程的教学目标，而对于一个单元或者一节课的教学目标，由教育者自行制定。教育者在对该阶段的教学内容与受教育者的情况进行具体分析后，确定受教育者在认知领域、情感领域和动作技能领域应达到的具体教学目标。完成阶段的教育传播过程后，通过对受教育者的测试，检验在上述领域中其是否能够达到预定的教学目标，以及达标的程度，通过科学的分析去确定教育传播效果。

（2）教学时间

教学大纲中明确规定了每门课程的授课时间。但是，由于社会的科学与技术迅速发展，为了适应社会需求，往往在课程内需要增加新内容或者增设新课程，由此要求改进教育传播技术，在保证人人达标的基础上，缩短教育传播时间，即在保证预定目标所要求的教学质量的前提下，缩短教学时间，这也是教育传播效果的一项重要表征。

（3）教学规模

教育传播过程在同一时间内能够使多少受教育者达到预定的教育目标，这也是教育传播效果的一项重要表征。学校班级教学，一位教师一般教 50 人左右；利用远距离教育传播媒体，却能够使成千上万的人同时接受教育，大大地扩大了教育规模，这是教育传播所期望的效果。因此，教学规模是教育传播效果的一项重要表征。

2.教育传播远期效果的表征

(1)毕业生的工作性质

毕业生到工作岗位后能胜任何种工作，所担任的工作是否与所学专业对口，所担任的工作需要哪些业务能力水平等，都是教育传播效果的衡量标准。

(2)毕业生的工作能力

毕业生在工作中表现出哪些方面的能力强一些，或对哪一类工作胜任自如，并能做出成绩，而对于哪些工作却束手无策，或难以胜任等。通过对工作能力方面的调查，可以检查学校的课程设置是否恰当，以及检讨课程教学质量。因此，毕业生的工作能力也是教育传播效果的一项重要表征。

(3)毕业生的工作成果

毕业生能继续深造，攻读高一级的学位，或者在工作中有突出成果或者发明创造，得到各级奖励等，也是教育传播效果的体现。

在评价教育传播效果时，无论是阶段性效果还是远期效果，均不能采取统一的方法，应根据具体的教育传播方式和目标，对各项效果表征给予不同的评价权重指数。例如，在远距离教育传播中，扩大教学规模是其主要特征，其教学规模效果可能相当高，而达标水平(如学生考试分数)可能相对低一些。但是，从整体来看，其教育传播效果仍是可取的。

二、教育传播效果的测量

教育传播效果既是教育传播学研究的重点，又是教育传播活动的目的。教育传播效果测量的重要意义在于通过对教育传播效果的性质、形成过程和制约因素的考察，把握教育传播活动的一般规律和特殊规律，进而加深人们对教育传播行为的科学认识。

(一)教育传播效果测量的意义

传而求通，传务求通，在新时期的教育传播活动中意义尤为突出，因此有必要从各个方面、各个层次多角度地把握教育传播效果测量的重要性和必要性。

1.有利于提高受播者对教育传播信息的理解与接受程度

受播者在教育传播活动中的主体地位日益确立，并成为教育传播信息的归宿。为了掌握教育传播的实际效果，通常需要对受播者进行调查测验，以确定受播者对教育传播信息的理解和接受程度，并由此来调整教育传播行为和方向。

2.有利于传播者预期目标的实现，调整教育传播行为

教育传播效果是教育传播活动的目的所在、价值所在。评价传播效果能促进传播者检验教育传播活动合理与否，检验教育传播活动中每个环节实施得是否顺利合理，当整个教育传播活动完成之后必须对其进行总结，总结经验教训有利于今后教育传播活动的开展。教育传播效果的测量可以使传播者根据受播者的反应及时调整传播方法，从受播者的需求和水平出发，达到最好的传播效果。

3. 有利于衡量教育信息传播的质量

对教育传播效果的评估一方面可以了解受播者对信息的接受程度，鉴定教育信息主题是否突出，是否符合受播者的实际，是否达到预期的教育传播效果；另一方面也是对传播者行为的一种考评，有助于改进和完善教育信息的加工、处理工作，使教育信息的内容与表现方式更加生动、有趣，更好地满足受播者的需求。教育传播效果的测量是传播者改进教育传播信息强有力的手段，通过教育传播效果的测量，可以使传播者及时地修正计划，改进教育传播的内容与方式，保证教育传播的最佳效果。

4. 有利于教育传播通道的通畅

教育传播通道的通畅与否影响着受播者对教育信息接收的效果，同时，教育传播通道通畅与否还严重制约或影响着教育传播效果的实现。教育传播效果的测量是一个综合指标，可以从教育传播效果指标体系的角度促使传播者全方位地关注教育信息传播过程中的每一个环节，有效地保证教育信息传播的畅通，同时也有助于教育传播效果的实现。

（二）教育传播效果测量的原则

1. 目标性原则

目标性原则是指测量教育传播效果时必须有明确而具体的目标，只有确定具体的测量目标，才能选择相应的手段与方法，测量结果才准确可信。无论是评价某一种具体的教育传播行为的效果，还是评价某一时段综合的传播效果，必须先清楚地了解教育传播要达成的具体目标，衡量目标与实际结果是否相符合。采用目标性原则的教育传播效果测量比无的放矢的教育传播效果测量更科学，简便易行。

2. 综合性原则

在测量教育传播效果时，应结合社会文化环境和整个教育系统来进行。教育传播效果不是传播者单方面的行为结果，而是传受双方共同合作的结果，还受一些可控因素和不可控因素的影响和制约。可控因素是指传播者和受播者能够改变的，如传播时间和频率；不可控因素是指传播者无法控制的外部因素，如受播者的知识水平。对于不可控因素，要充分考虑其对教育传播活动的影响。

教育传播效果的测量要将各方面的因素都综合起来，既要注意对传播者行为的测量，又要注意对受播者行为和表现的测量，并把二者的测量结果科学地结合起来，以保证教育传播效果测量的科学性和真实性。

3. 科学性原则

教育传播效果的测量是一项复杂的工作，它要求以科学的教育传播理论为指导，用系统化、科学化的调查方法及科学的指标体系对教育传播行为进行测量并得出科学的结论。该测量应遵循科学的步骤与方法，根据测量目的，运用多种测量手段进行测量，在进行科学定量分析的基础上，结合已有的知识经验做出定性分析，这样才能对各种资料进行全面分析，切忌以偏概全、以点代面，力争反映全局情况。

(三)教育传播效果的测量

为了使教育传播效果的测量工作顺利进行,有必要确定要考察的具体指标,使测量工作有章可循,且具有操作性。教育传播效果的测量指标可分为定性指标和定量指标两方面(如表 7-2)。

表 7-2 测量指标分类

指标类型	具体分类
定性指标	认知效果
	态度效果
	行为效果
	社会效果
定量指标	教学时间
	教学规模

由表 7-2 可以看出,定性指标分为四个方面,分别是:认知效果、态度效果、行为效果和社会效果。认知效果是指教育信息作用于受播者的知觉和记忆系统,引起受播者知识量的增加和知识结构的变化,进而产生认知层面上的传播效果。态度效果是指教育信息作用于受播者的观念或价值体系而引起情绪或感情的变化,进而产生心理和态度层面上的传播效果。行为效果是指教育信息作用于受播者的态度或价值体系而引起情绪或感情的变化,通过具体言行得以表现时,便产生行动层面的效果。从认知到态度再到行动,是一个效果的累积、深化和扩大的过程。社会效果是指受播者对周围的社会环境造成的影响,比如价值观的形成与维护、社会行为示范效果等。但这种影响不同于教育传播的认知、态度和行为效果,人们无法用数量指标来衡量这种影响,只能依靠价值观念来对它进行评判。

定量指标包括教学时间和教学规模。教学时间是指在保证规定的教学质量的前提下,完成一定的教学目标所需要的时间,或者是对一定时间内能够传授的知识内容的测量,它可以部分地表征教学效率。掌握一定的教学质量标准是保证教育传播效果中教学时间测量的有效性和可比性的必要条件。教学规模是指教育受益范围的大小。教学规模是评价教育传播经济效益的一项重要指标,但不是唯一指标,教学规模的测量应当与教学时间和教学效果相结合才具有实际意义。

2. 测量方法

为了正确评定教育传播的效果,必须获得足够的并非主观的、真实有用的资料,即能反映教育传播真实面貌的信息。收集效果信息的方法很多,如测验(包括非标准化测验和标准化测验)、观察、调查、作业、提问、试卷、自我评价、小组讨论、同伴评价等。对所收集的信息进行分析的方法主要是定量分析。

对教育传播效果进行量化分析离不开数学和统计，如数学模型、抽样技术、方差分析和相关分析等为教育传播效果定量研究的精确化、细致化起到了重要的作用。常用的统计法有日本庆应义塾大学的藤田广一教授在1969年创造的S－P表法。S－P表，即学生—问题得分表。S－P表的主要功能有：衡量学生总体的学习倾向（如学生集体学习的总水平、有无两极分化现象等）、评判所出题目的妥当程度（如是否脱离测验目标、试题总体的可信程度等）、评判每个学生的学习状况以及加深认识并进行教学决策。教育传播效果的研究不可避免地要对受播者进行分析，心理学为教育传播效果的研究提供了新的层面和方法。比如，问卷调查法、态度量表（用于测量人的意见、评价、选择倾向等深层心理活动）、控制实验法等都可应用到教育传播效果的定量分析上。

如果定量分析涉及大量的数据资料，可以运用计算机软件进行统计分析，比如SPSS，可以大大提高统计的效率和准确性。

第三节 教育传播效果的优化

随着科学技术的进步和信息技术的发展，幻灯、投影、电影、电视、计算机、互联网等传播媒体在课堂内外参与了教学的过程。这不仅带来了教育媒体数量上的变化，也带来了教育理念、教育结构、教育方法等质的变化，使教育传播进入了一个崭新的纪元。与此同时，也为教育传播的效果研究提供了大量的新课题。各种教育传播媒体的教学功能、多种媒体优化组合教学的原理和方法、教育媒体的设计与开发、教育传播效果的评估等，都是当前教育传播效果研究的重要内容。其研究成果将大大地促进教育的改革与发展，同时也将进一步丰富与完善教育传播的学科理论。

一、影响教育传播效果的因素

对于影响教育传播效果的因素，不同学者的分析角度各有不同。20 世纪 80 年代，英国的伯斯瓦(Fred Percival)和他的同事提出了把影响教育传播效果的因素概括为三个方面的分析方法。他们认为，教育传播系统中种种要素之间的相互联系可以概括为软件的、硬件的和无形的三个方面[①](如表 7-3)。

表 7-3 教育传播系统中的三种要素

要素名称	要素内容	特点
软件因素	包括各种教学材料、资料。如：教科书、幻灯片、计算机课件等	通过内容的组织、形式的选择和表达手法的设计对教育传播效果产生影响
硬件因素	包括各种教学设施、设备。如：黑板、投影仪、电视机、计算机等	依赖于系统地、科学地运用教育学、心理学、传播学等相关领域的原理
无形因素	与人的因素紧密相关，包括理论、理念、态度和技能等	操纵着整个教育传播系统的运作，对教育传播效果起着决定性的作用

伯斯瓦主要是将影响因素按形态进行了分类，并阐述了每种因素的主要作用。而魏奇、钟志贤则认为："我们理应从受传者[②]的角度，从受传者的生理、心理和认知的特点与规律，来考察和分析传播效果以及影响信息传播效果的诸因素。若从传播者的角度来进行教学设计和效果预测，也必须以受传者的实际情况为依据，进行各种可能性的收效之分析，而不能主观武断地认定受传者对信息刺激的反应。"[③]因此，二人在《教育传播学》一

---

① F. Percival, H. Elligtonand, P. Race(1984). *Handbook of Education Technology*. London: Kogan Page, p. 16.

② 受传者，即受播者。

③ 魏奇，钟志贤. 教育传播学[M]. 南昌：江西教育出版社，1992：283.

书中从受播者的认知、态度与行为的改变的角度将影响因素分为信息内容、传播媒体、传播者以及受播者四个方面(如表 7-4)。

表 7-4 教育传播效果的影响因素

<table>
<tr><th>影响因素</th><th colspan="2">内容</th><th>特点</th></tr>
<tr><td rowspan="4">信息内容</td><td colspan="2">信息内容的可接受性程度</td><td rowspan="4">信息内容不仅是传播活动中的核心和纽带,也是系统内部效能的体现。受播者对教育信息内容接收、理解、记忆和应用与否、多寡及优劣程度是考察教育传播效果的最主要因素和指标</td></tr>
<tr><td rowspan="3">信息内容的可理解性程度</td><td>共识性</td></tr>
<tr><td>易得性</td></tr>
<tr><td>效用性</td></tr>
<tr><td rowspan="2">传播媒体</td><td colspan="2">个体生理、心理特征影响</td><td rowspan="2">受播者对传播媒体具有明显的选择性,是制约传播效果的重要因素之一</td></tr>
<tr><td colspan="2">受教育程度影响</td></tr>
<tr><td>传播者</td><td colspan="2">思想道德、感情态度、知识能力、传播技巧等</td><td>传播者的综合素质会大大地影响传播活动和效果,影响着受播者接收什么和怎样去接收信息</td></tr>
<tr><td>受播者</td><td colspan="2">学习的主动性、自觉性</td><td>积极性受播者不仅有选择地接收、理解、记忆和应用传播的信息内容,而且能主动地获取和利用传播信息</td></tr>
</table>

从表 7-4 可看出这些影响因素十分强调从受播者的角度进行分析,为教育传播效果因素分析提供了较全面的视角。本书第二章中所展示的教育传播系统表明其主要由教育者、教育信息、教育媒体(即媒体通道)、受教育者、干扰、反馈与教育环境等要素所构成。参照大众传播效果研究的方法以及教育传播实践中积累的经验,接下来我们对这些影响因素进行详细阐述。

(一)教育信息

教育信息是教学活动的基础。教育信息的来源十分广泛,包括书本、广播、电视、网络等。无论是书本教材还是音频、视频,一旦作为教育信息的来源,就必须有很强的针对性,必须有利于受教育者达到或接近规定的教育目标。教育信息必须切合实际,且传递的形式必须稳定可靠。

教育信息制约着传播效果,如果没有教育信息的作用,则没有传播效果,教育信息如何,决定着传播效果的优劣程度。在教育信息传播过程中,系统的基本要素(教育者、教育媒体、受教育者)相互关联,并通过教育信息发生作用。教育信息的传播应依据教育者(传播者)与受教育者(受播者)的需求,确保信息的传递、接收和反馈,而各种干扰因素则影响着信息的正常传递与作用。显然,教育信息不仅是传播活动中的核心和纽带,亦是系统内部效能的体现。

传播中的教育信息在很大程度上制约着传播效果,主要体现在以下几个方面。

1. 教育信息的科学性、系统性和趣味性

教师向学生传递的教育信息是经过精心选择的,是最有利于学生向既定的教育目标前进的。这类教育信息的特点表现为它们的科学性、系统性和趣味性。科学性是指教师传输的教育信息必须是反映客观规律的知识内容,是经得起实践检验的真知灼见。系统性是指教师传输的教育信息是经过精心整理、前后连贯的知识经验,是系统的学问,由浅入深,从低级到高级,环环相扣,结构严密。至于趣味性,主要是指教师传输的教育信息要能吸引学生的注意力，激发他们探求的兴趣。这一点对中小学学生而言尤为重要。[①]

2. 教育信息呈现的清晰性与可认知性

教师通过讲解传递教育信息，这要求教师思路敏捷，口齿伶俐，吐词清楚，并使用本国的标准语。如果使用教育技术手段，则要求具有一定的清晰度及可认知性，表现为上课使用的录音机模拟教师，要求发音和语调都准确地道；教学电视、投影幻灯放映的图像，则要求清晰、美观，突出教学的重点、难点。知识的掌握是学生认知的结果，因此知识必须是可以认知的，才能作为学生的学习对象，即学习材料必须存在可认知的特点。教材的可认知性包括两个基本因素，即意义性和结构性。任何有关知识学习的音像教材，其呈现形式必须以促进学生对知识的理解为前提，因而都要能揭示其意义或实质。此外，任何知识都存在着一定的结构模式。有关知识学习的音像教材应将学习材料（如重点、难点）化繁为简，或以直观形式呈现，给学生一个清晰的知觉系列，使之容易被知觉选择，一目了然。

3. 教育信息量的适度性

上述几个问题的重点在于教育信息的质，而教育信息量的合适度也制约着传播效果，教育传播应有适当的传播信息量和进度。在一定的时间段，由于受通道和受播者条件的限制，教师向学生传递的信息一定要适量。在教育信息传播中，过量和不足的教育信息都会使受教育者无所适从；而且，传播教育信息要讲究节奏感，充分掌握量的分配和传输时机，对教育信息量的控制则应视具体情况而定。

（二）教育者

教育者是教育信息的编码者、发送者和传播活动的控制者，这意味着教育者在教育传播系统中占主导地位，而且教师对教育信息的处理活动贯穿于教育传播的全过程。教师需要对教育信息进行采集和选择，不仅要注意选择与课程教学目标紧扣的教育信息，还要充分考虑到学生的学习能力和知识水平，选择易理解和易掌握的教育信息以及适当的教育媒体；确定教育信息后，教师需对教育信息进行编码，将教育信息符号化和结构化，使教育信息主次分明，重点突出，具有逻辑条理性，并适应学生的个体差异；在传输教育信息时，要选择恰当的传输通道、传导方式等。在整个教育传播过程中，教师应采取多种方式了解和收集学生的反馈信息并加以分析，了解教学效果，及时调整输出信息的数量、速度及传输方式，以此形成师生互动，增进双方了解，以提高教育传播效果。

因此，在教育传播过程中，尤其是在课堂教学中，面对面的教育和知识传授，传播者——教师是影响传播效果的重要因素。教师的思想观念、个性结构、知识能力、自我形象、感情态度、传播技巧等都会大大地影响传播活动和效果，影响着传播者说什么和怎样说，影响着受播者接收什么和怎样去接收信息。一般而言，良好的教师形象主要取决于以下因素。

---

① 高蕴琦等. 教育传播学[M]. 上海：上海教育出版社，1992：203—204.

1.思想道德

教育者应为人师表，乐于教书育人，以情感人。教育者应具有满腔的热情，并善于以此感染学生、鼓励学生，这样师生的信息交流方能处于最佳状态。

2.感情态度

教育者应真诚、友善、平等地对待每一位学生，并具备认真的工作态度，树立自己的威信，以自身的人格魅力影响学生。

3.知识能力

教育者应具有深厚的知识基础和系统的专业技能，以更好地传道、授业、解惑。

4.传播技巧

教育者应深谙教学规律，精通教学方法，并具备良好的表达能力、教育技巧和艺术，传播有方，教学得法。

（三）教育媒体

媒体能否在教育传播过程中产生良好的效果，要看教育者是否能正确使用、教育者的教学思想是否正确。绝不是媒体决定一切，而是使用者的思想决定了媒体的效果。因此，教师应根据教育传播过程的实际需要恰当地选择和使用媒体，而不能迷信媒体、滥用媒体。

教育媒体的选择是否恰当可以依据能不能满足方便性、显著性、吸引性、需要性以及习惯性等原则来判断。方便性是指方便使用者的采用；显著性是指突出教育主题内容；吸引性是指使用者对媒体抱持积极的态度；需要性是指能够满足使用者不同层次的需求；习惯性是指要注意和照顾使用者原有的传播习惯。在教育传播过程中，只有遵循以上原则，教育者和媒体各尽其能、紧密配合，才能取得良好的教育传播效果。

关于受教育者对媒体的选择，可以根据本书第五章中提到的媒体运用的最小代价律，得出受教育者对媒体的选择原理。预期选择率代表某种媒体或者信息被选用的可能性。根据媒体选择原理公式[备选媒体的效益指数＝功能（媒体）/代价（媒体）]，一种媒体或者信息被选用的可能性与其能够带来的收益成正比，与使用者所需要付出的努力成反比。显然，要增加一种媒体或信息被选用的可能性，可以通过两种途径：一是增加可能提供的收益；二是减少使用者所需的努力。分子代表媒体使用者可能得到的收益，主要由媒体的内容决定，取决于媒体的信息内容能否满足使用者的需要，以及满足需要的程度。分母是使用者采用该媒体所需付出的代价，主要涉及取得该媒体的途径是否方便，该媒体使用起来是否顺手，以及学习这些知识与经验需付出的时间与精力等。

同时，对教育媒体的选择还应考虑受教育者的生理、心理特征以及知识水平等。同一种教育媒体对不同年龄、不同性格特征、不同知识水平的受教育者来说产生的效果存在很大差异。因此，根据受教育者的不同生理、心理特征以及知识水平，选择和应用恰当的教育媒体传递教育信息，是提高教育传播效果的重要途径。

（四）受教育者

受教育者既是信息的接收者，又是反馈信息的传播者。因此，在教育传播系统中，学生与教师处于同等地位，两者随信息流向的改变而交换角色。大量研究表明，同一教育者运用同一教育教学方法传播同一教育信息，对于不同的受教育者而言，其引起的反应是不同的。这与学生的学习能力、学习态度和个人性格有密切关系，这些都会对信息内容的选择产生影响，直接影响教育传播效果。具体的影响因素主要有以下几种。

1. 先验观念

先验观念是指人们头脑里固有的对世界的印象和形成的主要观点。先验观念类似于李普曼(W. Lippmann)所说的“心中图像”，每个人在脑海里都有一幅关于世界本来面目的图画，传播要影响受播者，这幅图画就会跳出来发挥作用，如使受播者倾向于选择与他们原有态度和兴趣相符合的事物。先验观念除了影响受播者对教育传播内容的选择以外，还影响受播者对新的教育信息的理解和接受程度。

2. 团体规范

团体规范在受播者的接受活动中起着一定的制约作用。团体有左右其组成成员意见的力量，团体施加给每个成员的影响是不容忽视的，它在无形或有形中给其成员划定了一个言行规则。在接收信息上也是如此。团体规范的压力可以使受播者接受团体认可的教育传播内容，而拒绝与团体意见相违背的内容。团体施加给个人的约束力不是绝对的，仅仅是一般情形之下的总体倾向。

3. 个体差异

个体差异主要体现在受播者的知识能力水平、身体健康状况、心理因素和自学能力等方面。

(1)知识能力水平

学生要听懂教师的讲课，看懂幻灯、投影等呈现的图像和符号，或者理解各种教育信息，就必须具备一定的条件，即他的状态要有利于接收教育信息。那么，受播者的知识、能力状态包括哪些内容呢？首先，要有一定的知识基础和文化水平，能理解并接受教师传播的知识内容。其次，应对传播符号有一定的解码能力，无论是语言符号系统还是非语言符号系统，学生运用这些符号的能力越强，他从中吸取信息就越快、越多。例如，一个外语能力强的学生，他能通过直接阅读外语资料获得更多专业知识信息。再次，能适应教师教学方法的特点，主动配合教师。最后，应形成一套必要的学习辅助技术，如记笔记、提问题、参加讨论以及使用各种学习工具等。

(2)身体健康状况

这是保证学生有效输入的重要条件。身体不好，无法坚持学习。为此，学生应保证充足的睡眠和营养，并进行体育锻炼，增强体质。教师也应十分重视这一点，千万不要盲目加重学生负担而影响学生健康，这样会得不偿失，影响教育传播的效果。

(3)心理因素

强烈的学习动机、高度集中的注意力及浓厚的学习兴趣，是持久有效学习的重要条件。没有这些条件，教师的教学方法再好，学生也不易学好。

(4)自学能力

要提高教育信息的输入效果，学生必须重视培养自学能力。例如，应有适合自己需要的驾驭学习过程的策略，并主动去发现、去创造。同时应有计划地安排各种学习活动，按部就班，进退有序。在各项学习活动中要重视积累和使用个人的资料系统，善于使用图书馆、博物馆等知识宝库，及时获得丰富的最新科研成果的信息，提高学习效果。

(五)教育信息发送方式

目前，教育信息主要的发送方式有讲授、示范、演示、音像呈示、计算机网络传播等。各种发送方式各有其优缺点，作为支配和控制发送方式的教育者，教师应该根据具体的课程目标和要求、学生的特点等进行综合考虑，选用最佳的发送方式，以达到良好的教育传播效果。

(六)教育传播环境

教育传播环境以潜移默化的形式，对教师和学生的认知、情感和行为产生着强有力的影响。良好的教育传播环境能扩大教师采集和选择教育信息的范围；为教师提供必要的物质条件，如场所、设备、设施等；使教师能够采取更灵活有效的方式进行教育传播活动；为教师提供更多的与学生交往、与社会接触的机会。它还能激发学生的学习动机，提高他们的学习积极性，促进学生的智力发展，培养学生高尚的道德品质和良好的行为习惯，有助于学生的身心健康。

教育传播系统并不是孤立存在的，它会同时受到外界环境因素以及自身内部各要素的影响，任何一个因素的变化都会导致整个教育传播过程发生变化，这直接影响最终的教育传播效果。因此，在教育传播过程中，我们应该促使各因素朝着有利于提高教育传播效果的方向发展变化，从而提高教育教学质量。

二、教育传播效果的优化原理和途径

(一)教育传播效果的优化原理

美国教育传播学著名学者施拉姆和我国香港著名传播学学者余也鲁在 20 世纪 80 年代合著的《传媒·教育·现代化——教育传播的理论与实践》一书中概括了利用传播媒体进行教育传播的几个原理。

1. 共同经验原理

教育传播是一种信息传递与交换的活动。教师要与学生沟通，必须把沟通建立在双方的共同经验范围内。图 7-3 中两个圆圈各代表甲和乙原有的经验范围，其间重叠的地方是他们具有的共同经验。这个重叠的范围是两人可以相互沟通的范围。在教育传播过程中，要使学生理解一件事物，教师必须用学生经验范围内能够理解的比喻，引导他们进入新的知识领域。

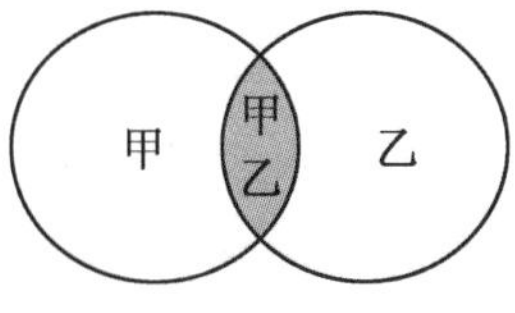

图 7-3　共同经验的模型

为了让学生获得与教师相同的知识经验，可以充分运用传播媒体提供间接经验。例如，利用幻灯、电影、电视等主观的教育媒体，把实物、实际操作、具体的人物通过画面表现出来，使学生获得间接经验。在这个基础上，再延伸到下一层次的传播，引导学生进入新的知识领域。教育传播要想取得好的效果，教育媒体的选择与设计必须充分考虑学生的经验。建立和扩大教师与学生之间的共同经验范围，才能进行有效的传播。

2.抽象层次原理

抽象是指把事物的个别特征去掉，取其共同点，去代表或说明同一类事物。语言符号能在许多不同的抽象层次上活动，这是语言的长处。同一个题目，可以在较低的、比较具体的层次上和儿童讲，也可以在较高的、比较抽象的层次上和大学生谈，所不同的只是程度的深浅。抽象的词可以包含许多具体的东西，因为在抽象的阶梯上爬得越高，次一级的事物的特征就会消失在高一级的总体意义中，因此，我们可以用抽象层次高的语句，去简明地表达更多的具体意义。但是，抽象层次越高，理解的难度就越大，引起误会的可能性也越高。采用抽象层次较低的、比较具体的词句进行传播，人们比较容易理解，能够听懂的人会多一些。但是，这样的传播需要用上大量的词句去完成。

根据上面的分析，我们可以得到另一条教育传播的效果原理：教育传播中所说的话、写的文章、绘的图画，都必须在学生能明白的抽象范围中进行，并且要在这个范围内的各个抽象层次上下移动，既要说出抽象要点，又要用具体事物来解释、说明；既要讲学生所熟悉的具体事物，又要分析、综合、推理、演绎，得出抽象的概念。

3.重复作用原理

重复作用就是将一个概念在不同的场合或用不同的方式去重复呈现，它不是连续将一句话反复重说几次。重复作用是取得传播效果的一个有效方法，教育传播的重复作用原理包括两层含义。

一是将一个概念在不同的场合重复呈现。例如，在一些有关外语学习的研究中，要牢固地掌握某个生词，必须在八个不同的场合中接触它。大脑反复受到八次刺激之后，就能达到长时记忆。根据这个规律，编写教科书时应该使得每个生词在八种不同场合下出现。不同场合的重复作用可以加深印象，提高记忆效果。

二是用不同的方式重复呈现同一概念。例如，同时或者先后用文字、声音、图像去呈现某一概念，教师边讲边用板书或体态语言配合表达，电视的图像画面配以文字、声音进行解说等。不同方式的重复作用，通过发挥各种信息传播符号表现事物的特性，加深受教育者的理解。重复作用原理是通过在不同的场合用不同的方式重复呈现一个概念，帮助学生理解和记忆，从而达到更好的教育传播效果。

4.信息来源原理

有权威、有信誉的人说话，总是更容易让人信服，即说话的人是谁，资料来自何方，对传播的效果有明显的影响。美国耶鲁大学的传播学者霍夫兰曾经做过这样的实验：他把内容相同的有关原子弹的文章分别发给两组受试者，对第一组说该文为美国某一著名原子能科学家所写，对第二组则说来自一般新闻。结果，第一组对文章相信的程度以及所引起的态度改变超过第二组四倍。

霍夫兰还做过多次实验去验证这个原理的可靠性。在一次实验中，他把一篇分析少年犯罪因素的文章由三个身份不同的人宣读，一位是法官，一位是普通寻常人，还有一位是品德不良又无法律常识的人。宣读文章后对听众的测验调查发现，听众相信法官所言，怀疑普通人的说法，完全不相信品德不良的人。该研究说明了信息来源对传播效果的影响，即人们总是倾向于接受、相信心目中有信誉、有可靠来源的信息。

决定信息来源可靠性的因素不仅仅是权威，亲朋好友或者在受播者心目中与自己有相同之处的人们，都有可能成为受播者乐意接受的可靠的信息来源。这种受播者选择认可传播信息来源的现象也被称为传播说服中的"认同策略"。

在教育传播中，教师是教育信息的主要来源之一，因此，教师应该以自己的言行树立学生认可的形象与权威；同时，教师也要尽量与学生建立平等友好的关系，做学生的知心朋友；此外，教师选用的教材、视听资料等内容来源应该准确、真实、可靠。

(二)教育传播效果的优化原则

教育传播效果的优化可以有不同的体现，其中包括提高教学质量，减少达到一定的教学目标所需要的时间，在保证教学质量的前提下扩大教学规模或者减少教育开支等。在教育传播的设计中，应当根据具体的优化目标，综合考虑各种因素的影响，科学地应用各种优化原理，制订适合实际情况的措施，从而最大可能地实现教育传播效果优化。教育传播效果的优化原则主要有以下几条。

1. 目标性原则

明确教育传播效果的优化目标，就是确定预期的教育传播效果。明确目标，一方面可以使教育传播的设计有的放矢，选择最有效的信息内容、传播媒体和教学方法；另一方面有利于教育传播效果评价的实施，从而确保预期效果的实现。教育传播效果优化目标的确定必须本着科学、客观、实事求是的态度。通过认真、细致的调查研究，了解和掌握社会的需要、客观实际条件、学生的基础、各种资源状态等信息，在充分调查研究的基础上，确立合乎需要而又确实可行的目标。

2. 系统性原则

教育传播效果是软件、硬件和人的因素综合作用的结果。任何一方面因素的不协调发展，都可以形成教育传播效果优化过程的"瓶颈"。系统性原则强调，只有在各方面因素相互协调的情况下，才能真正实现教育传播效果的优化。进行系统分析的目的在于掌握潜在的"瓶颈"症结，并且"对症下药"，使每一个因素在教育传播效果的优化过程中都发挥积极的作用。

3. 科学性原则

信息传播技术在教育过程中的应用，为教育传播者提供了更大的施展才能的空间，也对教育传播者提出了更高的要求。教育传播效果的优化，需要应用多学科的知识和技能，根据预定的教育目标、具体的客观条件、学生的知识基础和文化背景，选择信息内容、传播媒体和教学方法。

4. 适应性原则

上述三个原则是有关教育传播效果优化过程中的策略问题，适应性原则则是教育传播效果优化过程中的战术问题，或者说是关于如何将前面三个步骤所制订的计划付诸实施的问题。该原则强调按照实际情况实施既定的教育传播计划，但不是机械、教条地实施。有条件的情况下，应当实施教育传播效果的形成性评价，并反馈到相应的过程，对教育传播过程做出及时、有效的修正。

5. 最优性原则

最优性原则是贯穿整个教育传播过程的重要原则。教育传播过程是一个动态、发展的过程，教育传播效果的及时评价和反馈，是为了获得教育传播的最优效果。

三、教育传播产生效果的设计

在传播理论中，关于提高传播效果的途径有很多种，如霍夫兰的说服策略、卡特赖特的劝服原则以及勒平格尔(O. Lerbinger)的劝服设计。本书中主要介绍勒平格尔的五种劝服设计。

(一)劝服设计

勒平格尔在《劝服性传播设计》中提出“劝服设计”这一理论。该理论认为，劝服是传播者试图通过大众传播的信息来改变受播者态度与行为的一种有目的的活动，在该活动下，传播的目的除了交流和沟通之外，还包括有意识地影响对方，使其按自己的意图行事，因此，劝服又称说服。人类很早就开始研究如何在信息交流的过程中进行劝服。古希腊哲学家亚里士多德曾提出劝服必须具备三个条件：传播者的品质、传播的方式方法、传播内容本身。欧美许多学者也纷纷就劝说原则进行了多方面研究，提出了种种原则和理论。一般说来，大众传播媒体上的评论性信息、宣传性信息、舆论性信息乃至某些娱乐性信息，包含的劝导因素和说服因素较多。①

1. 刺激—反应设计

刺激—反应设计的目标是在刺激和反应间通过反复联结建立联系。在大众传播中，这一设计频繁地运用于给文字提供新的意义，包括符号性和暗示性；在广告中，这一设计理论被用于商标品牌的使用，使人们想起该品牌时就能联想到产品，例如，当受播者想起“萌萌的企鹅”时，就想到腾讯 QQ。

刺激—反应研究是心理学中的一种研究取向，来自行为主义学派。行为主义者认为，心理学应该抛弃意识、情绪等主观的东西，集中研究个体的行为。例如，心理学应注重了解某一刺激与个体反应之间的关系，从而与其控制个体行为的变化建立起新的、更符合需要的刺激—反应类型。刺激—反应的研究取向在学习与教育心理学的研究中取得了很大成功，刺激—反应理论至今还是学习心理学中的一个重要派别。②

刺激—反应设计在教育传播中的应用十分广泛，尤其是基础知识积累阶段。例如，

---

① 刘建明. 宣传舆论学大辞典[M]. 北京：经济日报出版社，1992：299.

② 中国百科大辞典编撰委员会. 中国百科大辞典(第2卷)[M]. 北京：中国大百科全书出版社，1999：815—816.

一个单词需要在不同场合反复学习才能让学生掌握，在刺激—反应设计中，常使用图片、单词呈现、听录音、英文对话、造句练习等方式让学生反复练习，才能达到良好的教学效果。

2. 引发动机的设计

引发动机的设计的基本理论是采用马斯洛的需要层次学说，它分为两个步骤：首先了解人们的动机和需要，然后以信息或产品引导他们。大众传播在激发人们的需求方面有大量的应用，如新闻策划中常应用引发动机的设计实现信息的传播效果。动机在心理学中被定义为发动并维持活动的倾向或意向，它主要取决于有机体的内驱力和外在诱因，具有激活功能、指向功能、强化功能。在教育传播中，需要充分考虑受教育者的真实需要，结合先进的教学技术和策略，通过呈现恰当的教学材料，提供良好的信息授递环境，激发受教育者的动机，充分调动他们的积极性。

3. 认知性设计

认知性设计旨在引导和影响受众的认知活动，通常采用两种方法：一是通过提供事实、信息、逻辑的推断来进行劝服，用事实说话；二是利用人们求得一致的欲望来形成态度改变。它与刺激—反应设计不同的是，认知性设计更侧重于“事实”和“问题”。

4. 社会性设计

社会性设计将人视作一个群体成员来进行诉求，与宣传中的“随主流”相似，其理论基础是社会心理学中的群体理论，基本观念是：个人态度在很大程度上依赖于他所属的社会群体，而社会群体的赞同可以支持个人态度。比如，假如某班90%的同学都会背诵九九乘法表，可能会影响其他10%受教育者的学习态度，使之成为主流的一分子。

5. 性格设计

性格设计要求在劝服时要将受教育者的性格需要也考虑在内。这种设计的假设是：意见与态度是性格的一种反映。在劝服时，受众更容易接受向往已久的性格的人所传播的信息或持有的观点，因此，采用该设计的基础是了解受播者的喜好和性格特点。在教育传播领域，这与个性化施教相似，依据受教育者不同的性格特点给予不同的教育传播媒体和方式。例如，在基于问题的学习（PBL）中，教师往往需要赋予每个学生一定的角色，使学生理解并进入这些复杂的问题情境中，使问题的核心能够成为学生考虑的对象。在考虑角色时，教师需要充分考虑学生的个性特点，根据学生的特点分配角色，使学生获得接受并对之感兴趣的角色，从而让他们体验到被赋予权利和义务的感觉，这样学生才能更加投入问题解决的过程中，并享受这个过程。

勒平格尔的五种劝服设计在大众传播领域中运用非常广泛，尤其是在新闻策划方面。这些设计原则可以单独使用，也可以综合运用。教育传播效果的设计可借鉴其设计原则，提高教学效果。

（二）教育传播效果的设计案例

从优化教育传播效果的角度，依照勒平格尔的劝服设计原则，对一堂小学外语课进行教学设计。

1. 内容介绍

本案例选取的教学内容是北京市小学英语教材第四单元“My home”的第二课时。该课时的教学重难点如下。

(1)重点

句型:Is it in/on/under/...? Yes, it is. / No, it isn’t.

词汇:isn’t。

(2)难点

发音:it is 连读,isn’t。

2. 教学设计

本课时综合采用勒平格尔的劝服设计原则中的刺激—反应设计、引发动机的设计以及性格设计。刺激—反应设计主要体现为:通过练习对话、游戏互动和总结复习等方式,让学生充分熟悉句型和其中的单词。而游戏和创设情境是该课时中使用的引发动机的主要方式。此外,根据学生的自身特点进行角色扮演、开展教学游戏,既可以提高学生的积极性,锻炼学生的口语交际能力,又能增加课堂的活力。

本课时主要通过情境对话学习句型“Is it in/on/under...? / Yes, it is. / No, it isn’t”。教师首先通过游戏复习上一课时所学的单词“study”“living room”“bedroom”“bathroom”和“kitchen”,为课文对话做了铺垫。然后运用已学句型“I have ... Do you have ...? Where is ...?”等导入本课新句型“Is it in/on/under...?”及回答“Yes, it is. / No, it is’t.”通过做“猜一猜”的游戏,初步涉及课文内容。教师通过叙述故事大概情节的方式,导入课文对话。在对话教学中,教师设计多种活动让学生操练本课时的主要句型,使学生在趣味性的活动中,在反复的练习和使用中,更好地掌握所学知识。

3. 教具准备

第一,写有“study”“bathroom”“bedroom”“living room”“kitchen”的图片。

第二,与教材相配套的教学课件[Unit 4 Let’s talk]。

第三,与教材相配套的教学录音带。

4. 教学过程

教学过程	具体步骤		设计原则
1. 热身/复习	活动 1:猜词语游戏	教师把图片“study”“bathroom”“bedroom”“living room”“kitchen”放在讲桌上,让一个学生到前面来看教师指定好的图片,然后向全班同学做出在该房间可能发生的动作,让其他同学来猜一猜他看到的是哪张图片	游戏的作用:活跃课堂气氛,调动学生的积极性。同时,通过三个游戏反复练习关于房间的各个词语,加深记忆,为本课时的学习做好铺垫,起到承上启下的作用 游戏设计原则:刺激—反应设计;引发动机的设计
	活动 2:“Let’s do”游戏	一个同学说指令,其他同学根据指令做可能发生的动作	
	活动 3:Sing a song “My bedroom”		

续表

教学过程	具体步骤		设计原则
2. 呈现新课	活动 1:练习句型	教师对一个学生说:“I have a new eraser. Do you have it? Where is it?”让学生回答以上问题。教师继续对其他学生说:“I have... Do you have it? Where is it?” 让学生回答:“It's in/on/under...”(反复操练)	通过师生对话反复练习同一句型和一组单词,经过不同方式的反复刺激,使学生熟练掌握句型和单词 设计原则:刺激—反应设计、性格设计 性格设计:教师在选择学生回答问题和练习对话时要兼顾学生的性格特点,如可适当对性格内向的学生多做引导式提问,并以手势和表情表达鼓励之意 在活动 4 中,可以由教师设置这种情境,也可以选择一个毛遂自荐的学生来向全班同学叙述这个故事,然后由他组织发起问答,以充分调动学生的积极性
	活动 2:复习句型	教师分别指着书、本、铅笔、尺子、橡皮等实物,凭借记忆再次询问以上学生:“Is it on your desk? Is it in your pencil-box? Is it in your desk? Is it under your book?”在学生回答出“Yes”或“No”的基础上,引导他们用“Yes, it is. / No, it isn't.”来回答(反复操练)	
	活动 3:“猜一猜”游戏	已知:有一些东西(物体或动物)分别放在家中的各个房间里 学生的任务:猜猜它们到底在哪个房间中 把学生分为两大组,一组学生必须使用句型“Is it in/on/under...?”来猜,另一组学生看着图用“Yes, it is. /No, it isn't.”来回答 教师所给的单词是:desk, bed, cat, chair, TV, sofa, book, bag	
	活动 4:教师通过叙述故事,导入课文对话	设置情境:一天,Sarah 来到 Chen Jie 的家中,在 Chen Jie 的卧室里,看到她家的猫把她的新橡皮给叼跑了。你知道猫把橡皮叼到哪里去了吗?学生:用句型“Is it in/on/under...?”来猜一猜	
	活动 5:让学生观看教学课件	看完课件后,让学生回答:“Where is the cat?”	
	活动 6:听录音,跟读课文对话		
	活动 7:让学生做对话表演		
3. 趣味操练	活动 1:做“Let's play”部分的游戏	让一个人蒙上眼睛,其他的人来藏一件物品。然后,让蒙上眼睛的同学猜 Where's...,蒙上眼睛的同学用“Is it in/on/under...?”来猜。其他同学用“Yes, it is. /No, it isn't.”来判断。如果猜对了,换人继续游戏。如果猜错了,要被罚演节目	更具互动性和娱乐性的游戏情境,引发学生学习和发言的强烈动机,并在此过程中,记忆和巩固刚才所学的知识 主要设计原则:引发动机的设计
	活动 2:猜袋中物	教师从书包中拿出一件东西放入一只不透明的袋子里,由每组的第一名学生轮流猜,可以问:“Is it a banana(an apple, an orange)?”猜对了为优胜	
4. 扩展性活动	看图猜词	以每一纵行为一组进行竞赛,教师先出示一些单词的图片,然后收起来,再从中抽出一张放在身后,由每组的第一名学生轮流猜,可以问:“Is it a plane (bus, bike)?”回答:“Yes it is. /No, It isn't.”哪个组猜对了就计 10 分,然后接着往下猜,第一排的学生猜过后第二排接着猜,最后得分最多的组为优胜。做游戏时,还可以找一位学生来主持,由他让学生们猜	竞赛形式可以增强小组的凝聚力,为了让本小组获胜,学生之间增强互动,并再一次复习单词和句型,达到掌握重难点的目的 主要设计原则:社会性设计、刺激—反应设计、引发动机的设计。附录:本课时教学设计

[学习思考题]

1. 阐述大众传播效果理论的变迁。
2. 阐述早期的万能效果论、有限效果论、适度效果论、强大效果论的基本观点。
3. 阐述知沟理论和涵化理论的基本观点。
4. 阐述教育传播效果的含义及特征。
5. 阐述大众传播效果研究对教育传播效果研究的启示。
6. 阐述教育传播效果测量的原则。
7. 阐述影响教育传播效果的因素。
8. 阐述教育传播效果的优化途径。

第八章　课堂教学传播

课堂教学是一种典型的信息传播过程，是由教师的教和学生的学所构成的双边活动，是知识再生产与生产新知识相结合的复杂的系统过程。课堂教学是否符合传播学的基本原理，是否充分地利用各种传播媒体并运用传播沟通的技巧，是课堂教学能否取得成功的关键。

本章首先对课堂教学传播及其特点、模式进行了介绍，接着分析了课堂教学中教师和学生的角色、师生的传播行为及其影响因素，最后对课堂教学传播中的典型问题进行了探讨。

第一节　课堂教学传播模式

南国农等人将复杂的教育传播现象归结为面对面、远程、自主和协作四种典型的传播类型。[1] 课堂教学是当前学校普遍采用的一种教育传播模式，是一种典型的师生面对面、以教师为中心的传播模式。课堂教学传播模式有利于发挥教师的主导作用，教师能科学地组织教学过程，充分发挥情感因素在学习过程中的重要作用，学生能快速、有效地掌握知识技能，有利于培养合作精神和竞争意识。但由于过分强调整齐划一，容易忽视学生的主体性和独特性，不利于发挥学生的全部潜力，不利于培养学生的兴趣、特长和发挥他们的个性才能。[2]

在信息化时代，为了更好地将学生的主观能动性应用到教育教学中，产生了翻转课堂的教学传播模式。这种教学模式能有效地改善传统课堂教学中学生处于被动地位的缺点，通过课堂上师生的互动，使教师能根据学习的内容灵活设计学习环节，增加学习趣味性的同时兼顾学生学习的积极主动性。

一、课堂教学传播概述

(一)课堂教学传播的含义

教育学的基本理论告诉我们，课堂教学是把学生按年龄、学业程度编成固定人数的班级，由教师根据课程内容、教学时数、学校课程表进行分科教学的一种组织形式。其主要的特点是：教师、学生、内容、时间、场所是相对固定的，并以此形成了一个闭环的系统。在这个系统中，起主导作用的教师通过教学的内容、思想、感情等方面和学习主体——学生进行沟通和相互感染，促进学生的认知活动。在一般教学中，教师完成教的环节包括备课、授课、作业布置与批改、课外辅导和教学效果评估，学生完成学的环节包括听课、作业、自学和参加考核。

根据传播学的观点，结合对课堂教学的实施者、内容、对象、教具等的考察，可以说，课堂教学形成了一种特殊的信息传播系统。这个系统主要由教育信息传播者(教育者)、教育信息(教学内容)、教育信息通道(教学媒体)、教育信宿(受教育者)和教育效果(反馈)五大基本要素构成。教师是信息的传播者、学习活动的组织者，也是信息的编码者和传送者；学生是信息的受播者，主要工作是接收、变换、反馈信息；教学内容是被传播的信息，它是由多种渠道、多种形式呈现的，是由教育者编排加工好的教育信息；教学媒体是

---

① 南国农，李运林. 教育传播学(第二版)[M]. 北京：高等教育出版社，2005：40.

② 张剑平. 现代教育技术——理论与应用[M]. 北京：高等教育出版社，2003：59.

传递信息的工具，是连接教育者和受教育者双方的通道，其作用是延伸人体器官的功能。① 在现代教育中，教师应起主导作用，而学生处于学习的主体地位。“教师是学生学习活动的客体”，教师的主要任务是促进学生主体的发展，把学生培养成符合社会需要的身心健康、高素质的发展中的社会人，在传授知识的基础上以育人为本。学生则应充分发挥自己的主观能动性，将更准确的教育信息反馈给教师，形成高效的师生互动关系，从而达到良好的教学效果。教学效果受到教学动机、教师的情感、教师的品质、教学媒体、课堂管理和师生关系等多种因素的综合影响。

（二）课堂教学传播的特点

从传播学的角度来说，课堂教学传播有如下特点。②

1. 传播对象的同质性

课堂教学的对象具有共同的特点，包括具有共同的知识需求、相近的知识水平、相似的文化背景等。尽管每位同学的个性和需求有差异，但是课堂教学所要面对的是相对集中的学生群体，因此，教师在教学工作中，首先要立足全体学生，研究掌握学生的思想特点、文化背景、知识需求等，对学生的总体情况有准确的把握，这是实现总体教学目标的基础。

2. 信息反馈的灵敏性与双方的参与性

课堂教学是教师与学生面对面的直接传播，这就使教学过程中师生双方的共同参与成为可能，也使教学工作呈现出信息反馈灵敏、易于相互调整适应的特点。从传播学的角度看，传播主客体之间的积极参与、交流沟通是达到良好传播效果的根本要求。在课堂教学中，教师可通过提问、讨论、练习等教学手段调动学生参与的积极性，同时，教师也可以通过这些手段加强教育信息的反馈过程。教师可以通过直接观察学生在参与过程中的表现来判断教学效果，及时调整教学的内容、形式和表达方式，以达到良好的教学效果。

3. 沟通的情感性与主观的制约性

人类交往的动机和需求是复杂多样的，在传播过程中，主客体之间是互动的。课堂教学一方面受情感因素的影响，另一方面也容易受到个人主观因素的制约。教师在学生心目中的印象、师生之间共同的志趣、相互间的尊重、双方配合的态度，这些情感因素都会影响教学的最终效果。与此相对，师生双方特别是教师的素质、观念、情绪、语言等主观因素，也会直接影响教学效果。

4. 传播符号和传播手段的多样性

传播符号是人们传递信息的种种表达形式的称号。课堂教学所运用的符号应该是多样化的，除了语言、文字外，还有教师的动作、表情、服饰、特定的物品等。从传播学的角度看，信息刺激越强，传播效果就越好。好的授课教师不仅要讲得生动，而且要善于综

① 张九洲. 课堂教学的传播要素探析[J]. 哈尔滨学院学报，2003(12)：100－102.

② 李为民. 现代传播理论在课堂教学中的运用[J]. 内蒙古财经学院学报(综合版)，2003(4)：49－50.

合运用图片、模型、幻灯、音响、操作示范等传播手段，使教学活动具有立体感，使学生从感官到理智上得到多方面的信息刺激。

5.课堂教学传播过程的动态性

课堂教学传播过程是教师和学生双边活动的动态过程，包括四个基本阶段：传授—接受阶段，复习—辅导阶段，练习—指导阶段，作业—考查阶段。课堂教学传播的目标、信息内容和传播效果反馈都具有高度的动态性，传授—接受是教育信息的单向传播过程；复习—辅导是强化教育信息传播的效果，保障教育信息传播达到既定的目标；练习—指导是教育信息传播效果的动态反馈结果，用于动态调整教育信息传播策略；作业—考查是对教育信息效果的评测。

二、课堂教学传播模式及其分类

(一)课堂教学传播模式

课堂教学传播的基本要素所形成的不同的组合方式，构成了不同的课堂教学传播系统结构。例如，以教师为主导的课堂教学传播系统结构具有较好的传播知识的功能，而以学生为主的课堂教学传播系统结构具有较好的培养学生能力的功能。在课堂教学传播实践研究中，人们总结出了一些具有良好功能的课堂教学传播系统结构，将这种结构用文字或图表等形式表达出来，就成为一种课堂教学传播模式。由此可见，课堂教学传播模式是再现课堂教学传播现实的一种理论性的简化形式，是对课堂教学传播现象概括、简明的表述，它反映了课堂教学传播现象的主要的、本质的特征，描述了课堂教学传播系统各要素的地位、作用及其相互关系。

(二)课堂教学传播模式的分类

目前，关于课堂教学传播模式的研究视角是多样的，并存在很大的分歧，对课堂教学传播模式的分类尚无统一的标准和方法。比如，有的研究根据师生所处的空间距离将课堂教学传播模式归结为面对面传播模式和远程传播模式；有的研究按传递信息与接收信息的时间的关系将课堂教学传播模式分为实时传播与非实时传播。

课堂教学传播过程的基本要素之间有着六种关系：教育者—受教育者、教育者—教育信息、教育者—教育媒体、受教育者—教育信息、受教育者—教育媒体、教育信息—教育媒体。在这六种关系中，影响课堂教学传播模式本质属性的是教育者与受教育者之间的关系，即师生关系。

根据课堂教学传播过程中师生关系的不同，可以将课堂教学传播模式分为教师导学传播模式、自主学习传播模式、协作学习传播模式和翻转课堂教学模式。

1.教师导学传播模式

教师导学传播模式是一种以教师为中心的课堂教学传播模式，教师根据教学目标和教学内容选择合适的教学媒体对学生进行教学和指导。在学校的课堂教学中，教师利用多种媒体对学生进行面对面的教学活动，这是一种典型的教师导学传播模式(如图 8-1)。

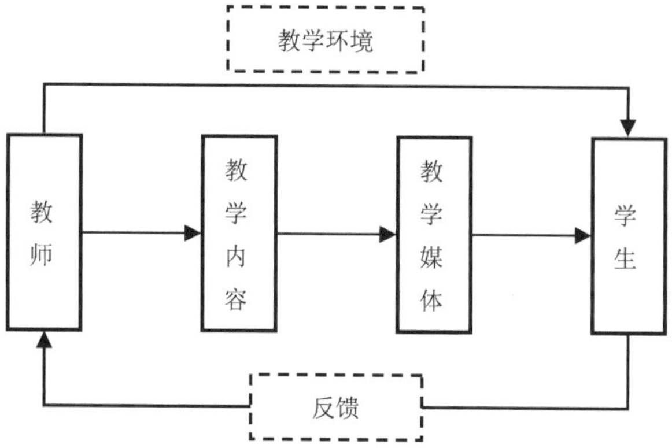

图 8-1　**教师导学传播模式**

在教师导学传播模式中，教师根据某种需要（如社会发展、学生身心发展需要等）分析教学目标，选择教学内容，根据教学内容的性质和教学对象的特征去选定与编制所需的各种教学媒体（这里的媒体还包括教师的语言符号和非语言符号），并把多种媒体进行有机组合形成最佳的课堂教学结构进行施教。为突出面对面传播的特点，教师与学生间由一条信息传输线相连接，表示教师可以直接向学生传输信息，对学生进行指导，学生也可以直接向教师反馈信息。在信息传输活动中，教师还得根据学生接受情况的反馈信息去调整教学内容和所运用的教学媒体。整个过程体现了一种以教师为中心的教学活动。因此，教师的水平、教学准备、教学技能与技巧，将对教学传播效果有重大影响。学生反馈和教学环境虽然对传播效果有重要影响，但它们不是传播系统的实体性构成要素，故在模式图中用虚线框表示。

在教师导学传播模式中，教师可以在课堂上运用多种媒体传授教学内容。

第一，教师能与学生面对面地运用自身的语言与体态作为教学媒体去传递教育信息，这就缩短了信息传送的通道，使学生有一种亲近感。

第二，教师可以采用挂图、模型、标本等教具和演示实验等传统教学媒体呈现教学内容，同时还可以利用光学投影、电视和计算机等媒体把教学内容用形象生动的方式呈现出来。教师还可以把上述多种媒体进行组合，从不同角度、不同层次呈现与阐述教学内容，这样可以获得比较理想的教学传播效果。

在教师导学传播模式中，由于信息传播是在教师与学生面对面的情况下进行的，因此教师容易即时获得学生对学习信息的反馈，从而以此来调整教学内容与教学媒体，使之更能符合学生的学习情况，增强教学传播的效果。

当然，教师导学传播模式除了可以用于面对面的课堂教学外，也可以用于远程教学。所不同的是，在远程教学中，教师的指导和学生的反馈都是通过远程教学媒体进行传递的，比如，可以通过电话、E-mail 和 QQ 等进行。

2. 自主学习传播模式

自主学习传播模式是学生自主利用教学媒体进行学习的一种方式，学生无须教师作为中介就能直接通过多种教学媒体进行学习。这时，学习过程的主体是学生。这是一种以学习者为中心的课堂教学传播模式。学生的学习有高度的独立性与主动性，教师的工作主要体现为为学生编制教学课件、通过教学媒体的程序设计来间接地控制教学过程（如图 8-2）。

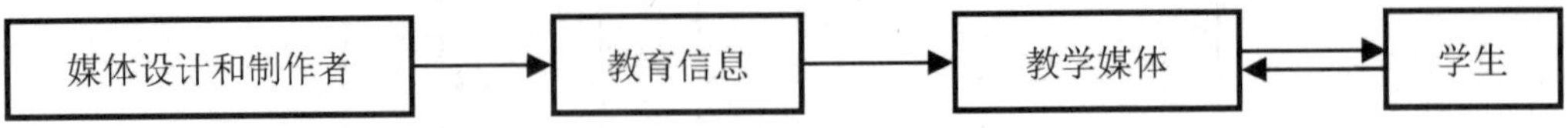

图 8-2　自主学习传播模式

运用这种传播模式，目前有两种方式：一是学生充分利用学校和社会上的教育资源，按照自己的需要来确定学习目标进行自学。这种学习方式要求学生有很高的独立性与自主性。随着计算机和互联网的发展，与之相适应的学习资源越来越多，图书馆中的视听资料也越来越丰富，这些都为学生自主探究的学习方式的实施提供了充分的条件，它使个人探究学习模式成为一种很有发展前途与生命力的教育传播模式。二是学生利用教师事先编制好的程序、教材或网络课程进行系统的学习。这种学习方式能使学生间接地接受教师的指导，同时能使教师按学生的接受程度提供最恰当的内容，因而有相当好的学习效果。这一学习模式的实施，同样要求教师编制出高质量的教学程序、教材和网络课程。当然，现实中的课堂教学大多采用教师导学传播模式与自主学习传播模式相结合的方式进行。

3. 协作学习传播模式

在协作学习传播模式（如图 8-3）中，可以师生互动，也可以生生互动；协作互动可以通过媒体实现，也可以让教师与学生或学生与学生直接互动。这种多重互动的传播，是现代教育传播的突出特点，它既能发挥教师的主导作用，又能充分调动学生学习的积极性，极大地提高了传播的质量与效率。

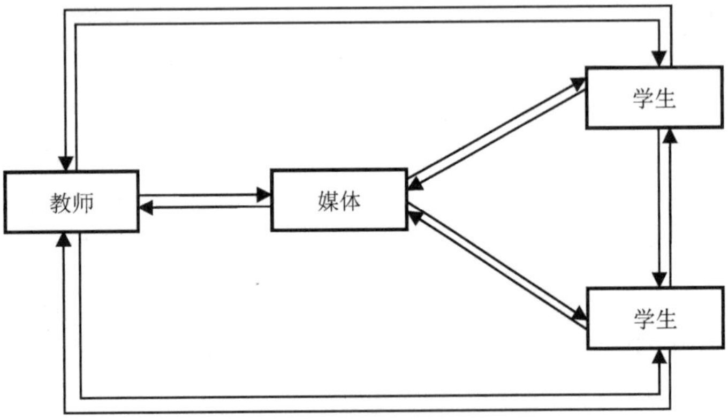

图 8-3　协作学习传播模式

4. 翻转课堂教学模式

翻转课堂是一种创新型的教学模式，以布卢姆的掌握学习理论、建构主义理论、人本主义理论、学习风格理论、学习金字塔理论等为依据，是现代信息技术发展条件下教学改革的重大突破。翻转课堂教学模式充分挖掘“教师为主导、学生为主体”课堂教学模式的优势，在教师设定的教学目标的引导下，让学生先主动学习，将课堂由教师向学生授课的场所转变为教师与学生之间以及学生与学生之间互动的场所，从而达到更好的教育效果。

互联网的普及和计算机技术在教育领域的应用，使翻转课堂教学模式变得可行。学生可以通过互联网去使用优质的教育资源，不再单纯地依赖授课教师传授知识。在翻转课堂教学模式中，教育信息传播的过程变得更加复杂，表现在教师和学生的地位及角色发生了变化：教师不再局限于简单传授知识，而是理解学生的问题和引导学生传授知识；学生不再只接收教师传播的教育信息，而是通过网络等多种渠道学习优质的教育资源；教育信息由教师向学生的单向传播转变为教师和学生之间反复的教育信息双向传播。

(1)翻转课堂的概念

翻转课堂译自"flipped classroom"或"inverted classroom"，也可译为"颠倒课堂"，是指将课堂内外的人物分配进行调整，将学习的决定权从教师转移给学生。在这种教学模式下，学生在课堂内的时间能更专注于主动的学习，共同解决难题从而获得更深刻的理解。教师不再占用课堂时间来讲授信息，这些信息需要学生在课前完成自主学习，他们可以看视频讲座、阅读功能增强的电子书，还能在网络上与别的同学讨论，在任何时候去查阅需要的材料。在课后，学生自主规划学习内容、学习节奏、学习风格和呈现知识的方式。教师则采用讲授法和协作法来满足学生的需要和促成他们的个性化学习，其目标是为了让学生通过实践获得更真实的学习。

翻转课堂教学模式是大教育运动的一部分，它与混合式学习、探究性学习、其他教学方法和工具在含义上有所重叠，都是为了让学习更加灵活、主动，让学生的参与度更高。互联网时代，学生通过互联网学习丰富的在线课程，不一定要到学校接受教师讲授。互联网尤其是移动互联网催生了翻转课堂教学模式。翻转课堂是对基于印刷术的传统课堂教学结构与教学流程的彻底颠覆。

(2)翻转课堂的特点

①教学视频短小精悍。

教学视频通常针对某个特定的主题，长度在10分钟左右，通过媒体播放器可以实现暂停、回放等多种功能，便于学生在学习过程中做笔记和进行思考，有利于学生的自主学习。在课下观看教学视频，学习的氛围更为轻松。遇到问题时，学生也可以通过网络与教师和同伴进行交流，寻求帮助。教学视频的另外一个优点，就是便于学生在一段时间学习之后的复习和巩固。

②教育信息清晰明确。

翻转课堂中教学视频包含的教育信息更为清晰。在萨尔曼·汗的教学视频中，唯一呈现了教师的手，不断地书写一些数学符号，缓慢地填满整个屏幕，并配有和屏幕书写同步讲解的画外音。在该翻转课堂中，学生和教师如同坐在一张桌子面前，一起学习，并把内容写在一张纸上。由此可见，翻转课堂中的教学视频与传统的教学录像不同，它剔除了更多与教学无关的信息，认为传统教学视频下教师的头像和教室里的各种物品摆设都会分散学生的注意力，而翻转课堂中的视频传播的信息明确，更容易使学生集中注意力。

③重新构建学习流程。

通常情况下，学生的学习过程由两个阶段组成：第一阶段是“信息传递”，是通过教师和学生、学生和学生之间的互动来实现的；第二个阶段是“吸收内化”，是在课后由学生自己来完成的。由于缺少教师的支持和同伴的帮助，“吸收内化”阶段常常会让学生感到挫败，丧失学习的动机和成就感。翻转课堂对学生的学习过程进行了重构。“信息传递”是学生在课前进行的，教师不仅提供视频，还可以提供在线辅导；“吸收内化”是在课堂上通过互动来完成的，教师提前了解学生的学习困难，在课堂上给予有效的辅导，同学之间的相互交流更有助于促进学生吸收内化知识的过程。

④复习检测方便快捷。

学生观看教学视频后，教师用 3～4 个与视频知识点相关的小问题对学生的学习情况进行评价，根据学生答题花费的时间和正确率对学生的学习效果进行及时反馈。如果学生的学习效果不好，可以通过视频回看进行补救，促进学生对知识点的思考。教师在此过程中，通过云平台对学生的学习信息进行整理，对教学进行综合评价，以便真正了解学生的学习情况，并迅速调整教学策略。此外，学习过程中也有对知识的遗忘，翻转课堂中的视频可以帮助学生在学习一段时间后进行复习和巩固。

⑤转变了师生关系。

在传统课堂中，教师是知识的拥有者和传播者，而学生通常处于被动接受知识的地位。在翻转课堂中，教师的角色由原来在讲台上布道传授的“演员”和“圣人”转变为教学活动的“导演”和学生身边的“教练”，而学生则由原来讲台下被动接受的“观众”转变为教学活动中积极主动的参与者。学生在教学过程中有了更多的自由，但教师也不是对学生放任自流，而是在总体进度已定的情况下，学生可以按照自己的实际情况安排学习进程。翻转课堂有助于真正实现以学生为中心的因材施教和自主学习。

(3)翻转课堂的意义

传统意义上的翻转课堂是用视频取代面对面授课，在课堂上，学生有更多的自主实践与参与关键环节的学习活动。之所以叫翻转课堂，是因为过去的“讲课”已经可以通过授课视频由学生在家里完成，而过去的“家庭作业”却被拿到课堂上完成。

翻转课堂的出现，增加了学生和教师之间的互动以及沟通的方式，使学生最大化发挥主观能动性，为学生自主学习创造了环境。教师的指导方式从传统的直接授课转变为直接指导和建议式学习混合的模式。翻转课堂让那些生病或参加其他活动的学生不会落下功课，视频教材将永久保存，可供查阅和修正。

①教师方面。

第一，改变教师在课堂中的角色。在传统课堂里，教师是讲台上的“圣人”。在翻转课堂教学模式下，教师走下讲台，更多时间用在帮助学生、领导小组解决问题、与理解有困难的学生一道解决问题上。教师有更多的机会鼓励学生，告知他们所做的什么是正确的，解决他们的疑惑。

第二，建构和谐的师生关系。学生拥有课堂话语权，可以随时提出自己的观点和想法，小组成员通过交流、协作共同完成学习任务。在此过程中，教师随时捕捉各小组的探究动态并及时给予指导。在翻转课堂中，教师逐渐成为与学生互动交流的亲密伙伴，这有利于建构和谐的师生关系，让教师更加了解学生。

第三，提高教师的素质和能力。在翻转课堂教学模式中，教师需要通过自己过硬的专业知识分析教学目标，具备一定的教学资源制作能力，利用高科技制作教学视频。在课堂中，教师需要具备高水平的课堂组织能力与课堂管理能力。通过观看其他教师制作的微视频，知道自己的同事如何教授一个概念，为各自的教学提供一个被了解与改进的窗口，有利于自身能力的提高与发展。

②学生方面。

第一，有利于学生的个性化学习。学生的学习能力和兴趣各有不同，传统教学虽然意识到了这一点，但在具体实践中很难做到因材施教。翻转课堂则在课前通过视频控制来进行分层教学，然后在课堂中进行有针对性的指导，学生可以着重研究自己感兴趣的问题，有利于开展个性化学习。

第二，增强学生的自信心、责任心。在翻转课堂中，学生是主体，在家观看教学视频的时间和节奏完全由自己掌握，对不懂的内容、已掌握的内容能自己掌握学习深度。通过聊天室、留言板等社交媒体与同伴进行互动交流，探讨在观看视频过程中与针对性练习过程中遇到的疑惑，互相解答。对于同伴之间解决不了的问题，可以远程反馈给教师，教师帮助学生解决有困难的问题。这样，不仅可以有效地改善学生的学习效果，而且会使学生感到学习的重要性并找到存在感，增强自己的自信心、责任心。

③课堂教学信息传播方面。

第一，高效、创造性地利用课堂时间。在传统课堂里，课堂大部分时间是教师的"满堂灌"，真正用来与学生交流的时间是有限的。而在翻转课堂教学模式下，课堂时间被重新分配，教师用更多的时间教学和促进学生学习，而不是站在讲台上说教。学生在交流中、在做中学。

第二，改变课堂职能。在传统课堂里，教师必须全力组织利用好课内的40～50分钟时间来对学生讲解教学所规定的内容。学生稍有分心，就会跟不上进度，教学效果也会受到影响。课堂翻转后，课下学习，堂上交流，课堂教学的目的及控制策略发生了改变。

第三，重构教学传播结构。教学传播结构是在一定的环境中展开的教师、学生、教材和教学媒体四要素相互作用、相互联系的教学传播活动进程的稳定结构形式。目前，常见的教学传播结构形式主要有三种：以教师为中心的教学传播结构，以学生为中心的教学传播结构，主导－主体教学传播结构。依据翻转课堂的内涵，它并不属于上述任何一种教学传播结构，传播活动在翻转课堂的不同环节具有不同的特点。因此，翻转课堂是对教学传播结构形式的又一次重构。

以上是以师生在课堂教学传播过程中的相互关系为依据对课堂教学传播模式进行分类的。需要说明的是，课堂教学传播模式是教育实践经验的概括和总结，而教育的实践是不断发展的，因此，课堂教学传播模式也是不断发展的。另外，课堂教学传播是一种人—机—人系统的复杂传播，描述这一复杂传播过程的模式也是多种多样的。除上述几种基本模式外，还有其他的模式，不过其他模式通常都是由上述几种基本模式进行组合、变换而来的，而且在大多数情况下，课堂教学中会综合运用几种模式。

第二节　教师

教师这一行当出现得很早，在奴隶制社会即已存在。唐代学者韩愈写道：“师者，所以传道授业解惑也。”“传道”即传授思想、讲清道理；“授业”即教授专业知识和技能；至于“解惑”是为学生解疑，也有从方法上引导的意思。尽管在不同的时代，“道”和“业”会有所不同，不同的对象也会有不同的“惑”要解，但是一般说来，教师的确发挥着这三方面的作用。教师专门从事向年轻一代传授生产经验、文化知识的工作，同时以自己的思想观点和行为规范给后者以影响，在继承和发展人类文化方面起桥梁作用。教师越来越成为社会上不可缺少的一种职业，对社会所起的作用日益重大。

一、教师在教育传播过程中的作用

（一）教师在教育传播过程中的角色

从传播学的角度看，教师在教育传播过程中承担着以下角色。

1.“编码者”角色

教师在处理教育信息时，第一步就是选择教育信息。这一点集中体现在教师的备课活动中。一般认为，每门课程的教学内容都在教学大纲中做了明确的规定，并详尽地体现在教材中，似乎无须教师再付出较多的劳动，但是，事实并非如此。如果教师只是照本宣科，或是做简单的复述，这样的教育传播不会收到良好的效果。因此，教师首先必须钻研教材，对其中的教育信息进行选择和整理，以便向学生做最有效的传输。这是为编码准备信息材料，是编码的第一步。

教育信息一经确定，第二步就是教师将它们编入一定的符号系列中。此即所谓的教育信息的编码。编码，原是电子通信领域的一个术语，如发一封电报，必须利用电码进行组合排列来传输信息；人们利用文字符号写文章也是一种编码方式。每门学科都使用一定的符号体系，如音乐中的五线谱、数学中的公式和方程式、化学中的元素符号、地理学中的地图符号等。在教育传播过程中，人们一般既使用语言符号，又使用专业符号进行编码，包括编写教科书、讲义以及绘制图表、图像等。教师作为编码者，必须掌握好语言符号体系和有关专业的符号体系，并根据对象的实际情况，精心编码。

2.“发送者”角色

将教育信息编进一定的符号系列之后，教师还必须充当教育信息发送者的角色。教师要根据不同的对象和教学要求，采取不同的方式和通道将教育信息传输给学生。教师可以面对面地直接向学生发送他们能够感知的一系列符号或信号，也可利用各种教学工具（如幻灯机、电视机等）间接地发送信息。所以，教师既可以是直接发送者，也可以是传输教育信息机器的操纵者，即间接发送者。

3.“控制者”角色

当教育传播系统在运行的时候，教师作为主体性因素，应对教育传播过程进行控制和调整。教师要采取各种方式及时了解教育信息被学生接收的情况，发现问题及时加以解决。教师应时刻牢记教学大纲对学生的要求，根据发现的问题对教育传播过程实施调控，使其通向规定的教学目标。

（二）教师的传播素养

在教育传播系统中，教师是主体性因素之一，教师素养的高低，直接影响着教育传播效果的好坏。从教育传播的角度看，重视对教师的选择也就是重视信源的质量。教师的传播素养主要包括以下几个方面。

1.渊博的知识和多方面的能力

作为信源，教师要向学生输出知识信息，这就要求教师本身有着丰富的知识。古人说，能博喻然后能为师。博即广博，喻即明白，就是说只有具备广博的知识，方能成为教师。专业知识是构成教育传播内容的基础材料。教师掌握的专业知识愈深刻，则他传输给学生的教育信息质量愈高，教育传播效果一般也就愈有保证。正在成长中的年轻一代，兴趣广泛，求知欲强，他们可以通过大量信息渠道了解到许多新鲜知识，他们会向教师提出各种各样的问题，教师应当适应这种情况。当然，一个教师不可能什么都懂，但广泛涉猎各种知识，形成比较完整的知识结构，还是很有必要的。教师不能囿于自己的专业圈子之内，而应力求扩大知识视野，这样才能丰富教学内容，讲课时才能旁征博引，引人入胜，对学生产生巨大的吸引力。

教师还应具有多方面的能力，如表达能力、与他人交往的能力、组织管理能力和教育研究能力等。学校活动是丰富多彩的，教师应该是这些活动的组织者和参加者。如果教师的兴趣广泛，具有多方面的才能，就更有条件接近和深入学生，赢得更多的教育机会。

2.高尚的师德

教师作为信源，承担着信息编码、发送和控制的重要任务，其主动性和自觉程度对教育传播过程有着直接的作用，教师是教育传播系统运行的动力之一。因此，从教育传播学的角度看，教师的良好态度，即乐于教书育人、严于为人师表是教育传播获得成功的第一条件。教师是人类灵魂的工程师，作为塑造他人灵魂的人，教师自己首先要有高尚的灵魂。因此，教师必须不断加强自身的道德修养。

教师的高尚道德情操，主要表现在对人公平、正直、热诚、有耐心、有责任感、仪表端庄等方面。在教育传播过程中，教师对自己的事业和专业、对自己的学生应有满腔的热情，并善于以这种热情去感染学生、鼓舞学生。教师劳动的示范性，决定了教师在思想、品德和作风上必须成为学生的表率。只有这样，师生的信息交流方能处于一种最佳态势。否则，不仅会丧失威信，甚至有可能失去教育人的资格。

3.教育学和心理学知识

为了达到教育传播的目的，教师应能维持和激发学生接收信息的注意力与兴趣，并能以学生容易接收的方式呈现教育信息，及时给学生以强化和反馈，解决可能妨碍师生间沟通的各种问题。因此，教师必须学习教育学、心理学、教学法等方面的知识，掌握正确的教育观点，了解教育工作的基本规律和基本方法，并用以指导自己的教育实践。

掌握教育科学，不仅可以指导教师的教育教学工作，同时也是教师进行教育科学研究所必需的。为了顺利完成教育教学任务，教师必须把所掌握的教育理论转变为教育教学的设计能力，包括了解和研究学生的能力、钻研和处理教材的能力、选择和运用教育教学原则及方法的能力、组织管理能力和语言表达能力等；同时，还必须具备组织教学、提问、说服、表扬和批评的能力，并在此基础上形成自己的教育艺术和教育机智。

4. 教育传播技术

教师需要掌握的一项重要技术是教育传播技术，主要包括媒体传播教学法和教学设计技术、进行语言传播和非语言传播的技术等。

媒体传播教学法是指教师使用媒体传播教学信息的工作方法。教师应善于使用多种教育媒体，不断改进教学，提高教学效率。教育媒体是人体的延伸。教育媒体的应用，可以大大延伸人体的教学功能，有助于实现教育传播过程的优化。

教师是人类灵魂的工程师，在教育年轻一代中所扮演的角色，不应仅仅是"施工员"，而应主要是"设计者"。教师只有掌握了教学设计的技术，才能完成他所担负的使命。

语言和文字是教育传播的基本媒体，但不是唯一的媒体。体姿、表情、眼神、服装、发型等，都是自我表达的重要媒体。体态至少有强调语言、补充语言、代替语言、控制语言、表达超语言的意义等五种功能。总之，单纯的语言表达是有一定限度的，将体态与语言有机地结合起来，能够表达更为丰富的意义，也更能提高课堂教学的效果。

掌握语言传播和非语言传播技术，也是教师应具备的素质。教育传播的效果主要是由语言传播技术的好坏来决定的。语言传播主要是指教师讲话、学生听话、师生对话。非语言传播主要是指动作的传播，包括人的身体动作、人所用的物件、人对时间空间的利用等。语言传播在教育传播中的重要意义是一目了然的，非语言传播同样也是重要的。专门研究非语言符号的艾伯特·梅拉比安指出，语言可以传递任何信息，而非语言符号传播意义的范围就有限，所以教师掌握二者的有机配合与使用是非常重要的。

(三)教师的传播方式

每个人的传播方式各不相同，每个教师和学生都会带给教学过程一种特殊的传播方式。对于传播方式的研究目前不算多，比较著名的就是诺顿(1977)把传播者的传播方式定义为：为了解释怎样接收、理解、过滤或处理信息，人们用语言和非语言来进行交往的方式，即怎样用语言和行动来对各种意义做出反应。诺顿把传播者划分为以下几种。[①]

1. 喜欢支配的传播者

他们喜欢交谈而且往往控制非正式的谈话。在社会环境中，他们是"意见领袖"。

2. 富于戏剧性的传播者

他们能熟练地运用夸张、幻想、故事、比喻、节奏、声音或其他文体手段来突出或说明

① 许雄等.当代课堂教学传播[M].武汉：武汉测绘科技大学出版社，1991：112－115.

所传播的内容。

3. 生动的传播者

他们在进行传播时，经常运用目光接触、面部表情和手势。

4. 放松的传播者

他们很镇静，在任何情况下都不会流露出紧张的神情。

5. 注意力集中的传播者

他们喜欢听他人的谈话，对他人所讲的内容表示出兴趣，并有意地做出反应来表明他们在注意地听。

6. 开朗的传播者

他们很乐意把自己的故事告诉他人，并乐于表达情感。他们往往没有什么秘密，非常坦率。

7. 友好的传播者

他们喜欢鼓励他人，承认他人的贡献，公开表达自己的羡慕。

8. 准确的传播者

他们喜欢用准确的论点和论据进行辩论，力争严谨准确。

诺顿还发现，不同的传播方式会导致不同的师生关系，不同年龄段或不同性格的学生喜欢不同的传播方式。

二、教师的传播行为

教师的传播行为是指教师在教育传播系统中所做的工作。在教育传播过程中，教师的基本传播行为包括教育信息的收集、加工、传递与反馈。[①]

(一)收集教育信息

教育信息的收集，是教师做好教育传播工作的基础。信息收集工作，影响教育传播活动的全过程，影响教育传播系统整体目标的实现。收集教育信息的步骤如下。

1. 明确信息收集的目标和内容

明确信息收集的目标，确定信息收集的内容，这是进行信息收集活动的第一步。教学目标一般分为三类：认知类、情感类、动作技能类。每次信息收集，要解决哪方面的问题，实现哪一类(或几类)目标，心中要有数，不能盲目地收集。

在明确信息收集的目标后，就可以根据目标分析确定所要收集的信息。例如，目标是使学生掌握物理学科的基础知识，信息收集的内容就应是有关物理现象、事实、概念、原理、法则等方面的材料。

2. 选择信源

信源的选择，必须以明确信息收集的目标、确定信息收集的内容为前提。信源通常有两大类：一是天然的信源，包括自然界和社会现实中存在的各种事物与现象；二是人工

---

① 南国农，李运林. 教育传播学(第二版)[M]. 北京：高等教育出版社，2005：116－119.

信源，包括符号信息载体和机器信息载体，前者如教科书等，后者如幻灯、投影、录音、电视、计算机以及网络等非印刷形式的各种教学媒体。选择信源时应注意以下几点。

(1)有用性

所选择的信源提供的信息，必须是对实现教学目标有用的，这是选择信源时首先要考虑的因素。若信源的有用性得不到保证，信息收集工作将是无效的。

(2)可靠性

所选择的信源提供的信息，必须是可靠的。这一条也很重要，不可靠的信息进入传输系统，必然造成严重的损失。

(3)可加工性

所选择的信源提供的信息，必须是可加工的。这样的信息才能便于信息使用者利用。

(4)完备性

所选择的信源提供的信息，必须是完备的，能满足实现教学目标所需的数量和种类的信息。

3. 考虑收集信息的方法

信息收集的目标和内容范围明确后，信息收集的方法是否得当，就成为工作是否有效的重要因素了。方法得当，事半功倍；反之，事倍功半。

信息收集的方法多种多样，这里介绍几种常用的方法。

(1)文献检索法

常用的文献检索法有三种。

①追溯查找。

利用文献后所附的参考文献目录，追溯查找。此法漏检、误检的可能性较大，因原文献所引用的参考文献是有限的。

②直接查找。

从与本课题有关文献的起始年代直到近期为止，按时间为序，进行顺查、倒查、抽查。

③循环查找。

循环查找即上述两种查找方法的结合。先用直接查找查出一批有用的文献，然后运用这批文献所附的参考文献目录追溯查找一批有关文献。此法较佳。

(2)调查访问法

常用的调查访问法有以下几种。

①普遍调查法和抽样调查法。

普遍调查法是对一定范围内的所有对象进行的普遍性信息收集。抽样调查法是在一定范围的对象中有所选择地进行信息收集。普遍调查法的优点是收集的信息的可靠性强，缺点是工作量大，费时费力。抽样调查法的优缺点和普遍调查法正好相反。究竟采用哪一种方法，这要看具体的信息需求和收集对象的性质。一般来说，如果信息要求可靠性高，即使采用普遍调查法也不十分费时费力，则可考虑采用普遍调查法。如果可靠性要求不是很高，采用普遍调查法又很费时费力，则可考虑采取抽样调查法。

②访谈法和问卷法。

访谈法是调查者按照调查提纲对被调查者进行面对面的访问，提问差不多同样的问题。问卷法是把问题与可能的答案印在问卷上，由被调查者自由作答。这两种方法通常都是用于验证一种假设或理论，而不考虑与这个理论无关的因素。

(3)测验量表法。

量表是一种系统化了的程序，用以观察一个人的行为。测验里一定有一个或一个以上的量表，用以描述受测者对刺激的反应，再经由这个描述，推论受测者拥有某种特性的情况。

测验量表法的使用过程：约定、安排测验时间；选择受测地点；估计测验时间；进行测验；说明应注意事项，回答受测者提出的问题；计算进行时间，做好记录；分析测验结果。

(4)仪器记录法

信息收集者借助仪器观察、测量、记录或处理有关资料。例如，利用投影仪观察实物的放大图像，利用录像机记录学生的行为表现或反应，利用计算机来处理所得数据资料等。采用这种方法，可以减少偏差，使所得资料更加可靠，并可减轻收集者的负担，同时收集大量的资料。有了仪器的协助，往往可以在同一时间内收集很多不同方面的资料，这是没有仪器协助时所无法做到的。

在完成了以上三个步骤之后，就可以实际地进行信息收集了。

(二)加工教育信息

教师的工作不仅在于收集信息，更重要的是提供加工过的信息。提供加工过的信息(包括认知的、情感的、动作技能的信息)是教师工作的中心环节。教师对教育信息的加工主要包括以下三方面。

1. 信息筛选

收集的信息对某课题的教学目标不一定都是直接有用的，需要做一番去粗取精、去伪存真的工作，经过分析、鉴别、取舍，使之成为真正有用的信息。

教学的目的是发展学生的智力，培养学生处理问题的能力，所以，选择教育信息应以能转化为学生的知识为前提，即选择的教育信息应具有有效性。教学过程把信息看作未知和已知的结合、新知识和已有知识的结合，所以，应规定新的教育信息与已有知识储备之间的逻辑联系，即输入信息与学生基础知识应具有并存性。因此，选择教育信息时应首先了解学生的知识状况，摸清二者之间的联结点，把旧知识作为新知识的生长点，很自然地引出新知识，使学生能很快地接受并达到转换的目的，使知识系统化，达到在量的积累的基础上促成质的变化。要做到这一点，教师在信息筛选上应首先从课程标准出发，从学生实际出发，注重信息的连贯性与灵活性，从而设计出优质的教育信息。

2. 信息整理

未经整理的信息，常常是零乱的、无序的，彼此之间看不出有什么关联。这种初始的信息缺乏直接的使用价值，需要经过一定的处理，分组归类，使之条理化、系统化，成为有序的，才能便于利用。

3. 信息编码

编码就是把收集的信息转换成可以传递的符号和信号。信息本身不能传递，必须通过一定的载体，如声音、文字、图像、动作等，把它转换为符号和信号，才能进行传递。同样的教育信息，组合不同则效果不同。到底用哪种符号才能准确地表达教育信息？到底用哪种媒体才能有效地呈现教育信息，从而使学生学得快，记得牢？这是教师在进行信息编码时必须认真考虑的问题。根据信息的对称律、相似律等进行信息组合的优化，在教学中灵活把握，并积极发现新方法。理想的编码应考虑：知识的易得性；能够抵制遗忘的作用。

（三）传递教育信息

对于教师来说，收集和加工教育信息主要是为了将其有效地传递给学生。教育信息的传递，是教师和学生之间的信息联系过程。这种联系是通过信号的发出与信号的接收来实现的。由教师将信息转换成符号和信号来传递，再由学生将信号还原为符号和信息来接收。信号有两种形式：一种是物质形式，另一种是能量形式。物质形式包括各种符号和传递信息的各种物质，如文字、图形、实物及其运动形式等。物质形式的信号，既可以传递，又可以储存。能量形式，如声音信号、光信号、电信号等。能量形式的信号现在也可以储存。信息传递就是通过这两种形式的信号来实现的。

教师在传递教育信息时，应注意以下问题。

1. 信息的针对性

提供给学生的信息，应该是他们的确需要或对他们的确有用的。

2. 信息的完备性

提供给学生的信息，在数量和质量上应能满足学生的需要。

3. 信息的时效性

许多信息都具有很强的时间性。即时的信息有很高的价值，而过时的信息则很可能成为无效信息。因此，一定要注意学生对各种信息需求的时间。

4. 反馈信息

教师可以从多方面获取学生的反馈信息：在课堂教学时，可通过观察学生的表情、行为的反应去获取学生的反馈信息；在讲授过程中，可提出一些简短问题或插入简短的书面测验以取得反馈信息；在课后，可通过检查学生的书面作业和考试考查结果去取得反馈信息。教师获得学生的反馈信息，并据此调整教学内容和进度，或者改变教学媒体与方法，不断提高信息的传递效率，取得最佳的教学效果。

5. 干扰因素

教育信息的传递是在一定的干扰下进行的。信息传递过程中都会发生一定的干扰。干扰是和信息传递同时发生的。因此，在信息传递过程中，始终要与干扰现象做斗争。克服干扰的方法主要有重复传递、核对传递、多通道传递等。

（四）反馈教育传播结果

教师在正确评价学生的学习情况后，要把评价结果通过一定的方式再反馈给学生，使学生确认自己在教学过程中的行为正确与否。反馈作用的大小与时间因素密切相关，一般把反馈分为即时反馈与延时反馈。即时反馈可以使学生在接收教育信息的过程中立即看到成绩，有明显的鼓励作用，程序教学常常采用这种反馈方式；而延时反馈是指学生要经过一段时间才知道自己的学习成绩，在延迟的这段时间内，学生可能通过自己的思考或别人的帮助形成学习的评测结果，因此，延时反馈的激励作用小，但是延时反馈拥有其他方面的优势。最终采用哪一种形式的反馈，应该视教学传播方式和具体教学条件来确定。例如，口试一般采用即时反馈，而笔试常采用延时反馈；学生少时用即时反馈，学生多则用延时反馈；课堂提问用即时反馈，阶段测验用延时反馈等。

第三节 学生

在教育传播过程中，学生是教育信息的接收者，但是，从教育传播的长远目标来看，学生不仅仅是知识的被动接收者，也是能动的人。皮亚杰说过："一切真理都要由学生自己获得，或者由他们主动发现，至少由他们重建而不是简单地传递。"学生需要充分发挥自身的主观能动性，才能促成对知识的掌握、能力的培养以及思想品德的形成，他们要在接受知识和技能的过程中不断发展自己独立思考的能力。学生从教师身上学到知识、技能，受到美好品德的培养，不是为了以后到社会上简单地重复教师的那些活动，而是要把他们曾经接收的信息加以消化，进行再创造。因此，在教育传播系统中，学生与教师处于同等的地位，二者随信息流向的改变而交换角色。

一、学生在教育传播过程中的地位

（一）学生在教育传播过程中的角色

在教育传播过程中，学生扮演着两种角色，他们既是教育信息的受播者，又是反馈信息的传播者；同时，学生身上还存在着一个自我传播过程，即通过大脑处理信息的过程。

在教育传播过程中，学生一方面是教育信息的接收者，是教育信息的受播者，要在教育传播过程中选择与接收教育信息，对接收到的教育信息进行译码；另一方面，又是反馈信息的发送者，即反馈信息的传播者，要在接收到教育信息，并对其进行译码和处理之后，发送反馈信息以帮助教育传播者调控教育传播过程。由于学生在教育传播系统中的双重地位，学生就成了教育传播能否取得效果的关键。学生作为知识信息的接收者，通过多种渠道，充分使用各种教育传播媒体，尽可能多地接收教育信息，使自己得到最大限度的发展。学生也不止于接收知识信息，还充分调动自己的已有知识和加工信息的能力去对接收到的知识信息进行加工，将其完全转化为自己的知识。学生作为反馈信息的发送者，其主动性与教育传播效果（学生的学习效果）的好坏密切相关。例如，在课堂教学传播中，教师在讲解之后常常要问学生有什么问题，这是学生输出反馈信息的好时机，不少优秀的学生常常就利用这个机会向教师提出问题（主要是对教师所传播的教育信息未能充分进行译码的那部分信息内容），得到教师及时的回答会获益匪浅。因此，学生输出反馈信息的能力在某种程度上反映了学生的学习能力。[①]

学生在教育信息自我传播中处于主体地位，主要表现为人脑对知识信息的加工。人脑是一个信息库，储存着大量的信息资料，当新的信息材料输入人脑信息库时，常常会引起信息库中的信息碰撞或变动，新的信息或独自在信息库中占有一席之地，或与信息库

① 南国农，李运林. 教育传播学（第二版）[M]. 北京：高等教育出版社，2005：122.

中原有的信息相融合，或将原有信息排挤出去，取而代之。上述错综复杂的内向交流问题，大部分应归入心理学研究的范畴，目前，限于科学发展的水平，还未能彻底揭开大脑吸收新知识的奥秘，因而它仍是一只扑朔迷离的“黑箱”(black box)。在教育传播过程中，可以通过对学生输入、输出信息进行对比分析，去评估教育信息输入的效果，使“黑箱”成为可预测的“灰箱”。总之，学生只要发挥主体积极性，积极而又善于思考，就必定会提高接收信息的效果。

(二)学生的素质要求

在教育传播过程中，学生是受播者，学生的素质是学生在获得信息、加工信息等方面处于最佳状态，取得良好的学习效果的重要保障。

学生自身是一个信息体，来自各条渠道的教育信息作用于学生，首先，学生对这些信息是全部接收，或是部分接收，或是全部不能接收，甚至是抗拒接收？其次，学生是一种“人”的信息体，不仅有接收信息的能力，还应有加工处理信息的能力，学生对接收到的信息，能否加工处理？加工的程度如何？能否将其转化为自身的知识与能力？处理这些问题要求学生在生理、心理、智能结构及思想品德上符合一定的素质要求，[①]有些素质是先天的，但大部分素质是依靠后天去养成的。

1. 生理素质

在接收信息方面，学生的感觉器官，如耳朵、眼睛、鼻子等，须发育正常。视觉和听觉器官是信息输入的主要渠道，人接收到的信息大约有94%是通过视觉和听觉器官输入的，如果生理上有些许缺陷，如近视、色盲等，将在一定程度上影响教育信息的接收；如果生理上有严重缺陷，如盲人、聋哑人等，则完全不能按正常人的方式去接收教育信息，盲人只能用听觉和触觉等通道，聋哑人只能用视觉和触觉等通道，去接收盲文、手势语等传送的教育信息，需要用特殊的方式进行教育传播。所以，感觉器官是学生进行有效学习的前提和基本条件，应保持先天赐予的感觉器官处于良好状态，比如，不要在光线不足的环境下看书，更不要躺着看书，在声响过大的场合对耳朵应采取防护措施等。

对信息进行传输和加工的神经系统和大脑，先天给予的条件，每个人是有差异的，但通过后天的学习，它们的生理结构与智能结构会得到发展，因此，对这些器官既要保护，更要运用，才能充分发挥它们所具有的功能。

身体健康是保证各种器官正常进行信息接收与加工的前提，因此，学生应加强体育锻炼，讲究卫生，保证有健康的身体、旺盛的精力，投入学习活动中。

2. 心理素质

学生在学习中的信息接收与加工过程，不是一种机械的过程，而是人的心理过程，调动学生心理的积极因素，才能有效地进行学习。学生作为教育传播过程的受播者，应积极地、主动地去接收与加工信息，这就要求学生：

第一，树立正确的学习动机，加强接收与加工信息的主动性与积极性；

---

① 南国农，李运林．教育传播学(第二版)[M]．北京：高等教育出版社，2005：126－128．

第二，培养广泛的兴趣与爱好，广泛地接收来自各种教育传播渠道的信息；

第三，集中注意力，保证最重要信息的输入与加工；

第四，具备良好的观察与接受事物的能力，充分发挥感觉器官的功能；

第五，要有积极思维的习惯，使输入信息得到及时有效的加工。

3. 知识能力素质

施拉姆的经验共享说指出，传播者与受播者互相沟通，要有共同的经验范围。学生进行有效学习，应具有一定的经验与文化知识水平。

(1)社会经验

学生应多走出家门，走出校门，接触社会、大自然中的人与事物，参与各种社会生产以及科技活动，积累丰富的经验，这是提高学生接受能力和理解能力的最有效途径。

(2)基础知识

首先，学生应具备运用传播符号与媒体的知识与能力，从最基本的听、说、读、写、算到使用各种各样的传播媒体(包括网络等现代媒体)的知识与能力；其次，学习任何一门新的课程，都有基础知识的要求，打好扎实的基础，循序渐进地学习，才能事半功倍。

(3)动手能力

不少课程要通过动手操作才能完成学习任务，学生要熟练掌握基本的操作技能与技巧。

(4)人际交往能力

在课堂内外，学生应善于与教师、同学、社会各阶层人士进行交往，敢于展现自己，提出自己的观点与见解，善于发问，虚心听取别人的意见。

4. 思想品德素质

受播者的立场、观点、兴趣爱好、道德品质，影响着其对信息的接收、理解与记忆，因此，在教育传播过程中，学生应具备以下素质：

其一，树立正确的世界观、人生观，用辩证唯物主义和历史唯物主义的世界观去认识世界、改造世界，正确认识人生价值；

其二，培养爱国主义、集体主义精神，热爱祖国，热爱人民，关心国家大事，关心集体，热爱集体，维护国家与集体的利益；

其三，遵纪守法，养成良好的组织性、纪律性，遵守国家的政策法令，敢于与不良现象做斗争，遵守校规，积极参加学校的一切教育活动；

其四，尊敬师长，团结同学，创造与维护良好的教育传播环境。

二、学生的传播行为

在教育传播过程中，学生的传播行为主要表现为接收教育信息、解释教育信息、输出与反馈等。[①]

① 南国农，李运林. 教育传播学(第二版)[M]. 北京：高等教育出版社，2005：122—125.

(一)接收教育信息

在教育传播过程中,学生接收信息(准确地说,接收的是传播的信号),不只限于教师的口头传授,学生在教师的指导下,通过各种教育活动去接收信息。接收信息的渠道有很多,主要包括以下几种。

1. 教师的课堂讲授

对于课堂教学传播,讲授是教师利用口头语言向学生传授知识的重要渠道,它不是简单重复书本知识,而是针对学生对信息的接受程度,对书本知识进行补充与深化,并指导学生获得学习方法。学生在听取讲授时,不仅要充分调动听觉的积极性去认真听,接收语言符号传送的信息,而且要调动视觉去接收教师的表情与姿态等非语言符号传送的信息。因此,不仅是在传统的课堂教学传播中,在远程教育中也要创造条件利用集中面授、实时辅导等方式去听取教师的讲授。

2. 教科书和资料书

教科书是依照教学大纲编写的,是学生在教育传播过程中获得知识的主要来源。特别是在远程教育传播和自学传播中,学生主要是依靠教科书来进行系统学习的。对于课堂教学传播来说,虽有教师的课堂讲授,但阅读教科书仍是不可缺少的重要环节,学生在上课前应利用书本进行预习,课后要进行复习,通过阅读书本及时消化、巩固知识,并把知识系统化、条理化。培养学生的读书能力,使学生掌握正确的读书方法,能使学生从教科书这一重要传播渠道获取知识,完成学习任务。

阅读教学资料书能扩大学生的知识领域,教师应指导学生选择资料书并教给学生正确的阅读方法,对于不同的阅读要求可以有不同的阅读方法。比如,为了迅速了解书本的中心思想,或者从书本中寻找某种资料,可以采用泛读的方法,即快速浏览的方法,尽快地移动视线去扫视材料,充分运用书本中的标题、摘要和不同形式的印刷体等有利因素来提高阅读的速度。对于书本中的重要内容,要采用精读的方法,即围绕一个中心深入钻研,专心致志地系统阅读。

3. 各种教育传播媒体

除了教科书和教师讲授这两个主要渠道外,在现代教育传播中,还要采用多种多样的传统的与现代的教育传播媒体去传送教学内容,如实物、标本、模型、图片、图表的演示,各种实验过程的示范,利用幻灯、投影、录音、电影、电视与计算机等呈现事物的图像与声音等。网络已经成为一种重要的教育传播媒体,网络上充满了大量的和我们的教学内容有关的信息,学生应该学会使用网络进行学习。教育传播媒体的运用,大大增加了教学内容的形象性、具体性、直接性与真实性。学生应培养和提高正确使用媒体的素养,善于使用多种教育传播媒体进行学习,从而取得较好的学习效果。

4. 大众传播媒体

现代社会已经是信息社会,青少年的课外时间大部分用于视听大众传播媒体,特别是看电视、上网等,因此,不能忽视学生从这些渠道接收的传播信息。正确引导学生去视听,对扩大学生的知识面能起积极作用;时间安排不当,或视听不健康的内容,对青少年的成长起消极作用。特别是网络，在充满大量有用信息的同时，也充斥着大量的不健康的或有害的信息。教育传播工作者应充分发挥大众传播媒体的积极因素，使学生能从这一广阔的传播渠道中获取有益的、健康的知识信息。

5. 教学实践和社会活动

学生参加教学实践和社会活动，能用视、听、触等全身的感觉去广泛接触社会中的人与物，故这也是学生获取教育传播信息的重要渠道。学生动手做实验，进行专业设计，参加生产劳动、社会调查、学校社团活动和班级集体活动等，能使各种感官协调工作，既能获取知识信息，也培养了操作能力，锻炼了人际交往能力，它是培养全面发展的适合社会需要的人不可缺少的环节。教育传播工作者应做好这些活动的组织与指导工作，为受播者(学生)提供更多机会去接收信息、增长知识与能力。

(二)解释教育信息

学生作为教育传播过程的译码者，接收到传播信号后，要将传播信号转换为信息意义。学生通过各种感官接收传来的教学信号，然后把这些信号转换成传播符号，再在大脑里还原出教育信息，这一过程就是学生的译码过程。

1. 将信号转换为符号

学生用感觉器官接收到的仅是事物与媒体传送的信号，如看书，眼睛接收到的是书本中白纸黑字的光信号，这一光信号的刺激经神经系统传至大脑，在大脑中经过加工才转换为符号。白纸上的黑字是“阳桃”两字，一种用中文书写的语言符号；电视荧屏上的光信号，被人的眼睛接收了，反映出一幅“圆形”的图像；“阳桃”的语言符号和“圆形”的图像符号的具体内容，有待下一步信息加工，即将符号解释为信息。

2. 将符号解释为信息意义

这一过程是在大脑中将符号和已存的经验进行比较、分析、判断，得到符号的信息意义。“阳桃”这一书面语言符号代表一种果实，是一种亚热带的南方水果，呈五角星形状，颜色青中带黄，味酸甜，能帮助消化等，如果学生没有见过和吃过“阳桃”的经验，就难以解释“阳桃”的信息意义。“圆形”图像符号，根据已有经验可以判断出：它是一个“排球”，是一种运动器械，中国女排曾在世界比赛中获得五连冠等。

(三)输出与反馈教育信息

学生在接收信息和进行信息译码的过程中，会产生一些行为，这些行为所代表的信息是一种教育传播效果的信息，也称为教育传播过程的输出信息。若这些信息全部或一部分反作用于教育传播过程，则被称为反馈信息，它被用于调控教育传播过程，使教育传播效果达到预期的目标。反馈是传播学中的一个核心概念，指受播者对接收到的信息的反应或回应，也是受播者对传播者的反作用。在教学活动中，我们只有通过反馈，才能掌握学生的学习情况，调整自己的教学行为。具体而言，就是通过课堂提问答问、检测考试、交流谈心、问卷调查等方式，了解学生的情况，从而制订更为有效的传播策略。

1. 输出信息的行为表现

首先是接收传播信号时的外显行为，表现为：一是注意力，是专心致志、集中注意力去视听或操作，还是东张西望、注意力不集中，或者完全不加理睬、在闭目养神；二是喜爱程度，对传播信号是喜爱、感兴趣还是厌恶，如喜爱者会尽可能靠近信源，以期更有效地接收传播信号。

其次是在进行译码工作时的外显行为，表现为：是否在认真思考问题，是否会静思、点头、摇头，或者及时提出不同的见解等。

最后是信息译码后的效果行为，内容有：一是知识的积累，对新增的知识能否记忆、理解、应用，以及进行分析、综合和评价；二是能力的提高；三是观点、情感的改变，如世界观、人生观、对人对事的感情和态度的变化等。

2. 教师取得教学反馈信息的方法

没有反馈，就如同人面对茫茫沙漠说话，因没有受众、没有回声而感到孤寂、受挫。所以，作为教师，必须高度重视反馈机制，提高教育质量。教师获取学生反馈信息的常用方法有以下几种。

(1)观察

观察学生的行为表现，是否专心、集中注意力，对传播内容是否感兴趣等。

(2)提问

适时提出一些有启发性、代表性的问题，请学生回答，及时得到教育传播效果的反馈信息。

(3)学生练习与作业

给出形成性练习，让学生在课堂上或课后回答，能较准确地获得学生是否达标的反馈信息，但时间上会迟滞。

(4)考试

通过考试能较全面准确地获得学生的反馈信息，但时间迟滞更长，难以及时调整教育传播过程。

三、学生传播行为的特征

学生作为受播者在教育传播过程中接收信息、译码、输出与反馈信息，但学生并不是机械的、被动的。多数情况下，学生是主动地接收信息，甚至是选择性地去接收与理解信息，其教育传播行为的特征主要有目标性、选择性和主动性。[①]

(一)目标性

教育传播过程中的学生，区别于大众传播中的受众，他们接收的信息内容有一定的规定性。

1. 接收信息要按培养目标规定

学生接收的信息，是按照教育方针规定的，在我国现阶段，要把学生培养成德、智、体、美、劳等全面发展的劳动者。据此，各级各类学校制订了具体的培养目标和课程设置

---

① 南国农，李运林. 教育传播学(第二版)[M]. 北京，高等教育出版社，2005：125.

方案，规定了每门课程的教学大纲和教学目标。因此，学生在学习每门课程、参加学校组织的各项教育活动时，应该按照这些培养规格的规定去接收信息，形成合乎规定的知识、能力与素质结构。

2.学生传播行为是有组织、有计划进行的

教育传播是有组织、有计划进行的信息传送与交流活动。学校的课堂教学传播，是按照预先安排的时间，以班级集体形式进行授课、实验、作业、考试等活动；广播电视远程教育传播，是按计划播放课程的教育节目，有计划地寄送辅导资料，有计划地在网上按时交作业等；在网络远程教育传播中，学生按照事先的教学活动设计，有组织、有计划地进行学习；其他自学学生利用社会的各种学习资源安排自学进度，定期去参加自学考试。因此，在教育传播过程中，学生要有很强的组织性，积极参与按计划安排的教学活动，才能确保完成学习目标要求的学习任务。

（二）选择性

在教育传播过程中，教师按照培养目标去传播教学内容，但学生对某些传播内容会出现选择性接受、选择性理解和选择性记忆的行为。学生在接受传播内容之前，已经有了自己本身的一定经历、兴趣、爱好，并且对事物、观念有一定的看法，当遇到不同于自己看法的传播内容，自然会误解、曲解这种传播内容，在学生已经有本身的“预存立场”的情况下，他们会以自己的信仰、态度、价值标准和文化背景作为判断的标准。这种现象是教育传播中的重要干扰因素之一，成为传播的障碍，影响教育传播效果。

1960年，美国传播学者约瑟夫·克拉珀在《大众传播的效果》一书中，将受播者的选择性心理归纳为：选择性注意、选择性理解和选择性记忆。教育传播的受播者——学生在教育传播过程中也存在这样三种选择性因素。而且，学生的选择性行为对教育传播的影响是不可忽视的，教师应尽量减少这种选择性对教育传播效果的干扰。

1.选择性注意

面对高度动态的海量信息，人们不可能也没有必要对它们都加以注意、做出反应，只能把注意力集中到某些信息上而舍弃其他信息，这就是选择性注意。

从传播内容方面来看，人们总是愿意注意那些与自己固有观念一致的或自己关心、需要的信息，忽视那些与自己固有观念相抵触的或自己不感兴趣的信息。在一些社会科学课程的教学传播和思想教育工作中，这种选择性现象是很明显的。

从媒体的选择上讲，人们一般愿意选择自己习以为常或喜爱的媒体，如受教育程度高的人愿意选择印刷媒体，受教育程度偏低的人多选择电子媒体。在当下，更多年轻人选择网络媒体，而年龄稍大的人多选择其他媒体。

从传播的形式上看，不同的人也有不同的选择取向。有些人乐于接受抽象、理论性强的传播方式，而另一些人则选择形象、通俗的信息传播方式。

2.选择性理解

对于同样一条信息，不同的人有不同的理解，这种理解为人们所固有的态度和信仰所制约，这就是所谓的“仁者见仁，智者见智”。

选择性理解包含四种意义：第一，在习惯性方面，人们通常依照某些经验来接受传播内容；第二，在心理调和性方面，人们接受合乎于自己本身信念的传播内容，排斥或歪曲与自己观念相反的内容；第三，在信息的易得性方面，人们通常喜欢接受容易理解的传播内容；第四，在信息的效用性方面，人们更容易接受能帮助自己解决困难的信息。

在教育信息传播过程中，接收信息和解释信息的过程称为“译码”。在译码过程中，首先是对信息的理解，通过感觉去获得信息，这是心理学家专心研究的一个领域。心理学家指出，理解是一个复杂的过程，人们在此过程中对感受的刺激加以选择、组织并解释，使之成为一幅现实世界中富有含义的、统一的图画。这一定义指出了一个人在理解过程中的主动性。进行理解的人，在理解的行为中，除理解对方外，还加进了自己的先验知识，即理解受到一系列心理因素的影响，如需要、态度、情绪、习惯等。

3. 选择性记忆

人们容易记住自己愿意记住的事情，容易忘记自己不喜欢的事情。美国传播学者做了一个实验，让两组学生阅读同一份全面介绍苏联的材料，然后让两组学生分别回忆材料的内容。结果发现，反对苏联的学生记住较多的是苏联体制的缺陷，而倾向苏联的学生记住的主要是苏联体制的优越性。选择性记忆在记忆信息的倾向上不仅受到受播者的需要、态度、情绪等心理因素的影响，而且也受到传播的环境、形式和强度等因素的影响。

尽管受播者的记忆存在选择性，但传播者也可以通过一些方法加以改变。

(1)创造良好的记忆环境

将接收信息的场所和其他场所隔开，并进行认真的整理和布置，使受播者在接收信息的过程中不受其他信息的干扰和刺激。

(2)重视首尾效应

根据记忆规律，一个人在接收信息的过程中，最先接收的信息和最后接收的信息容易被记住。

(3)必要的奖惩

在教育传播过程中增加必要的奖惩措施，受播者会优先选择对奖惩信息的接收，在奖惩信息的作用下，受播者会改变选择性记忆的策略，会从主观上强化对重要信息进行选择性记忆。

总之，选择性注意、选择性理解和选择性记忆是受播者普遍存在的心理现象，构成传播过程的三个防卫圈，选择性注意处于最外层，选择性理解处于中间层，选择性记忆处于最里层(如图 8-4)，它们是信息传播过程中的主要干扰。在争议大的信息上，选择性因素的干扰最大；在一般的信息上，选择性因素的干扰小。在受播者对某一个问题一无所知的时候，传播者可以很容易地灌输一种崭新的观点，还可以很容易地传播那些支持受播者固有观点的信息。传播者可以决定传播的内容，但不能决定受播者接收的信息。因此，传播者要想提高传播的效果，就必须设法减少选择性因素的干扰，打破受播者的心理防卫圈，提高传播信息被受众接收、理解和记忆的质量。但是，传播者要从根本上改变一个受播者的立场、观点是非常困难的，要做认真细致的说服教育工作。

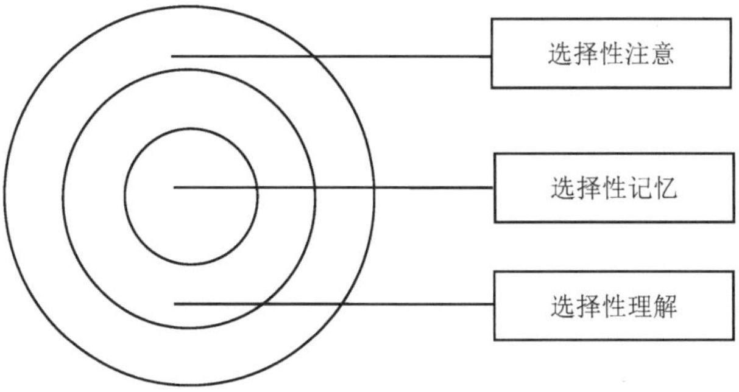

图 8-4　受播者接收信息心理的"防卫圈"[①]

(三)主动性

学生的传播行为是一种目标性行为，是按规定有组织、有计划地完成学习目标要求的学习任务的行为。这种行为是有压力的，但不应是被动的。作为学生，应当树立正确的学习动机，主动、自觉地进行学习，才能很好地完成培养规格要求的学习任务，并且会自觉提出更高的学习要求，如主动选修计划外的课程，主动组织或参与课外科技活动，主动参与各种社会活动等，这些都是学生在教育传播过程中的主动性行为。

① 李正良．传播学原理[M]．北京：中国传媒大学出版社，2007：121．

第四节　影响课堂教学传播的其他问题

在课堂教学传播过程中，除了作为传播者与受播者的教师与学生两个主体性因素之外，还存在着许多其他影响课堂教学传播的问题。弄清楚这些问题有助于我们理解课堂教学传播的本质和规律，从而提高教学效率和增强教学效果。本节对其中存在的其他代表性问题进行讨论。

一、师生互动

从传播学的角度来看，交往的本质就是传播，课堂教学正是通过交往互动，使师生间、学生间发生信息的交流。这种信息包括知识、情感、态度、需要、兴趣、价值观、生活经验、行为规范等方面。通过信息交流，师生间就有了相互沟通，进而相互影响、相互补充，从而达到知识的共享与共进、情感的融通、理念的和谐共存。因此，教育的交往互动过程就是教育传播的过程。

教师和学生之间的教育传播活动是一个互动的过程。学生不仅受到教师的影响，而且是一个刺激和强化教师传播行为的积极因素。互动性是教育传播过程的重要特征。在教育渐进过程中，互动的性质、水平、方向上发生着微妙的变化，或向着有助于教育目标的方向发展，或向着有碍于教育目标的方向变化，这取决于师生双方的协调结果。

(一)师生互动的含义和过程

1. 师生互动的含义

互动，在英文中为“interaction”，即相互作用或相互影响。师生互动的含义是什么？在哲学认识论领域，学者们认为师生互动是师生在教育教学过程中体现的一种主客体关系；在社会学领域，研究者认为师生互动是角色及其相互之间的行为过程。

现代著名的教育哲学家马丁·布伯(Martin Buber)认为，教育过程中师生双方是主体间的“我—你”(I and you)关系，而不是把对方看作某种物品的“我—它”(I and it)关系。师生间这种“我—你”关系，是一种互相对话、包容和共享的互动关系。课堂教学传播中的师生互动是教师与学生相互对话、相互沟通和相互理解的过程，它意味着师生双方间的相互承认，即双方要承认在互动中各自所承担的权利、义务与角色。

师生互动有广义与狭义之分。广义的师生互动是指教师和学生之间的一切相互作用和影响，不论这种影响是发生在师生群体间还是师生个体间，是发生在教育情境下还是发生在教育情境之外的社会情境中，都会引起双方心理和行为发生同向变化或反向变化。狭义的师生互动是指在教育情境下，教师个体与学生个体或者群体之间在活动中的相互影响和作用。[①] 师生互动有外显互动和内隐互动之分。

2. 师生互动过程

教育传播活动是在教师与学生的互动过程中进行的。在教师与学生的互动过程中，教育传播者——教师具有主导地位，教师通过师生互动过程对学生施加影响。师生互动过程如图 8-5 所示。[②]

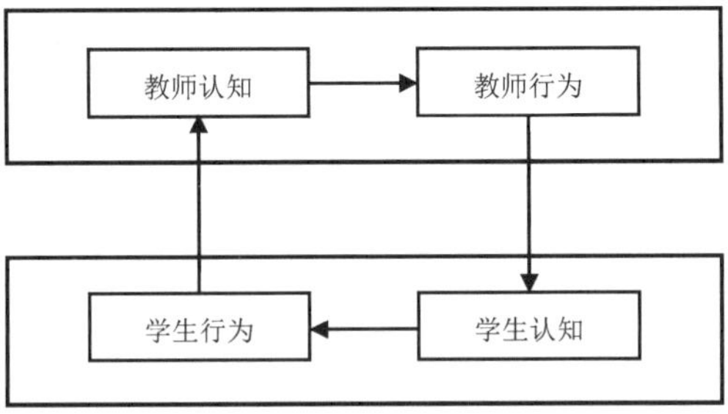

图 8-5 教师与学生的互动过程

教师与学生是相互作用的两方，每一方都包含着认知和行为两个侧面。认知包括对另一方行为的选择性知觉与评价；行为是各自认知的体现，表现为语言和非语言两类活动，行为会影响对方的认知。

(二)师生互动的特点

互动，无非是传播者与受播者发生联系。教育传播过程中的互动关系具有自身的特点。综合多位学者的观点来看，师生互动主要具有以下特点。

1. 双向性[③]

教学是师生双向交流、相互影响的专门行为。双向性的特点解释了师生相互作用的方向特征。双向性既体现为语言行为互动，也体现为非语言行为互动。教师根据教学需要和学生的状态，通过手势、表情、体态以及与学生的空间距离来及时调整教学行为，影响学生，而学生对教师的语言行为和非语言行为及时做出反馈，并在课堂上通过举手、提问和动作、表情等向教师传递信息和表达情感，以引发教师对自己做出相应的反馈。

2. 情感性[④]

课堂师生互动的内容包括知识检验、情绪情感和人格倾向等。情感互动不仅是课堂师生互动的主要内容，而且任何形式的师生互动都会引起师生相应的情绪情感反应。情感互动无论从持续时间还是行为频率看，在师生互动中都占据着重要地位。师生课堂互动的情感性特征提醒我们，在顾及课堂中学生认知结构与教师知识的相互作用的同时，不要忽视师生互动带有人的情感的相互影响。情感是师生课堂互动的核心，它在师生互动中占的比例大大高于知识，它作为影响因素对互动的各个方面都产生影响，对知识互

① 佐斌.师生互动论——课堂师生互动的心理学研究[M].武汉：华中师范大学出版社，2002：76.

② 南国农，李运林.教育传播学(第二版)[M].北京：高等教育出版社，2005：134.

③ 佐斌.师生互动论——课堂师生互动的心理学研究[M].武汉：华中师范大学出版社，2002：113.

④ 佐斌.师生互动论——课堂师生互动的心理学研究[M].武汉：华中师范大学出版社，2002：113－114.

动能起促进和抑制作用。师生任何一方的情感状态都会对师生关系产生影响，教师和学生是师生互动活动中相对独立的互动主体，彼此必须做到互相尊重，因此不仅要关注教师情感对学生的影响，也要关注学生的情绪状态对教师的作用。

3.依存性①

教育传播系统中的教师与学生之间存在互为条件的关系。在其他传播（如自我传播、组织传播、大众传播等）中，个体或团体可以作为主体单独存在。但一般意义上的教育传播必须由师生双方构成互动关系。试想，教师在空无一人的教室里如何给学生讲授？即使是在录像、网络等教学中，也不是没有学生，而是教师和学生在时间或空间上被分离。

在教育传播过程中，师生的依存性主要表现在以下几个方面。

第一，从互动的方位看，教师处于教育信息传播的主导地位。教师对信息有导向作用，尽管在互动中会出现信息的双向流动，但教师始终在控制、调整信息的流向和速度。如果没有信息的主导流向，教育传播就会变得毫无意义。

第二，从互动的时间看，一般来说，教师的传递行为与学生的接受行为存在着时间差。传授在先，接受在后，尽管有时仅是瞬间的差别，但正是这种时间差维系着师生双方的互动，使得教师的传授与学生的接受成为互动的两个方面。教师停止讲授，标志着互动中断；学生开了小差，也意味着互动中断。

第三，从效能上看，互动能否进行，其效能如何，取决于互动双方的能动性。不管一方如何积极、能动地参与互动，只要另一方无动于衷，那么这种互动的效能就等于零。只有互动双方都处于积极主动的状态，互动才有可能产生好的效果。

4.差异性②

互动的差异性是维持师生互动的纽带。教师与学生的差异性一旦消失，教师和学生的互动就没有了意义，教育传播活动也就不存在。

教师和学生的差异性主要表现在学历、阅历、心理及社会角色等方面，其中，知识水平和社会角色的差异是师生互动的主要差异性。如果社会不赋予教师以职责，他就不可能走上讲台形成师生互动的位差。这种差异性，把信息的富有者安置在导控信息流的始端，把信息的贫乏者安置于信息流的末端，这在客观上形成了不平等关系而强化了互动。师生之间强弱差异越大，互动的效能就越高。强势一方拥有的信息量越是多于弱势一方拥有的信息量，其权威性、影响性也就越大，这个因素又是促成互动的主要因素。

认知能力的差别是师生互动的另一种差异性。一般说来，教师的认知能力高于学生的认知能力。在现实的教育传播互动中，师生双方往往会对同一事物产生不同的看法和意见，其形成的主要原因是师生双方存在认知能力上的差异，这种差异使师生双方都受到自身认知能力的限制。心理因素也对互动产生影响，积极的、健康的心理会对互动起促进作用；消极的、病态的心理会妨碍互动。例如，上课时，教师满面春风地踏上讲台，和蔼可亲地对同学们说“同学们，我们上课”，这种态度马上会形成一种良好的心理氛围，感

① 高蕴琦等.教育传播学[M].上海：上海教育出版社，1992：151—152.

② 高蕴琦等.教育传播学[M].上海：上海教育出版社，1992：152—153.

染学生，有助于师生间的互动；反之，如果教师一进课堂就怒气冲冲，课堂氛围很压抑，会抑制教师和学生的互动。

(三)师生互动的类型

为了更深入地研究师生互动，学者们从不同的角度对其进行了分类，有代表性的分类如下。

1. 艾雪黎等人提出的三种类型①

英国学者艾雪黎(B. J. Ashley)等人根据社会学家帕森斯的社会体系的观点，把师生课堂互动行为分为教师中心式、学生中心式、知识中心式三种。

(1)教师中心式

师生课堂互动行为的目标是把社会文化价值与规范灌输到所有学生的思想观念中，把学生培养成社会所需要的人才。教师在课堂互动过程中的角色被认为是社会文化的代表，在教学活动中起着主导作用，学生仅仅作为教师备课时想象的对象、上课时灌输的对象而存在。教师通常采用强制性的训导方法，伴以奖励和惩罚行为，协调与学生的互动，学生的行为基本上是被动的，更多地采取顺应、被动合作等行为。在这种互动行为类型下，师生之间是控制与服从的关系。

(2)学生中心式

师生课堂互动行为的目标是充分发展学生的身心素质，学生处在教学活动的中心，以平等的主体身份与教师互动。教学过程主要依据学生身心发展的需要进行，强调学生主动学习。教师扮演咨询者、辅导者和学习动机激发者的角色。教学采取民主参与方式，教师在教学目标设计、教学组织、教学方法选择等环节上寻求学生的反馈信息，并据此做出相应调整，对学生的管理强调正面引导，对他们所犯的过失采用规劝为主的行为。在这种互动行为类型下，师生之间是主体与主体的关系。

(3)知识中心式

师生课堂互动行为是建立在强调系统知识重要性的基础上的，以有效地传授和获得知识、为学生升入高一级学校或取得更高资格、将来从事理想工作做准备为目标。师生课堂互动行为仅仅是实现目标的手段。在师生课堂互动中，教师仍然享有一定的权威，这种权威源于他们的专门知识、专业技能和较高的资历。他们对学生的控制方式以实惠性目标为诱惑，如取得好成绩、获得高学历文凭等。在这种互动行为类型下，师生关系是为了达成共同目标而结成的特殊伙伴关系。

2. 高蕴琦等人提出的四种类型②

(1)假相倚型

在此种类型的互动中，参与双方均按自己的主观意愿做出互动行为，他们的行为很少受客观条件或对方意愿的影响。通俗地说，双方均“我行我素”。从字面上理解，所谓互动，强调的是互动双方的相倚关系。而“我行我素”在本质上双方并未相倚，缺乏实质性的互动行为。无论是教师，还是学生，仅仅是他们的角色要求他们站在讲台上，或坐在

---

① 亢晓梅.师生课堂互动行为类型理论比较研究[J].比较教育研究，2001(4)：42－46.

② 高蕴琦等.教育传播学[M].上海：上海教育出版社，1992：150－151.

教室里。或者是教师不管学生如何反应，都按备课计划照本宣科；或者是学生闭目养神，思想开小差，看课外书籍。显然这类互动不是教育传播过程所追求的。

(2)非对称性相倚型

在此种类型的互动中，甲方以乙方的反应作为自己行为的依据，而乙方则以非相倚的方式对甲方的行为做出反应，这种互动也不是一种理想的互动。互动双方只有一方采取了真相倚的方式，另一方则以非相倚的方式参与传播。典型的例子是，教师在讲台上讲授，学生则思想开小差，而教师不得不由于学生的开小差而适当减慢授课速度，或给予提醒。

(3)反应性相倚型

此类互动属非常态的互动。在这类互动中，人们对带入情境的预定计划不去注意，只对他人正在说的或正在做的事情做出反应。在这种情况下，教师如果教育经验不足，一旦课堂上发生突发事件，他既不能按备课计划上课，又控制不了课堂纪律，学生则会乱作一团。如在操场上上体育课时，突然下起雨来，学生不按体育课的规定上课，纷纷散去避雨。这是一种失败的互动。

(4)彼此相倚型

此类互动的参与者以互相配合的方式对对方的行为做出反应，而且这种反应也不违背自己的意愿，所以这是一种高效的、成功的互动。教育传播过程所追求的正是这种互动。在这类互动中，一方的反应成为对方行为的刺激。

3. 其他观点

也有学者将课堂教学传播过程中师生之间的互动分为以下四类。

(1)双向互动

双向互动指教师与学生个体间的双向交流，可用于指导教学、讨论等。

(2)多向互动

多向互动指教师与多个学生在多个层次上保持交流、沟通与合作，教师在教育传播过程中起引导或指导的作用。

(3)成员型互动

教师完全融入学生集体中间，作为普通一员参与互动过程，包含了师生之间、学生之间的相互作用和影响。

(4)多级互动

多级互动可用于全班分组教学，小组长是教师和学生联系的纽带，教师是组织者和指导者，并参与到各组的活动中。

另外，吴康宁等学者认为，课堂教学中的师生互动行为种类繁多，根据教师行为对象可划分为三种类型：师个互动，即教师行为指向学生个体的师生互动，这种类型较明确地显示出教师对学生的偏爱或偏见以及学生对教师的评价与策略；师组互动，即教师行为指向学生小组的互动，是教师针对学生小组群体而进行的讲解、辅导、评价等；师班互动，即教师行为指向全班学生群体的师生互动。[①] 在教育传播过程中，教师和学生的互动有

① 张恬恬.班级内的师生互动类型对低年级小学生诚信观发展的影响[D].大连:辽宁师范大学,2007:16.

时是一个变幻莫测的过程，各种情形都可能发生。以上对互动类型的概括，只能说是对典型的互动类型的分析。

（四）课堂教学中师生互动的策略

根据不同的分类方式，课堂教学中的师生互动策略有不同的分类。从教育传播互动的方式进行分类，课堂教学中师生互动有三种策略。

1. 语言互动策略

语言是师生交往、互动的方式。语言互动的核心是师生作为平等主体之间的坦诚相见，互相关照，互相包容。在单向传播课堂中，教师往往通过明文规定的形式对班级进行显性控制。教师宁愿让全班学生保持沉默，也不让学生之间进行语言交流，因为无交流比有交流更容易控制。在这种课堂情境中，教师充当"演讲者"的角色，学生则成了"沉默的羔羊"，只能被动地接收信息。课堂要形成良好的师生互动状态，教师必须鼓励学生大胆地表达自己的想法，畅所欲言，这种语言交流不仅在教师和学生之间，而且还应该在教师和学生群体、学生个体之间展开，让教师与学生共同去探索知识的世界。

2. 情感交流策略

现代情感心理学研究表明，情感具有许多功能，它在教学中发挥一系列积极作用。在课堂教学活动中，师生互动过程不仅是语言的知识信息的表达、倾听、领会、理解的过程，更是交往者彼此受语言负载的情绪、情感熏染和人格感化的过程。交往者的精神世界在对话和理解中接受洗礼和启迪，课堂上教师和学生交往时的语言方式、面部表情、体姿变化、视线接触等，都能使学生获得有关自我在教师心目中的价值，以及教师对自己的评价、态度等方面的无数信息。比如，小学阶段的儿童活泼好动、好奇心强，威慑感的形成不利于儿童想象力和个性的发展。而在民主、平等、和谐的气氛中，学生能主动地向教师吐露心声，进而促进教师和学生之间、学生与学生之间的互动，使他们共享经验、体验成功。赞可夫说："教学法一旦触及学生的情感和意志领域，触及学生的心理需要，这种教学法就会变得高度有效。"

3. 期望激励策略

合理的教师期望能使学生产生自我效能感，从而促使学生积极地参与课堂教学传播活动，进而促进师生的良性互动。因此，教师在课堂教学传播过程中，应及时注意、发现和鼓励学生的进步，运用语言符号以及恰到好处地运用眼神、微笑等非语言信号，使学生始终保持一种积极进取的心态参与教学传播互动。

（五）对师生互动效果的评估

在完成一定阶段的教育传播活动后，有必要对师生互动情况进行评估。评估的方法多种多样，有定量分析、定性分析，也有定性定量综合分析。各种方法各有优点，但也存在各自的缺点，其中最著名的是弗兰德斯分析法。[①]

---

① 高蕴琦等. 教育传播学[M]. 上海：上海教育出版社，1992：153－155.

1. 弗兰德斯分析法简介

弗兰德斯分析法，全称为弗兰德斯师生相互作用分析法，它的着眼点是教学中的社会行为，即教学中师生之间的信息沟通过程和师生双方的行为表现。其重点在于分析教师行为，因为一般课堂教学传播皆由教师导控。弗兰德斯(N. A. Flanders)着重观察分析了师生间的语言交换状况，特别分析了教师的语言行为是怎样直接或间接地影响着学生的学习行为、学习主动性及学习成绩的。

弗兰德斯将在教学情境中的师生语言行为分为十大类，并对每一个类目做了规定性说明(如表 8-1)。使用者可根据特殊需要适当追加类目，如板书等。若想特别详细地区分类目，也可设置亚类目。

表 8-1　弗兰德斯关于师生语言行为分类表

教师的表述	直接影响学生	1. 接纳情感：以平和的方式接纳与理解学生积极或消极的态度、语气。包括预料到并唤起学生的情感 2. 表扬或鼓励：表扬或鼓励学生的行动或行为。包括开玩笑以消除紧张，而这种玩笑不伤害第三者；点头同意或者说"是吗"或"继续下去" 3. 接受或利用学生的想法：厘清、发展或拓展学生的看法。但是如果教师所说的更多的是自己的想法，则归入第五类 4. 提问：基于教师的看法提出内容或程序方面的问题，以期学生回答
	间接影响学生	5. 讲授：说明内容或程序方面的各种事实或观点；表达自己的看法，做出自己的解释，或引证权威的观点 6. 指令：给予指示、命令或要求，以期学生遵从 7. 批评学生或维护权威：用声明、说理等方式，澄清自己的动机，说明决策的理由，以期学生改变其态度和行为；以权威身份喝令学生停止违纪行为，或执行自己的指示
学生的表述	做出反应	8. 反应性说话：由教师引发交往，或要求学生阐述，或营造情境
	主动发起	9. 主动性说话：由学生主动说话。学生表明自己的看法；引出一个新话题；自由拓展自己的观点与思想方法；超越现存的结构
其他	10. 沉默或混乱：暂时中止谈话，短时间的沉默或短时间的混乱使得观察者无法了解交谈内容	

2. 弗兰德斯分析法的应用

(1)编码

弗兰德斯分析法的应用与一般的观察法不同，它不要求观察者直接描述在课堂中观察到的情境或事项，而是要求观察者将观察到的师生语言行为转化为编码，每一种语言行为都要记作一个数字，即前面所述 10 个项目中的某项，形成如表 8-2 所示的矩阵。

观察时，会在记录纸上记下一列数字，每个数字都代表一种相互作用的类型(类目 1～7 与教师有关，类目 8～9 与学生有关)。每逢语言相互作用的类别发生变化，观察者就应该记下一个新的数字。如果同一种语言相互作用的活动持续时间超过 3 秒钟，那么，每隔一个 3 秒钟就要记下一个同样的数字。比如，一个教师连续讲了一分钟，就要记下 20 个 5 。

表 8-2　弗兰德斯师生相互作用分析法编码记录矩阵

每隔 3 秒钟	3	6	9	12	15	18	21	24	27	30	33	36	39	42	45	48	51	54	57	60
第 1 分钟	1	1	1	1	1	1	4	4	4	8	8	8	8	8	8	8	8	8	8	2
第 2 分钟	4	4	4	8	8	8	8	8	8	8	8	8	8	3	3	3	3	3	5	5
第 3 分钟	5	5	5	5	5	5	5	5	5	5	5	5	5	5	5	5	5	5	5	5
第 4 分钟	5	5	5	5	5	5	5	5	5	5	5	5	5	5	5	•	•	•	•	•
第 5 分钟	•	•	•	•	•	•	•	•	•	•	•	•	•	•	•	•	•	•	•	•

(2)图示：将编码资料标记在图形表上

如果完成了 5 分钟的语言相互作用分析，并进行了编码，则有 100 个数字(每分钟 20 个数字乘以 5 分钟)。将这 100 个数字转化到如表 8-2 所示的图表上。

如果完成了 10 分钟的语言相互作用分析，并进行编码，则有 200 个数字。将这 200 个数字转化到如表 8-3 所示的图表上。

表 8-2 中，“3，6，9……”表示时间上每隔 3 秒钟的计数。“1，2，4，8”是表 8-1 中的内容代号，如“1”表示师生之间以平和的方式相互接纳对方，“2”表示对学生进行表扬或鼓励等。“8-2”的内容表明在师生互动的过程中，从第 1 分钟开始的前 18 秒，教师和学生互动，相互情感接纳；从第 1 分钟的第 18 秒开始到第 54 秒，教师让学生对前 18 秒的互动进行反应，第 1 分钟末表扬学生，第 2 分钟的第 1 秒到第 9 秒教师对学生进行提问，以此类推，将师生在 5 分钟内的相互作用以编码的方式进行记载。

表 8-3　弗兰德斯师生相互作用分析法编码分析表

类目			标记	总和
教师的表述	直接影响	1	正 正	10
		2	正 正 丅	12
		3	正 下	8
		4	正 正 正 一	16
	间接影响	5	正 正 正	15
		6	正 正 正 正	19
		7	正 正 正 正 正 正 正 正 正 正	50
学生的表述	做出反应	8	正 正 正 正 正 正 正	35
	主动发起	9	正 正 正 正 正 正	30
停顿		10	正	5
合计				200

表 8-3 记录了 10 分钟内教师和学生相互作用的情况，在 10 分钟 200 个记录数据中，教师以第一种方式影响学生 10 次，以第 2 种方式影响学生 12 次，以此类推，得到教师和学生的相互作用情况。

二、社会性制约因素

班级是学校最基本的单位，课堂教学是学校教育的主要形态，考察学校教育活动，主要在班级教学活动中进行。20世纪50年代末，西方学者运用社会学的原理和方法，分析班级社会体系的结构与功能，探索提高班级课堂教学质量与效率的途径，并在此基础上逐渐发展形成了一门新兴学科——教学社会学。[①]

团体动力学理论的代表人物库尔特·卢因(Kurt Lewin)提出，团体有三个要素：活动、相互影响和情绪。其中，活动是指人们在日常工作、生活中的一切行为；相互影响是指人们在组织中相互发生作用的行为；情绪是人们内在的、看不见的生理活动，如态度、情感、意见、信息等，但是可以从人的活动和相互影响中推知其情绪。活动、相互影响和情绪不是各自孤立的，而是密切相关的，其中一项变动，会使其他要素发生改变。团体中各个成员的活动、相互影响和情绪的综合就构成团体行为。

课堂教学传播是一种社会活动，受到团体亦即班级本身的种种因素的制约，这些社会性制约因素既包括班级内部的因素，也包括班级外部的因素。

(一)班级内部的因素

1. 班级团体结构[②]

团体是指两个或两个以上的人互相影响、互相依赖，且具有共同的目标，为了完成特定的目标而相互结合成的组织。团体具有互动与相对动态的性质，是具有社会互动性质的组织。团体遵循共同的规范，具有目标性。团体动力是指某社会团体之所以形成的原因，以及维系团体功能的一种力量或一种方式，是社会科学的分支，是一门探讨团体结构及团体与成员间相互动力关系的学问。团体动力的理论认为，团体行为的引起以及强弱，有外部力量的作用，但更重要的是内部力量的作用，它重视民主领导的重要性，强调成员参与决策以及群体内合作气氛的重要性。团体动力的具体理论主要有场地论、因素分析论、社会团体工作理论、心理分析理论等。其中，场地论的代表人物勒温认为，应该把团体看作一个生命的空间，它由一些力量或变量组成，它们是影响团体内成员的重要变项。

团体社会学指出，团体结构包括以下特征：交往结构、角色—地位结构和情感结构等。有的学者用的术语不同，但含义基本相同。交往结构指班级成员之间的信息交流的组织状况；角色—地位结构指在班级共同活动中各成员担任的角色或其职能的组织状况；情感结构指班级成员间的情感联系状况。

应用团体结构产生积极的强大的团体动力以适应并促进课堂教学传播的渠道有以下几种。

(1)班级交往结构合理化

班级成员只有在交往过程中，彼此才能逐渐相互认知、相互了解和相互评价，从而趋于步调一致。教师可以通过座位分配、性别取向、个性取向、兴趣取向、学习分组等多种

---

① 谭晓玉.教学的社会学分析与教学社会学[J].教育研究与实验,1995(1):25—27.

② 高蕴琦等.教育传播学[J].上海:上海教育出版社,1992:165—166.

方式，使班级交往结构合理化。教师有计划地组织学生交流思想，培养他们的沟通技能，是十分必要的。

(2)班级成员的角色意识化

在班级这个生命空间中，每个学生的动力聚合成班级的凝聚力。若要形成班级的凝聚力，教师需要在班级成员角色分配方面发挥各个成员的特长。教师可以通过班级的正式角色和非正式角色的合理安排，使每个学生都能形成积极的角色意识和角色行为，激发成员对群体的认同感，营造民主和谐的课堂气氛；使每个学生都能够感受到自己在班上是受重视的，是有地位的，是负有责任的，不断增强学生的责任感、义务感、安全感、归属感和集体荣誉感。

(3)班级情感结构积极化

班级情感结构除了包括班级成员间的人际关系状况外，还包括班级的心理气氛。所谓心理气氛，就是在群体中占优势的成员的某些态度、情感和舆论等的综合表现。班级心理气氛是班级团体内成员包括教师与学生、学生与学生之间通过团体的交互影响过程，久而久之，自然形成的一种独特的情感、态度和行为，并且能为班级内成员所知觉到的风气、倾向或特质。班级心理气氛的稳定与发展，就形成班风、校风、舆论、同学关系、师生关系等。建立良好的人际关系，培育健康的舆论、风气，能够使学生经常受到积极的感染和熏陶，逐渐变得上进、开朗、乐观、关心集体、团结互助，不断提高对人际环境的适应能力。学者吉尔(J. B. Gill)将班级气氛区分为两种：一种是对班级的学习产生积极影响的"支持性气氛"，由班级成员共有的解决问题、容纳他人观点、移情性理解、倾听他人意见之类的态度而产生，包括融洽的师生关系、双向的师生沟通、合作的生生关系、勤奋的学习风气和和谐的班级气氛，能产生有利于课堂教学传播的积极影响；另一种是对班级学习产生消极影响的"防范性气氛"，由班级成员的劝告、检查、戒备、说服、控制与惩罚的态度而产生，不利于班级的学习与传播的有效进行。

(4) 班级成员竞争协作化

罗伯塔·斯拉文(Roberta L. Slavin)提出，学校环境中有效的团体动力学是将班级"作为一个整体的小组"，将班级建设成学习型组织，因此，在班级学习型组织的建设中，需要强调接纳感、控制力和影响力等，形成积极的协作与良性的竞争。

2. 班级团体规范

为了保证团体目标的实现，团体本身必须有制约其成员的思想、信念与行为的准则，这种每个成员都必须严格遵守的思想信念与行为准则就是团体规范。团体规范是一切实际影响个人态度与行为的某一团体中人们共同参考的原则的总和。根据团体动力学的观点，团体规范的功能主要包括：树立评价标准的功能、维持和巩固团体的功能、团体舆论的功能、行为导向的功能。而团体规范的维持则主要依靠团体压力和团体成员的从众行为。

班级团体规范对团体活动影响很大，不仅对团体内的传播活动起着制约作用，而且对来自团体外的信息或宣传活动的效果具有重要的影响。班级团体规范的功能主要包

括以下几项：[①]

第一，协调成员的活动、规定成员的角色和职责以促进团体目标的达成；

第二，通过规范的共有来保证团体的整体合作；

第三，通过指示共同的行为方式以维持群体的自我同一性；

第四，为成员个人提供安全的决策依据；

第五，排除偏离性的意见，以保证团体决策和团体活动的效率。

从某种意义上说，班级团体结构是服从于“效率逻辑”的，是班级中组织构成方面的问题；班级团体规范是服从于“价值逻辑”的，是班级成员履行义务方面的问题。每个团体都有一般成员承认并且维护的规范体系，成员个人的归属意识越强，也就越倾向于积极维护团体规范。作为义务规定的团体规范如果尚未被班级成员所内化，班级成员可能尽管形式上在参加学习，内心却并未参与学习。

班级团体规范为班级成员内化的过程即“班级的参照团体化”过程。纽科姆(F. M. Newcomb)认为，可以根据“个人通过归属于某一团体而获得的满足的程度”来判断班级成员将班级作为自己的参照团体的程度，即个人在团体生活中获得的满足，既反映了个人对于团体的归属，又反映了团体具有的内聚力。因此，教师应使学生认识个人与集体的关系，认识集体的团结统一的价值，认识集体规范在集体中的作用，认识每个成员对集体应负的责任和应尽的义务。当班级成员真正地形成了集体意识并产生集体责任感、义务感和荣誉感时，集体的内聚力才真正形成，并成为推动集体学习的力量。[②]

班级团体规范应该涵盖学校生活的方方面面，反映学生在德、智、体、美、劳等方面的表现情况及综合素质，比如学生的课堂行为、课间行为、自习课行为、交作业行为、早操行为、卫生行为、午餐行为、校园活动行为、着装行为等，只要是学校生活可能涉及的行为，都可以制订规范；同时，班级规范中还有可操作性的奖分原则、扣分细则等，以及每一项行为的监督负责人，使每一位同学都参与到班级管理中来，建立所谓的“人人有事干、事事有人干”的局面。

(二)班级外部的因素

教学不仅仅处于学校之中，更处于社会中，教学传播行为必然受到社会、学校和家庭情况等的影响。除此之外，教学传播行为还会受到文化因素的影响。

1. 社会因素

教学传播行为必然受到所处社会的政治制度的约束。政治是一种综合性的因素，是社会各方面的综合体现，教学总是存在于一定的政治背景中并受其影响。国家的教育制度、教育目的、教育内容等决定于国家的社会政治和经济制度等，这必然会影响教学传播行为；法律是现代社会影响与制约人们行为的一种有效的规范体系，教学传播行为也必须遵守和符合一定的法律规范。我国已经颁布了许多与教育相关的法律、法规等，如教育法、义务教育法、高等教育法等，教学传播行为必须遵守这些法律，符合法律规范的要求。

---

① 郭庆光.传播学教程[M].北京：中国人民大学出版社，1999：93.

② 高蕴琦等.教育传播学[M].上海：上海教育出版社，1992：166.

2. 学校因素

学校情况如教职员工的状况，尤其是他们的活动效率、工作热情、团体规范等，这些因素都会给班级活动带来影响。教育传播者所在的学校的类型、办学理念、办学方向、办学目标、办学功能、教育对象等有所不同，教师的传播行为必然受到所在学校的各种规章制度、传统、标准等因素的影响。例如，如果教师将追求升学率作为教学指导思想，必将导致班级成员拼命追求分数。

3. 家庭因素

家庭是学生首先接受教育和影响的地方，家长实际上是学生的第一位教师，也是孩子亲密、信任的人。家庭教育在学生德、智、体的发展中占有很重要的地位，家长应该意识到教育子女的责任。学校也必须重视家庭教育的作用，加强与家庭的联系，使家庭教育更好地与学校教育相配合。

学校可以通过召开家长会或其他家校合作的方式，如利用互联网等与家长实现及时的沟通。学校可以采用各种合适的方式向家长介绍学校、班级的教育情况，给家长提供孩子在校的各方面的表现，争取家长关心并积极参与学校的教育活动，配合学校搞好家庭教育。同时，学校应向家长了解孩子在家庭、社会上的情况，增强家长和学校在教育方面的协调性。如果学生家长对班级无所期待或期待过高，都会产生相应的问题。教师可以给家长介绍一些教育孩子的知识和技能，让他们在配合学校了解孩子情况的基础上，运用一些教育学和心理学的知识对孩子进行干预和教育。

4. 文化因素

任何教育活动都是在一定的社会文化背景下进行的，经济基础、人文基础、教育基础等诸多因素的不同，导致社会环境下的文化背景会有极大的差异。中国是人口大国，其差异性就显得更为突出，东、中、西部的差距，大、中、小城市的差距，民族之间的差距，边远地区与中心工业区的差距等，都会使文化背景具有巨大的差异。社会文化背景既是现代社会发展的产物，又是历史文化烙印的表现。

文化包括两方面的含义，即社会的价值标准体系和社会文化。一个人的各种行为必然受到其所处社会的价值标准的影响，同样，教师和学生的教育传播行为也会受到这种影响。教师所处的社会文化背景（如宗教信仰、生活方式等）制约和影响着教师对教育信息的收集、加工和传递；学生所处的社会环境、社会地位、文化背景、家庭背景不同，对所接受的传播内容的选择、传播媒体的使用会有所不同，对相同的传播内容会产生不同的看法和态度，从而影响其对教育传播系统所传播知识的接受与理解。

拉米雷斯和卡斯塔纳德（1974）根据某种文化团体的认知方式就文化对生活方式和价值观的影响提出了自己的观点（如图 8-6）：文化的目标和期望影响人们的学习方式、诱导激励方式、人际关系方式和传播方式，而学习方法和传播方法又影响人们的思维方式和认知方式。盖伊（1978）也指出，人们的学习方式与他们的文化观念和控制人与人之间关系的价值观念是分不开的。她认为有两种不同的认知方式：分析的认知方式和有联系的认知方式。分析的认知方式是一种由实际存在的事物确定方向的认知方式，它需要持久的注意力，它要求细节具体，它不带个人感情色彩，它利用经过精心组织的句子结构。

有联系的认知方式是由主观确定的认知方式，根据上下文来决定单词的意思，并利用一个有限的句子结构。不同文化背景的学习者会偏向于不同的认知方式，不同的认知方式对学生的学习有各自的影响。[①]

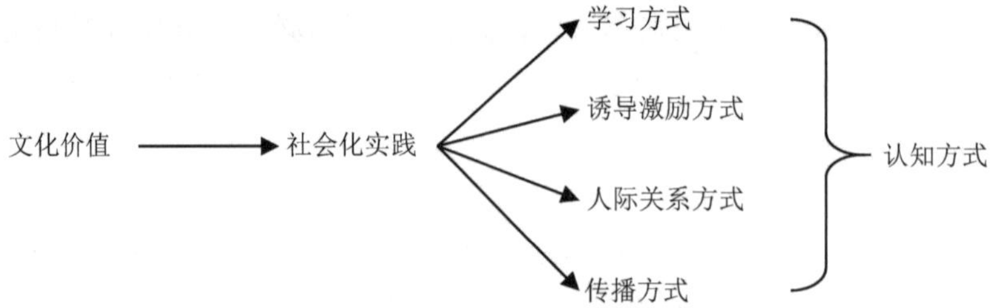

图 8-6　文化对认知和传播方式的影响

另外，希弗尔根据学习者采用的学习方式不同，将学习者分为：渐进的学习者、直观的学习者、感官的多面手、带感情色彩的学习者、不带感情色彩的学习者、不需要经过具体组织的学习者、受到伤害的学习者和折中的学习者等。当然，学习者可能不仅采用一种学习方式，随着时间的推移，他们会改变学习方式。[②] 教师应该采用不同的教学方式，这样才能适应不同学习方式的学生。教师通过和学生进行不断的接触，充分了解学生的学习方式，才能使教育信息满足学生的需要。

忽视文化因素对课堂教学的影响，传播的实施者逾越文化规范，必定会与学习者产生某种程度上的隔阂，影响教育信息的传播，所以，社会文化背景的差异必定会影响传播效果的实现。只有认识这种制约因素的力量，并遵循其客观规范，才有助于保障教育传播的效力。

[学习思考题]

1. 解释概念：课堂教学传播、把关人、教师传播行为、学生传播行为、师生互动。
2. 简述课堂教学传播的特点。
3. 简述课堂教学传播模式及其分类。
4. 简述翻转课堂教学传播的含义。
5. 阐述课堂教学传播中教师和学生所扮演的角色。
6. 列举合格教师需要具备的条件和对学生的素质要求。
7. 阐述教师和学生的课堂教学传播行为并分析其影响因素。
8. 阐述师生互动过程及教师与学生互动的特点、类型、策略和评价。
9. 分析课堂教学传播中的社会性制约因素。

---

① 许雄等.当代课堂教学传播[M].武汉:武汉测绘科技大学出版社,1991:95.

② 许雄等.当代课堂教学传播[M].武汉:武汉测绘科技大学出版社,1991:99—102.

第九章　网络教育传播

互联网的出现使信息的传递超越了时间和空间的局限，让信息传递变得轻松便捷。作为一种新兴的媒体形式，互联网既吸收了传统媒体的许多优点，同时又克服了它们的很多缺点。网络教育传播作为教育信息交流、传播的一种重要渠道，使教育信息得以广泛散发、吸收和利用。信息技术与手段的变革对人类教育信息传播活动的方式产生了深刻的影响，网络教育传播在人类教育信息流通过程中的地位越来越重要。

第一节 网络教育与网络传播

新技术的发展，终身教育的兴起，促进了网络教育的高速发展，世界各国都非常重视网络教育体系的构建和网络教育基础设施的建设。国内外各网络教育学院在近几年实施网络教育的过程中，其教学效果也普遍得到了人们的承认。

一、网络教育

(一)网络教育的产生与发展

网络教育发展到现在大致经历了三个阶段：函授教育、广播电视教育和网络教育。20 世纪 90 年代中期，信息和网络技术的飞速发展，产生了以网络作为传播媒体的教学方式，这种教学方式就是现在的网络教育。我国网络教育的发展历程如下。

1994 年底，在国家教委的主持下，由清华大学等 10 所高校共同承建了“中国教育和科研计算机网 (CERNET)示范工程”，这是国内第一个采用 TCP/IP 协议的公共计算机网。如今，CERNET 已连接通达 70 多个城市、770 多所院校，网络用户人数约 100 万。

1997 年，湖南大学与湖南电信合作，建立了中国第一所网上大学。1997 年 10 月，湖南大学与湖南省邮电管理局联合成立了湖南大学多媒体信息教育学院。

1999 年，教育部制定了《关于发展我国现代远程教育的意见》；9 月，“CERNET 高速主干网建设项目”立项，目标是在 2000 年 12 月前完成 CERNET 高速主干网的建设，满足我国现代远程教育需求。

2000 年 7 月，教育部颁布了《教育网站和网校暂行管理办法》，将现代远程教育试点院校范围扩大到 31 所，并颁布了《关于支持若干所高等学校建设网络教育学院 开展现代远程教育试点工作的几点意见》，允许试点院校具有很大的自主权，例如，可以自己制订招生标准并决定招多少学生，可以开设专业目录之外的专业，有权发放国家承认的学历文凭等。

2000 年 7 月 31 日，31 所试点高校在北京成立了“高等学校现代远程教育协作组”，以加强试点高校间的交流与合作，促进教育资源的建设与共享。到 2012 年，现代远程教育学院已有 68 所，高校网络教育学院在校生达 24 万人，已开设 8 个大类 51 个专业，组织了近 300 门课程和一批素材库、案例库，网络教育的覆盖面已达 31 个省、自治区和直辖市。

20 世纪 90 年代，伴随着信息高速公路的兴建，提出教育要信息化，从技术上讲，教育信息化的基本特点是教育的数字化、网络化、智能化和多媒化。目前，教育信息化程度已成为衡量教育现代化的一个重要标志。教育信息化的提出将网络教育的含义进一步拓宽。

(二)网络教育的定义

网络教育的观念逐步被人们所接受并得以推广，不同的学者也从不同的层面对网络教育给出不同的含义，目前，被广为接受的定义如下。

网络教育是指在网络环境下，以现代教育思想和学习理论为指导，充分发挥网络的各种教育功能，利用丰富的网络教育资源，向教育者和学习者提供一种网络学和教的环境，传递数字化内容，开展以学习者为中心的非面授教育活动。[①]

网络教育与远程教育有密切的联系，远程教育是指将课件传送给外地的一处或多处(Phipps、Wellinan 和 Mensotis，1998)学员的教育。依照这个定义，远程教育的历史可以追溯到 19 世纪 30 年代开始的商业函授课程(Hanson 等，1997)。但是随着先进的信息技术，特别是 Internet 的出现，远程教育的特征发生了深刻的变化。美国于 1999 年出版的《远程教育指导》一书中指出，现代远程教育是指“不在同一教室的教师和学生通过音频、视频和计算机技术等进行授课和交流的过程”，因此网络教育可以认为是远程教育的一个分支。

网络教育也有广义和狭义之分，广义的网络教育是指网上教育(E-learning)，也称在线学习或网络化学习，它通过 Internet 或其他数字化内容进行学习与教学的活动，它充分利用现代信息技术所提供的、具有全新沟通机制与丰富资源的学习环境，实现一种全新的学习方式，包括目前在信息化教学过程中利用精品课程等进行的学习活动。狭义的网络教育则是指网络上知识或技能的培训(E-training)。本章所谈到的网络教育是广义上的网络教育，网络教育的传播也是广义上的网络教育的传播。[②]

(三)网络教育的基础理论

网络教育涉及认知心理学、学习理论、系统论、控制论、技术哲学、教育传播、教育技术、教学设计、教育测量、教育评价等多门学科，网络教育的设计和实施必须在这些理论的指导下，遵循科学规律，才能使教育资源最优化，教育功效最大化。

(四)网络教育的教学对象和教学方式

目前，网络教育的市场大致可分为三类：普通学校学习、高等大学教育及各种商业技能培训。其教学对象包括从幼儿园、小学、初高中、大学、研究生等正规学历教育到成人教育，包括自学、职业教育、继续教育等形式的学生。这形成了极不相同的客户群，同时也决定了网络教育的共通性与教育方式的差异性。

根据不同的教学对象，主要有三种教学方式：一是各高校自己成立的网络学院，有组织地进行网络教学；二是专业的网络教育经营公司，如中国教育在线、中华学习网等，它们在经营管理上显得更加市场化和商业化；三是为正规学历教育提供的精品资源或其他辅助教学资源，以弥补课堂教学的不足。

在网络教育中，目前还普遍使用着一种“天网＋地网”的网络技术接入互联网，如图 9-1 所示。

① 程智. 网络教育基础[M]. 北京：人民邮电出版社，2002.

② 杨宗凯，吴砥，刘清堂. 网络教育标准与技术[M]. 北京：清华大学出版社，2003.

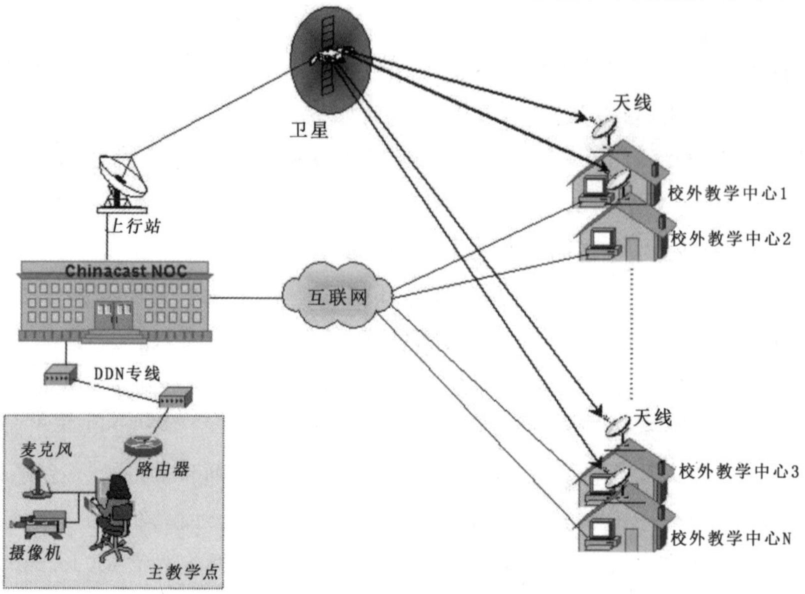

图 9-1　基于"天网＋地网"的网络教育

二、网络传播

(一)网络传播的基本问题

1.传播与网络传播

传播,目前存在多种解释和描述,常见的有:"信息共享""劝服影响""刺激与反应"以及"人类传递或交流信息的社会性行为"等。郭庆光教授在《传播学教程》中认为:"所谓传播,即社会信息的传递或社会信息系统的运行。"

随着网络技术的广泛应用,网络传播被日益重视。网络传播有三个基本的特点:全球性、交互性、超文本链接方式。网络传播被定义为:以全球海量信息为背景,以海量参与者为对象,参与者同时又是信息接收与发布者,并随时可以对信息做出反馈。它的文本形成与阅读是在各种文本之间随意链接,并在文化程度不同而形成各种意义的超文本中完成的。①

"网络传播"是近年来传播学中的一个新名词,相对于三大传播媒体——报纸、广播、电视等的传播,网络传播是指以多媒体、网络化、数字化技术为核心的国际互联网络环境下的信息传播。

综合网络传播的各种解释,我们将网络传播定位为以网络输出终端为主体,以多媒体为辅助的能提供以网络方式代为处理的包括捕捉、操作、编辑、存贮、交换、放映、打印等多种功能的数字信息,并且是在网络上进行的一种信息传播活动。

2.网络传播的特点

从不同的角度认识网络传播的特点,产生了三种比较有代表性的观点:第一,张海

---

① 田发伟.崛起中的中国网络媒体——现代传播评论圆桌会发言摘要[J].国际新闻界,2000(6):46-49.

鹰、滕谦等学者总结的特点，认为网络传播具有超越时空限制、海量信息、多媒体、交互性、个性化等特点；[①]第二，雷跃捷、辛欣等学者总结的特点，认为网络传播特点有传播主体多元化、传播方式多媒体、传播关系的交互性、信息接收的个人化和主动化、信息传播的快捷性、传播内容的广泛性、传播环境的全球化等；[②]第三，王继新等学者归纳的网络传播特点有交互性、海量性、即时性、超文本信息检索方式、媒体个人化等。[③] 综合现有的研究，网络传播的特点可归结为：全球性、交互性、超文本链接。

(1)全球性——无限的时空优势

网络信息可以自由地利用任何时间，也可以在任何空间中进行传播，完全没有印刷媒体和电子媒体关于空间和时间因素的制约，网络传播中的受众可以随时在互联网上海量的信息中索取信息，并能随时发布信息，网络媒体已经把信息传播推向无限时空的理想境界。

(2)交互性——通畅的信息反馈渠道

网络将信息及时发布给公众，公众也可以通过互联网及时对传播的信息做出反应，传播者通过网络将这些分散的反馈意见收集到用户信息数据库中进行分类整理，便可以把握传播效果，这就有效地克服了大众传播反馈难的缺点。

(3)超文本链接——轻松地分享信息

网络信息以数字化为主要特征。互联网的时空无限性、信息的制作和传播的先进手段，以及低成本，使信息共享成为可能。

3. 网络传播的功能

(1)转换功能

各种信息通过计算机编码转换成一系列统一的数字形式传播出去，计算机综合数字通信网络就是信息转换的工具。

(2)快速传递功能

网络是信息传递的高速公路。

(3)远距离传播功能

通信卫星是信息网络中的一个重要信道构件，它可以将一个地面站发来的信号反射给其他地面站，真正实现全球性的信息资源共享。

(二)网络传播技术

网络传播技术有别于以往各种传播手段的突出特点是它的交互性、跨时空性和跨媒体性，它以互联网作为依托，其理念是：通过对数字内容的创建、管理和发布，以网页、视频、音频和印刷等手段，使任何人在任何时间和地点使用任何设备，可以获得任何其所需要的信息（如图 9-2）。

---

① 张海鹰，滕谦. 网络传播概论[M]. 上海：复旦大学出版社，2001：77—80.

② 雷跃捷，辛欣. 网络新闻传播概论[M]. 北京：北京广播学院出版社，2001：54—70.

③ 王继新，张屹，郑旭东. 远程教育原理与技术(第二版)[M]. 北京：北京大学出版社，2013.

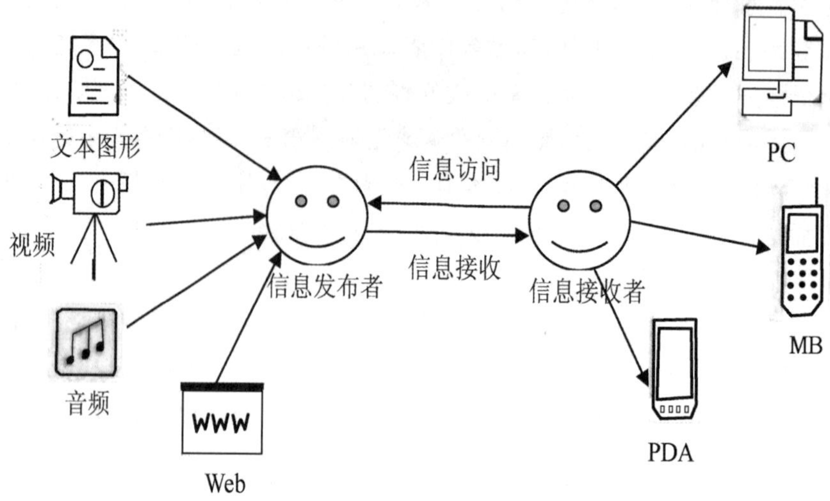

图 9-2 网络传播的空间体系结构图

在网络传播的空间体系结构中，网络传播的技术除包含基本的网络技术外，还包括信息处理技术、针对信息进行管理的平台中的软件开发技术（组件技术）等。

第二节　网络教育传播

网络教育活动是一个信息传播过程，其本身是抽象的、无形的。网络教育的核心是教育而不是网络，因此，网络教育应重视信息的传播过程研究。

网络教育传播针对网络教育领域中的信息传播活动进行研究，继承了网络传播的相关理论和技术，融入了教育传播学的思想。

一、网络教育传播系统观

采用系统的方法研究网络教育传播，国外已经有这方面的研究成果(如图 9-3)。

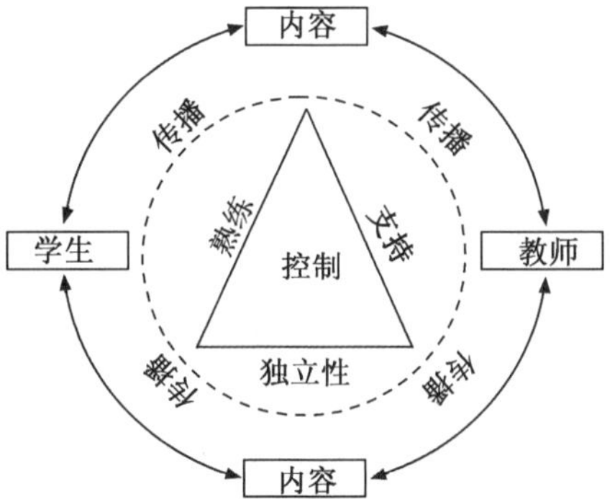

图 9-3　**控制和教育交互影响**[①]

图 9-3 描绘的网络教育传播系统体现了系统论的思想，其中“熟练”是网络教育传播的目的，“独立性”和“支持”是网络教育传播的两个相联系的基本特征，而这三者的关系是在一定的“控制”功能条件下实现的，它们融入整个网络教育传播系统之中。

根据系统科学的基本原理，任何系统只有通过反馈信息才能实现控制。一个控制系统，其信息通道必须是一个闭合回路，没有反馈的非闭合回路是不可能被控制的。因此，网络教育的信息传播过程必定形成一个闭合回路，即教育信息传播过程是一个封闭的系统，否则其教育机制无法建立。

控制论的创始人维纳于 1943 年提出了控制的复杂性模式(如图 9-4)。

- 行为
  - 主动行为
    - 有目的行为
      - 复杂反馈机制
        - 可预见反馈
        - 不可预见反馈
      - 简单反馈机制
    - 无目的行为
  - 被动行为

图 9-4　**控制的复杂性模式**[②]

---

① 金振坤.远程教育传播学基础[M].北京:中央广播电视大学出版社,2003:29.

② 金振坤.远程教育传播学基础[M].北京:中央广播电视大学出版社,2003:29.

图 9-4 表明，行为分为主动行为和被动行为，主动行为又分为有目的行为和无目的行为，而网络教育传播是一个主动的有目的行为，要有与之相符合的反馈思想，建立复杂反馈机制和简单反馈机制，如作业和考试可以被看作网络教育传播的简单反馈机制，这是可以事先安排好的。由于学习者独立性强，又各人所异，所以，其反馈还包含着可预见和不可预见的反馈，这就需要由网络教育传播系统中的支持服务传播系统完成。

网络教育系统是一个复杂的系统，概括起来由控制、功能和支持三个系统构成(如图 9-5)。

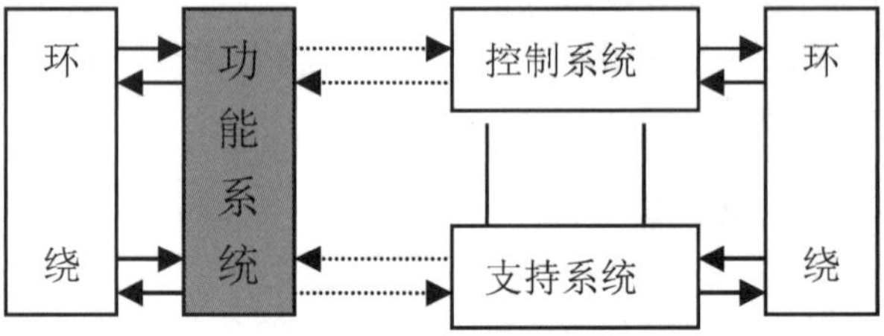

图 9-5　网络教育系统示意图[①]

在图 9-5 中，控制系统为党政管理机构和教育政策制定机构等，支持系统主要指后勤和辅助部门，而教育信息传播系统则为功能系统。当然，控制系统和支持系统本身或教育大系统中都有信息的传播。

网络教育系统以传播理论为指导。传播理论研究者美国的斯蒂文·小约翰(S. W. Littlejohn)在《传播理论》中指出："传播研究中最有代表性的理论是系统论。系统论和它的两个相关领域——控制论和信息论，为观察世界提供了广阔的视角。"因此，传播理论研究是以系统论为逻辑出发点的；系统论以广阔的视野整体地观察问题，它正是适应了网络教育这个复杂系统研究的必要。

网络教育活动是一个信息传播过程。网络教育研究不仅要注重结果研究，更需要重视信息传播过程研究。网络教育传播过程不是一个固定不变的简单系统，而是一个动态多变的复杂的多种元素构成的开放系统，传播理论为我们开展远程教育传播研究提供了充分的理论基础。

二、网络教育传播系统

正如前面所述，网络教育传播继承了网络传播的相关理论和技术，融入了教育传播学的思想。关于网络教育传播还没有多少成熟的东西可以借鉴，但是教育理论、学习理论、传播理论、媒体理论等的研究在国内外都已经有了较快的、较好的发展，可以借鉴上述理论对网络教育传播进行研究。

借鉴传统的教育传播系统，网络教育传播的系统结构如图 9-6 所示。

① 金振坤. 远程教育传播学基础[M]. 北京：中央广播电视大学出版社，2003：174.

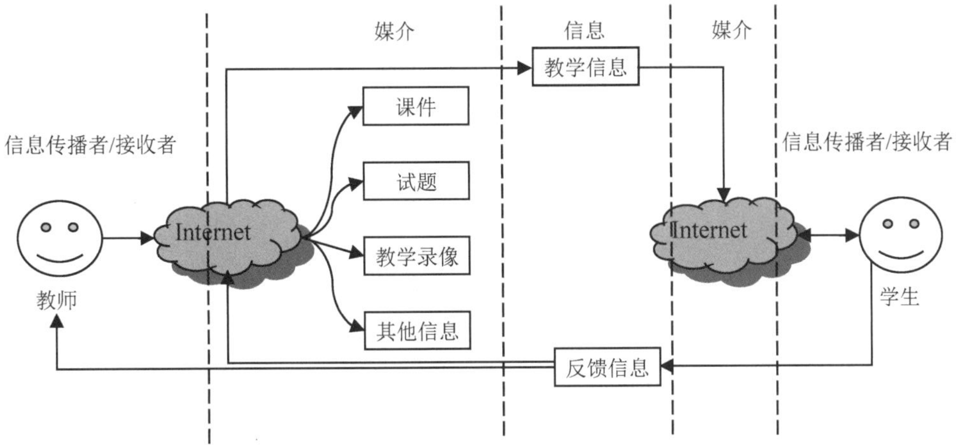

图 9-6　网络教育传播系统结构图

根据网络教育传播系统的结构，网络教育传播学包含如下基本内容。

（一）网络教育传播的信息与资源

1. 网络教育信息与资源

目前，关于网络教育信息还没有一个确切的定义。根据教育信息理论，网络教育信息可描述为：传播者通过网络传播的形式，将教育信息以虚拟的或数字化的手段提供给受播者，这种教育信息就成为网络教育信息，它具有教育信息的各种特征。

传播者与受播者之间通过教学资源联系在一起，教学资源是解决传播者向受播者传播内容的问题。在网络教育传播环境中，教学资源主要由“教师”这一角色提供，“学生”这一角色通过对教学资源的学习获取知识。相比传统的教育传播系统而言，教学资源不仅表现了知识点本身的内容，还表现了教师在教学中的个性特征。

2. 网络教育信息的特征

（1）抽象性

网络教育信息脱离了物质本身而存在，没有大小，没有重量，具有抽象性，可以被人们提取、加工和传递，也可以积累、压缩和继承。因此，可以根据教育目的、教育规律以及知识体系，形成教育信息用于教育传播过程或远程教育传播过程。

（2）不完整性

网络教育信息能够被人们利用感官来感知，由于目前的网络传播技术所限，只能给学习者提供视觉、听觉两种刺激信息，而对需要其他感官感知的信息，则只能根据具体的教学要求和条件，尽可能多地为学生创设真实的学习环境，帮助他们完成各种动作技能的学习目标。

（3）增值性

网络教育信息可以被传播，其价值在传播的过程中得以实现，传播范围越广，受众越多，其价值与其传播范围成正比，网络教育信息通过网络远距离传播实现信息的增值。

(4)可加工性

网络教育信息通过计算机的加工处理，提取出教育信息中的有用成分，使输出的信息比输入的信息更加有效。网络教育信息的可加工特性，有助于处理网络教育信息时，准确地把握信息的冗余度，为网络教育学习者进行信息的再加工提供方便。

(5)变异性

传播者发出的信息，通过传播通道的承载和运输，在形式上引起的变化，已经成为传播内容的一部分，并可能直接影响传播效果。网络教育传播的传输媒体，在一定程度上对信息内容进行了加工。通过媒体的过滤，传播内容本身已经不再是一级传播内容，而是融入了媒体自身信息成分的新信息。这其中包括媒体传输过程中对信息造成的各种影响，比如带宽造成的速度影响，会给不同类型的信息内容传输带来次序上的变化，这种变化很自然地会影响受播者对信息的接收效果；由于受播者接收信息的端口受时间、空间等因素的限制，其呈现信息的特性也必然具有特定的局限性，表现为使用者的视域在显示器的屏幕的限定下，成为一个一定宽高的矩形框架，因此，信息的体系结构、单元篇幅、呈现方式等，也必然顺应这样的特点。

(6)可转化性

人们通过角色扮演理解由传播者发出的符号所包含的意义，后期做出的反应行为还会受对自己、对他人以及所处社会对自身要求等主观构想的支配，这些构想构成了受播者的意义活动。这说明在符号互动的过程中，人们对符号意义的理解，既是社会常规化的，也是个人内在化的。因此，在网络教育过程中，在提供给远程学习者教育信息的同时，还要提供相应的学习指导，以利于他们完成必要的信息加工过程，实现教育信息向知识转化。

总之，网络教育信息具有教育信息的全部特性，如科学性、思想性、目的性、准确性、系统性、层次性等。网络教育信息在教育者与受教育者相互分离的状态下，借助各种媒体进行双向传递和控制，是一种有目的、有组织、有计划地传授知识、技能、思想、意识、观念等活动中传递的内容。

当然，信息是抽象的，信息必须以某一种符号为载体才能够进行传播。世界上没有离开符号而单独存在的信息，也没有不包含信息的符号。网络教育传播的信息也是以网络教育传播中的符号为载体进行传播的。

(二)网络教育传播的符号

在网络教育传播过程中，网络教育信息也是以某一种符号作为载体进行流通的，世界上没有离开符号而单独存在的信息，网络教育信息也是如此。网络教育传播的符号具有如下特征。

1. 网络教育传播是一种符号互动

在网络教育传播中，符号是有意义的，传播者与受播者在传播过程中对同一符号意义的共同理解，是进行传播活动的基本条件。从符号是承载信息的载体这个角度来讲，传播过程是一个符号意义交换的过程，也是符号互动的过程。

美国社会学家库利和哲学家米德等人将人类社会中基于语言和手势动作等符号形式进行思想交流的活动称作符号互动，并创立了符号互动理论。他们认为，符号互动就是人与人之间通过传递符号而相互作用、相互影响的过程。

符号互动理论的主要观点有：人类是符号的创造者与使用者；人类利用多种符号系统实现沟通；符号互动是互动双方通过符号交流思想或交换意义的活动；互动双方拥有共通的意义空间是进行意义交换的前提；通过互动与角色扮演来理解“意义”；符号互动具有赋予行为动机和确定行为取向的功能；符号互动将人们联结起来。[①]

符号互动理论揭示了传播这一社会现象的基本规律，它引导人们用动态的眼光认识符号的性质和作用，其中的一些理论也为我们研究网络教育传播提供了一定的依据。在网络教育传播中，作为教育者需要注意以下几个方面。

(1)注意符号系统的多样性

在网络教育中，学生依靠对教师通过网络提供的各种符号系统所表达出的意义取得一致的意见来实现对信息的理解。因此，教师要有意识地利用多种符号系统实现与学生之间的信息沟通。教师既要重视最大限度地发挥语言符号的作用，同时因为网络传播的特殊性，教师也可以通过视频、音频等传递自身的语音语调、面部表情、身体姿势甚至发型、服饰等非语言符号，还可以通过网络信息中的表情符号来虚拟非语言符号，通过非语言符号丰富网络传播中语言符号的信息，使二者协调一致，以便更加有效地传递教育信息。

(2)加强对学生反馈符号的关注

学生所受到的教师的教学影响的大小，取决于他们能否正确地理解和解释教师传来的符号意义，并产生教师预期的反应。所以，教师在通过网络编制和发送教育信息时，不仅要为所发出的符号赋予清晰而准确的意义，还应注意预测学生对该符号的反应，接收学生对教学信息的反馈。

(3)传播文化的共享

传播双方对传播中所使用的语言、文字等符号含义的共通理解，以及比较接近的生活经验和文化背景，构成了互动双方共通的意义空间。作为网络教育传播者，一定要事先了解学生对某种知识所拥有的意义空间，并以此作为确定教学起点和教学内容的依据。除此之外，应通过教学活动，使师生双方共通的意义空间得到有效的扩展，逐步实现教学目标。

2. 非语言符号在网络教育传播中的作用不可忽视

日常生活中，我们有时会遇到传播阻滞或传播意义扭曲的情况。出现这种现象的一个重要原因就是，传播者过于偏重使用某些惯用的符号系统，而忽略使用其他一些更适于表现传播内容的符号形式。

在网络教育传播过程中，由于师生处于分离状态，教育传播者更应该注意选择适当

① 胡正荣. 传播学总论[M]. 北京：北京广播学院出版社，1997.

的传播符号，或将多种传播符号有机地结合起来，从而有效地避免传播阻滞或传播意义扭曲现象的发生。语言符号是人类最重要的符号系统，也是教育传播系统特别是网络教育传播系统中的主要符号系统。但是，研究结果表明，在某些情境下，非语言符号对传播效果的影响是语言符号的 4.3 倍。这表明，语言符号永远无法代替非语言符号的作用，非语言符号在网络教育传播中的作用不容忽视。

(三)网络教育传播的通道与媒体

在网络教育传播系统中，信息通过符号表示后，并不能直接完成传播。在信源端，真实世界中事物的信息要选择一定的符号去表征，然后将符号变为信号，信号在信道中进行传送。在接收端，接收者将接收的信号转变为相应的符号，并解释该符号的信息意义。这一过程就是信息传递的过程，这一途径称作信息传播通道。传播通道是指在传播过程中信息传递的途径，它包含编码、译码和信道三要素。在教育传播过程中，从信源到受播者之间承载并传递信息的载体或工具称为媒体。

1. 网络教育传播通道

教育传播通道根据其信源端和宿主端的不同，分为学生—教师通道、学生—媒体通道、学生—事物通道、学生—家庭通道、学生—学生通道。

在网络教育中，信息传递在(有线/无线)网络中进行，网络教育传播的通道较传统的教育传播通道单一，一般以中间媒体的通道为主，很少采用面对面的传播通道。

网络教育传播通道通常以线路构成网络系统，如计算机网络系统或采用一定频率的无线网络系统(卫星直播网络系统)，它们都将变换后的电信号在线路中进行传送，具有传播距离远、传播范围广等特点。但其信道的传播能力具有一定的限制，在通信理论中采用高斯信道容量公式：

$$C=WT\log[1+(\delta 2x/\delta 2n)]$$

C：通道容量；W：频带宽度；T：时间；$\delta 2x/\delta 2n$：与信噪比有关的量。

因此，可通过增加网络中的带宽或频率的通道宽度等来扩大信道容量，以提高网络教育传播的速度。

2. 网络教育传播媒体

教育信息只有经过一定的通道，才能完成传递任务，达到教育传播的目的。但教育通道对媒体具有依赖性，教育传播媒体是教育传播中必不可少的要素，教育传播媒体的发展延续及其互补性必然形成网络教育传播通道多元化。

网络教育传播媒体在教育传播中的功能大致如下。

(1) 传递信息

展示信息是教育传播媒体最基本的功能，不同的媒体所传递信息的性质有所不同。如印刷媒体传递的是抽象的经验，模型、标本传递的是设计的经验，幻灯、录音、电影等传递的是观察的经验。并且，不同媒体传递信息持续的时间也有所不同。如网络教育中的直播课堂传递的是瞬间变化的信息，而网络课件传递的则可能是永久的符号。

(2) 存储信息

教育媒体本身的功能就是存储信息。在网络教育中，采用媒体信息数字化，使信息熵相对传统的媒体而言变得更高，信息存储容量更大，也能根据需要选择文本或图像等媒体形式。

（3）控制学习

在教育传播过程中，学生对学习需要进行反馈，不同的学习要求对学生的反馈需求不同，网络教育中的媒体具有控制学习环境的功能。

3.网络教育传播的干扰

在网络教育传播中，由于传播距离远、传播范围广，加之传播通道本身的开放性，因此传播过程中受到的干扰较多。网络教育传播中的干扰是指影响教育信息传递效果的各种消极因素，主要表现为通道中传递与网络教育无关的信息、通道中传递的教育信息受到破坏或丢失。网络教育中的干扰可以出现在教育传播过程中的任何一个环节。

（1）信源的干扰

信源方面的干扰是传递非教育信息或效果不佳的教育信息。Internet在网络教育中是一个开放的环境，在网络教育传播过程中，信源或仿信源的信息以及木马的影响，使信源端传递非教育信息；加之受播者主动或被动获取网络教育环境以外的其他信源的非教育信息，使网络教育传播过程受到严重干扰。另外，在网络教育传播过程中，由于教育信息经历数字化处理，教育信息的衰减使得教育信息本身模糊不清等，影响受播者对教育信息的理解。解决网络教育传播信源干扰的问题，可以提高教师的信息化素养，净化网络教育传播的信源端环境等。

（2）编码的干扰

在网络教育传播过程中，传播者首先需要将教育信息变换成符号或进行编码。在教育信息转变成符号的过程中难免有表达不当或因传播者对信息处理的操作失误带来信息失真的情况，受播者就会不可避免地受到这些信息的干扰，并且网络教育信息传播过程中缺乏真实教育传播过程中的语言环境，加之外来信息的干扰，影响受播者对教育信息的理解，从而影响网络教育传播的效率。解决编码干扰的问题，可以聘请既有丰富教学经验又具有信息化能力的教师作为信息的传播者，使教育信息在转化为受播者接收的信号时，尽量能包含教育信息本身的内容。

（3）传播媒体的干扰

在网络教育传播过程中，离不开计算机、网络媒体的支持。网络传播本身的问题，如网络传输信息是否流畅、计算机对传播者意图的表达是否准确、外来网络信息的干扰等，会影响受播者对教育信息的正确理解。有效解决传播媒体干扰的问题，必须提高网络的通信质量，提高计算机的软硬件性能，使受播者接收到的信息符号与信源端的尽量保持一致。

（四）网络教育传播中的传播者与受播者

传播者在传播学中是信息传播者的简称，在网络教育中，凡是对教育信息进行传播的主体都可以简称为传播者，因此教师是主要的信息传播者，但传播者并不都是教师。同样，受播者在传播学中是教育信息接收者的简称，受播者也并不全是学生，师生之间的交流也使教师扮演着受播者的角色。

同属教育传播，网络教育与传统的面授教育形式相比，在传播方面的特性有基本的共同之处，但也有明显的差异性。

1. 传播者与受播者时空分离

相比传统教育，网络教育传播中传播者与受播者时空分离，即使他们进行实时交流，受播者所见的也非传统概念中的教师自然人本身，这使得在网络教育传播系统中，传播者日渐成为“后台力量”。传统概念中的“教师”这一称号，正在慢慢淡化成为一个虚拟的形象，这个形象在实际中担负的工作，一般是根据多年来的教育经验，推测学生可能遇到的问题，对教学中的难点做出预测，并在教育信息内容的选择、形式的编配上起决策作用。这个形象极有可能代表网络教育信息发布者一方，成为传播者在受播者面前的代言形象，构成网络教育体系中的“教师”概念。“教师”在网络教育传播系统中的角色更灵活，既作为教育信息主要的传播者、教育管理者、教材编制者（如教学课件和网络课程的制作者），又作为教育信息的主要把关人，主导了在教育传播过程中传播什么消息、通过什么渠道进行教育信息传播以及学生接收教育信息传播的效率等。

教师实施教育传播和学生接收信息并不总是同步的，除了实时交流以外，传播者开展信息传播和受播者获得信息之间具有一定的时间差，而且，对同一信息，传播者可以同样的形式多次实施传播。教师在网络教育中的传播行为包括信息的收集、信息的加工与传递。

2. 网络教育传播过程中的角色转换

符号互动论者认为，能够发生互动行为的基本机制是每个人都具有“担当他人的角色”或称作角色扮演的基本能力，即以“设身处地”的心态观察他人态度和行为倾向的能力。因此，网络教育传播者应该运用各种有效的教学策略，在开放的网络教育环境中，能方便地帮助学生实现角色的转换，从而使学生能够准确地理解在教育过程中所遇到的各种符号的意义。

3. 传者集群化

在网络教育传播系统中，传播者形成一个集群的概念，分工明晰，角色更为多元化、社会化。首先是传播信息的遴选和加工，需要专门的教育工作者从宏观和微观各个层面上加以把握，根据不同的教育目标和教育层次的特点，确定教育内容、教育程序，进行教学设计；其次是教育传播信息进入媒体这一环节，需要内容上的组配、呈现形式的具体应用、技术上的测试、视觉上的美化，所有这些都由专业人员来担任不同的分工，以团体的形式来完成。除此之外，还有技术平台的维护、教育信息传输信号的发送与接收等，也需要专门的人员完成。这就导致了传播者在传播系统中的角色高度专业化，因此，随着服务对象规模的扩大，传播者与受播者数量的绝对比例大为减小，这也是教育社会化的客观需要。

4. 传播者的控制力减弱

由于传播过程的时空分离特性，以及传播环境的复杂化、多元化、个性化，传播者在信息发出后，对传播后过程以及传播效果的控制力减弱，因此，在网络教育传播环境中，除了信息技术带来的有用信息之外，还存在着大量垃圾信息。

5. 受播者的群体一致性

网络教育传播中的受播者，泛指接收网络教育信息的群体，因此受播者的总体也称为“受播者群体”,学生是网络教育信息主要的受播者。网络教育传播的受播者是由于教育目标而结合起来的群体,尽管受播的行为也是以个体为单位发生的,但由于总体目标的一致性,他们会表现出更多的群体一致性,共同的学习目标使受播者具有独特的群体性质和群体结构。受播者在网络教育传播系统中需要经过注册,具有个体特定的身份识别,因此,网络教育传播系统中的受播者群体,是一个潜在的具有独特组织性的群体,成员之间通过网络教育交互渠道形成联系,并因为相对一致的目标而具有对群体的认同感。这也是它有别于大众传播中受播者的主要标志之一。

(五)网络教育传播的互动与反馈

1.网络教育传播的互动

在网络教育中,由于师生异地、教学在时间与空间上相对分离,教育传播中的目的性和双边性更加突出,互动较传统的教育而言显得更为重要和迫切。这种互动过程如图 9-7 所示。

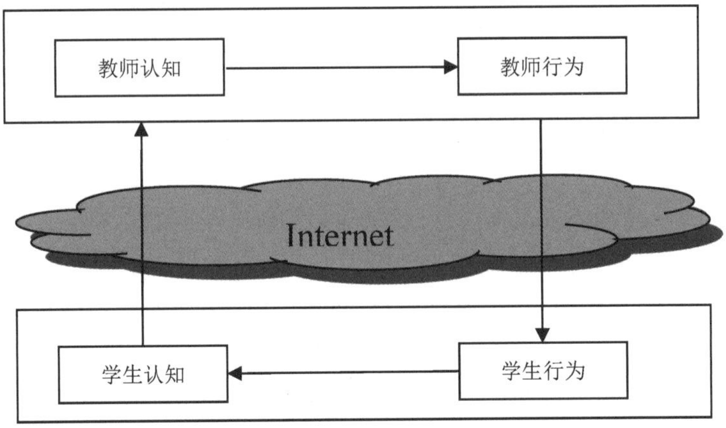

图 9-7　教师与学生的互动

网络教育过程中的互动,包容在整个教学信息的传播过程之中,它将促进知识信息的传播与转换。加强意识情感的认识和交流,既是传播的必然,也是维系传播的源泉,而网络教育传播中的反馈是教学传播的纽带。

2.网络教育传播的反馈

早期的传播学研究并没有涉及反馈环节。最早建立的传播模式是线性单向的,把受众看作信息的终点站,信息没有回流。初期谓之“魔弹论”的效果研究,认为受众是完全消极被动的,没有自主性的心理和行为。1954 年,施拉姆受奥斯古德观点的启发,创建了传播的循环模式,开始提到传播过程中的反馈,认为传播不是从一点开始到另一点终止的线性过程,而是互动循环的过程,传播者的传播和受众的回应构成互动循环的路线。20 世纪 90 年代,传播学者赖森指出,反馈代表受众解码后对传播各个方面的反应,是受众的一种责任。随着传播学研究的发展,反馈的研究也在不断深化。

(1)反馈是连接传受双方的桥梁

在网络教育传播中,由于传播者与受播者时空分离,传播者更需要反馈信息来了解受播者,提高网络教学的质量,帮助受播者获取知识。

(2)反馈信息是传播者调节后续传播活动的主要依据

传播者通过反馈信息寻找实际传播效果与受播者期待之间的差距，从而不断改进传播方式，以有效地增加传播在传受两端含义理解上的一致性，达到传播的效果。

(3)反馈意见是评估传播效果的一个现实尺度

其中来自受播者的评价更为客观，有助于纠正传播者自我评价的偏差。

(4)反馈是受播者行使媒体接近权和媒体监督权的主要方式

受播者不仅拥有对知识的知情权，同时还拥有利用媒体表达意见的权利和监督媒体的权利。

没有反馈信息作为依据的传播是盲目的，但是网络教育传播中的反馈先天不足，其反馈可以从以下几个方面加以开发。

第一，加大对网络教育传播人性层面的开发，增强教育传播的可参与性、可交流性。

第二，建设一个完整的反馈体系。狭义的反馈仅仅指受播者主动发给传播者的意见信息；广义的反馈还包括传媒机构主动出击从受播者那里获得的意见信息以及独立于媒体之外的调查机构提供给媒体的相关信息。

第三，疏通与拓展反馈渠道，提供多种网络教育传播交流的平台，为受播者进行信息反馈提供便利。

第四，科学地收集和处理反馈信息，系统地运用统计学、数学、社会学的理论和方法，科学规划和设计调查的目标、方法、步骤，建立反馈信息库，将调查获得的信息和个体受众的反馈意见纳入信息库中，进行编辑整理、分类编号、统计汇总和分析解释，找出其中的内在联系，探究出受众需求的层次、类型和规律，作为调节后续传播的依据。

第五，正确对待不同类型的反馈，注意区分消极和积极的反馈。

(六)网络教育传播效果

教育传播的最终目的是要取得良好的效果，网络教育传播也不例外。在网络教育传播过程中，各种教育信息被受教育者快速接收、理解并转化为自己的知识，是网络教育传播取得效果的重要标志。网络教育传播虽然与大众传播、教育传播有所不同，但它的理论基础也是从大众教育传播发展而来的。

1. 网络教育传播效果的评价

(1)多维度评价网络教育传播效果

因为网络技术给教育传播所带来的传播者与受播者观念、行为的发展和变化，特别是质的变化，要求我们对网络教育传播效果从效能、效用、效率和效益等多个维度进行评价和描述，不能从单一维度来进行评价。

(2)多视角设计网络教育传播评价指标

网络教育传播作为技术、教育与传播高度结合的传播形式，在对其效果进行评价的时候，不能单一地考虑评价指标，而应该多视角收集与网络教育传播相关的信息。比如，可以从教育传播信息的呈示方式的变化、信息对话方式的变化、师生关系的变化、教学传播组织形式的变化、学生学习方式的变化、教师教学传播观念的变化等多个视角来设计网络教育传播的评价指标。

(3)多方面促进网络教育传播效果提升

通过对评价的主体、评价的功用等多方面的测定与分析,来促进网络教育传播效果的提升,真正做到以评价促发展。

2. 网络教育传播效果的优化

人类早期的教育是家庭乃至私塾式的教育,教育是面对面的,教育对象单一,容易实现个性化的教学,教学效果比较明显。文字印刷品的发明,教科书的出现,班级教育逐步形成,教学仍然是面对面的,但在因材施教方面比较欠缺,教学效果因教师的情况和学生的情况也有所不同。网络教育尽可能地为学生提供个性化的教学,但由于参与网络教育传播过程的因素很多,不同的因素对网络教育传播效果也有不同的影响。

(1)影响网络教育传播效果的因素

网络技术、媒体技术等传播技术在教育中的使用,丰富了网络教育传播的方式和内容,开辟了教育传播的空间,发展了传统的教育传播理论。参与网络传播环境中的每一个要素,都在一定程度上影响着网络教育传播的效果。20 世纪 80 年代,英国的伯斯瓦和他的同事提出影响网络教育传播效果的因素可以概括为软件的、硬件的和无形的等三方面。

软件因素包括网络教育中使用的各种教学平台、教学材料等,如教师与学生直接接触的教学平台、教师与学生直接进行交流的平台、维持网络通信的软件、各种网络课程和课件等。这些软件的稳定性、教学软件的组织、形式的选择以及表达手段等对网络教育传播效果都具有一定的影响。

硬件因素包括网络教育环境中使用的计算机、服务器的性能,网络的带宽以及通信卫星等本身的稳定性等。这些硬件的优化效果取决于在这些硬件上运行的软件的性能。

网络教育传播中的无形因素与人的因素紧密相关,包括软件制作者、教师以及学生当时的态度、心理、技能等。在网络的开放环境中,这些无形的因素对网络教育的传播效果也会起着决定性的作用。

(2)网络教育传播效果的优化

针对影响网络教育传播效果的各种因素,网络教育传播效果的优化主要可以从以下几个方面进行。

第一,网络教育传播环境是一个开放的学习环境,为避免教学中各种垃圾信息的干扰,教师和学生都要有明确的目标,将重要信息进行传播,从而优化网络教育传播的效果。

第二,在网络教育传播环境中,基本上所有的知识都包含在电子信息中,而对电子信息的设计和制作需要量体裁衣,依据课程的教学特点和学生的实际情况进行选择,提高学生使用信息的效率,从而提高网络教育传播效果。

第三,在网络教育传播环境中,绝大部分信息都依赖于网络进行传播,因此,从网络本身进行优化,缩短传受双方在信息交流中的时间延迟,尽可能实现同步的信息交流。

三、网络教育的传播模式

在网络教育传播环境中，传播者主要扮演教师的角色，受播者主要扮演学生的角色，传播者与受播者之间采用的传播模式大致有以下几种。

（一）基于网络的课堂讲授型教育传播模式

根据课堂讲授型教学的特点，基于网络的课堂讲授型教育传播模式如图 9-8 所示。

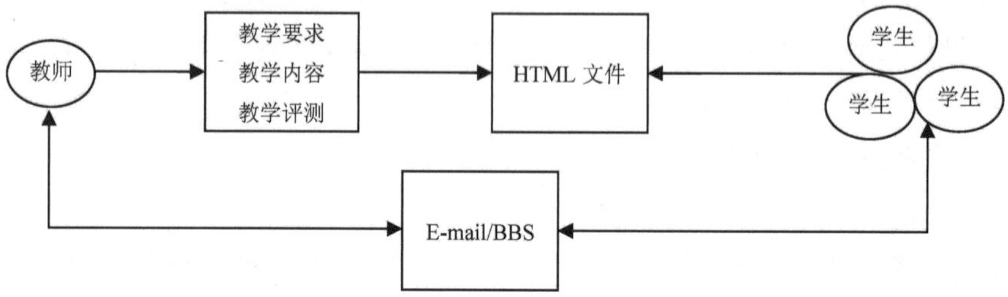

图 9-8　基于网络的课堂讲授型教育传播模式[①]

教师通过 Internet 对学生进行信息传播，教师和学生分布在不同的地方，相比面对面的教学而言，成本低，但信息真实性低，信息熵低。这是一种以单向传播信息为主或不完全的双向信息传输模式。

（二）基于网络的个别辅导型教育传播模式

个别辅导的学习模式是通过教师或教学软件对在自行建构知识意义过程中的学生进行引导的一种学习方式。根据网络上个别辅导教育的特点，基于网络的个别辅导型教育传播模式如图 9-9 所示。

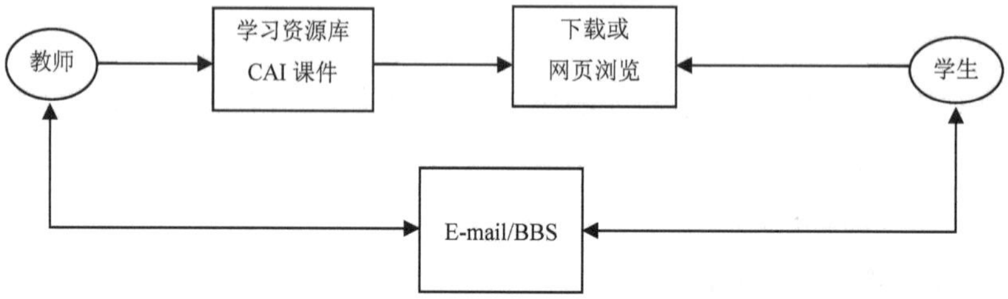

图 9-9　基于网络的个别辅导型教育传播模式[②]

教师通过提供 CAI 教学软件与学生进行信息交互或完全交由软件为学生打造一个学习环境，通过软件对学生实行个别辅导并记录学生的学习情况，信息的传播主要在教学软件和学生之间进行。相对于教师与学生面对面的教学而言，一方面，通过个别化辅导使教师对学生的指导效率更高，通过软件提供教学辅导可以大大节约教师的劳动力；另一方面，作为提供个别辅导的教学软件而言，缺乏师生面对面交流的信息传播的真实性，并且对教学软件的制作者要求较高。

---

① 南国农，李运林．教育传播学（第二版）[M]．北京：高等教育出版社，2005：45.

② 南国农，李运林．教育传播学（第二版）[M]．北京：高等教育出版社，2005：46.

(三)基于网络的协作学习型教育传播模式

协作学习是一种通过小组或团队的形式组织学生进行学习的一种策略。① 小组成员在教师的指导下采用对话、商讨、争论等形式对学习问题进行论证，通过参与问题讨论的过程获取知识。由此，基于网络的协作学习型教育传播模式如图 9-10 所示。

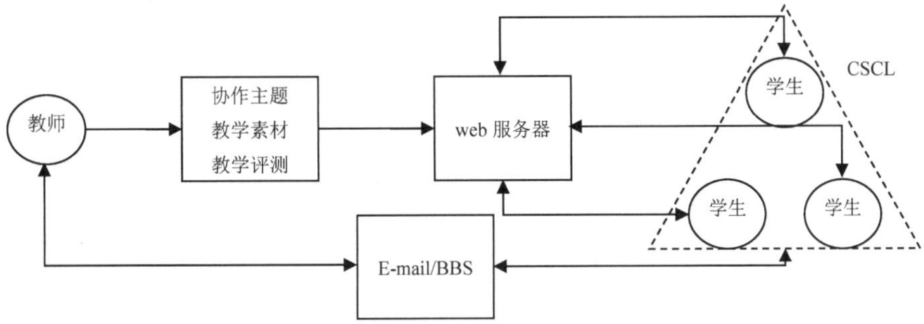

图 9-10 基于网络的协作学习型教育传播模式

教师通过协作学习平台为学生构建一个协作学习的环境，通过设置协作主题促进学生相互学习；教育信息通过多渠道传播，相比其他的教育传播模式而言，学生获取的信息更加全面。事实上，在网络教育中，教育传播已实现由人—人传播到人—机—人的复杂传播。

(四)基于网络的新媒体教育传播模式

1. 开放式课程(OCW：open course ware)

(1)开放式课程的发展

开放式课程始于 1999 年，德国的图宾根大学在网上上传了课程视频，开启了图宾根在线多媒体服务器(timms：tubinger internet multimedia server)工程。而开放式课程真正开始有影响力是在 2002 年，在麻省理工学院启动 MIT 开放式课程项目及卡耐基·梅隆大学启动开放式创新学习项目之后，这场运动很快又继续扩大范围，耶鲁大学、密歇根大学和加利福尼亚大学伯克利分校相继都开始启动了一系列类似的项目。联合国教科文组织 2002 年的峰会上，在讨论关于开放式课程对发展中国家的影响时首次提到了“开放式教育资源”这一术语，而麻省理工学院开放式课程的出现，被视为“开放式教育资源”运动的象征。2005 年，开放式课程正式从麻省理工学院脱离出来，成立了开放式课程联盟。不到一年的时间里，超过 100 家大学和其他组织加入了该联盟。

麻省理工学院将开放式课程带入中国，中国开放教育资源协会着手的翻译工作推进了开放式课程在中国的传播。最开始麻省理工学院的开放式课程在小规模人群中引起了大的反响，世界名校的课程可以在网络上观看，这对中国的学生来说还是第一次。但是由于课程大部分都使用英文，所以对学生的语言要求比较高。还有部分课程因为网络的原因大部分人无法观看，网友需要“翻墙”，或者自己寻找字幕进行学习。一段时间之后，VeryCD 变成了公开课下载的重要来源，有翻译团队翻译字幕并上传，供大家学习。

① 吴敬花，基于 MAS 的 CSCL 角色分配研究[D]. 重庆：西南师范大学，2005.

随后,官方和其他越来越多的翻译团体加入翻译公开课的阵营中,越来越多的美国知名高校的公开课被翻译为中文。

(2)开放式课程的特点

第一,它是高质量的,以课程的形式发布在网络上的电子教学材料,完全免费和公开;

第二,它是一种公开的课程资源并且可授权他人使用或改编,比如知识共享许可条款;

第三,一般来说不会给教员提供证书,或不会给学生和教师提供面对面交流的机会。

2. 大规模在线开放课程(MOOC:massive open online courses)

(1)大规模在线开放课程的发展

2007 年 8 月,大卫·怀利在犹他州立大学教授早期的大规模开放式网络课程 ,或称为大规模开放式网络课程原型,即开放给全球有兴趣学习的人来参与的研究生课程。在成为开放课程之前,这门课本来只有 5 个研究生选修,后来变成有 50 个来自 8 个国家的学生选修。

2011 年秋,大规模开放式网络课程有了重大突破:超过 160 000 人通过赛巴斯汀·索恩新成立的知识实验室(现称 Udacity)参与索恩和彼得·诺威格所开设的"人工智能导论"课程。

2012 年,美国的顶尖大学陆续设立网络学习平台,在网上提供免费课程,Coursera、Udacity、edX 三大课程提供商的兴起,给更多学生提供了系统学习的可能。

2013 年,香港科技大学、北京大学、清华大学、香港中文大学等相继提供网络课程。这意味着,更多国内高校的课堂将通过网络传播到世界各地。

2013 年 5 月,中国内地高校走出大规模在线开放课程的第一步,清华大学与北京大学把部分课程搬上 edX,复旦大学及上海交通大学也在同年 7 月与 Coursera 正式签约。2013 年 8 月底,Coursera 上首次出现来自台湾大学和香港中文大学的中文课程。

(2)大规模在线开放课程的特点

第一,工具资源多元化。大规模在线开放课程整合多种社交网络工具和多种形式的数字化资源,形成多元化的学习工具和丰富的课程资源。

第二,课程易于使用。大规模在线开放规模课程突破传统课程时间、空间的限制,世界各地的学习者依托互联网在家即可学到国内外著名高校的课程。

第三,课程受众面广。大规模在线开放课程突破传统课程人数的限制,能够满足大规模课程学习者的学习要求。

第四,课程参与自主性强。大规模在线开放课程具有较高的入学率,同时也具有较高的辍学率,这就需要学习者具有较强的自主学习能力才能按时完成课程学习内容。

3. 小规模限制性在线课程(SPOC: small private online course)

"小规模限制性在线课程"这个概念是由加利福尼亚大学伯克利分校的阿曼德·福克斯(Armando Fox)教授最早提出和使用的。"small"和"private"是相对于大规模在线开放课程中的"massive"和"open"而言的,"small"是指学生规模一般在几十人到几百人,"private"是指对学生设置限制性准入条件,达到要求的申请者才能被纳入小规模限制性在线课程。

(1)小规模限制性在线课程的发展

2013 年,阿曼德·福克斯教授提出了"小规模限制性在线课程"的概念,其教学团队采用小规模限制性在线课程模式，在 edX 平台开设“软件工程”课程。该课程的评价采用自动评分措施，学生首先提交作业，然后会得到详细的评分结果和比传统课程评价更及时、更有针对性的反馈信息。同年，哈佛大学依托 edx 平台开设“版权法”等多门小规模限制性在线课程。肯尼迪政治学院开设了“美国国家安全、战略和媒体面临的主要挑战”课程，该课程在给哈佛大学校园内的学生上课的同时，以小规模限制性在线课程的形式给 500 名在线学生上课，尝试线上与线下融合的混合学习。此外，圣何塞州立大学等与 edX 合作，进行“模拟电路”等课程的小规模限制性在线课程实验。杜克大学和范德比尔特大学等与 Cousera 平台合作，采用了不同形式的混合学习。斯坦福大学在 NovoEd 平台上提供小规模限制性在线课程课程。

国内，清华大学推出的“学堂在线”，进行了“C++程序设计”和“云计算与软件工程”两门小规模限制性在线课程的实验。2013 年，清华大学在针对小规模限制性在线课程的平台“智学苑”上，推出“大学物理”等课程，并与中国地质大学、西南交通大学等高校合作进行课程实践。

(2)小规模限制性在线课程的特点

第一，可以有针对性地教学。小规模限制性在线课程限制学习者的准入条件，学习者需求和特征更加明确，教学内容的针对性更强，更注重学习者的学习质量。一方面，为学习者设置一定的准入条件，有利于他们严肃认真地对待在线学习，引导其了解所要学习的课程和学习需求，规划学习安排；另一方面，教师则可以通过学习者上交的申请资料来了解学习者的起点知识，明确学习者的总体特征和个体特征，并针对学习者的学习特征选择合适的教学内容、学习方式和学习策略。此外，小规模限制性在线课程对学生数量的限制使教师可以更好地分配资源到审核通过的学习者身上，可以开展有针对性的教学。通过竞争环境的设置让学习者产生归属感、责任感和竞争的紧迫感，从而提高学习者对课程学习的重视程度，激发学习者的潜在学习动力，有效保证学习者的学习质量。

第二，教学方式更加灵活。与大规模在线开放课程以视频学习为主相比，小规模限制性在线课程的教师或者教师团队可以更加灵活地运用视频，并利用现有的资源和平台辅助课堂教学，教学方式比较灵活。教师可以采用混合教学的理念将大规模在线开放课程和传统教学结合起来，使教学形式更加丰富多样。相对于大规模在线开放课程而言，小规模限制性在线课程的专业性要求更高，教学过程更加严谨。在教学过程中，小规模限制性在线课程限制学习者的规模和入学条件，让学习者在知识水平上相对集中，对学习者进行具有针对性的教学设计，更多关注想要学习并愿意付出努力的学习者，有效利用教学资源，给予他们更多个性化的支持服务。

第三，教学评价机制完善。小规模限制性在线课程的评价要求更加严格，评价方式更加多样，评价机制更加完善。大规模在线开放课程主要采用紧密集成的社交网络、论坛等形式进行交互，而小规模限制性在线课程除使用此类交互方式外，还可以通过“面对面”的师生交互方式，在交互方式和交互深度等方面有所扩展。与大规模在线开放课程相比，采用小规模限制性在线课程教学的课堂将传统教学模式和在线教学模式的评价机制相结合，教师可以对学习者的作业、回答等给予详细的评价和反馈，有条件的课堂可采用传统考试的模式，提高考试的可信度。

第四，支持动力有所改善。小规模限制性在线课程的支持动力有所改善，通过多种渠道获得收益，保证可持续发展。除了高校教育机构和少数有政府支持两种推动力之外，它还可以有教师团队或者公司的推动。

(3)小规模限制性在线课程和大规模在线开放课程的对比

①概念比较。

小规模限制性在线课程和大规模在线开放课程在概念上的比较如表 9-1 所示。

表 9-1 大规模在线开放课程和小规模限制性在线课程概念比较

比较维度	大规模在线开放课程	小规模限制性在线课程
概念	学生规模大，数据量大 课程和资源向所有人开放 课程学习方式采用在线形式	学员数量有限制，一般几十到几百 面向少数达到标准条件的学生开设的在线课程
特点	规模大、开放性、交互广度大、深度低、在线教学模式	小规模、限制性、交互广度小、深度高、在线教学模式与传统教学模式相结合
功能	侧重于知识的传播与复制	侧重于知识的建构与创造
价值取向	解决教育资源分布不均的问题，缩小区域间的“数字鸿沟”	改变或重组学校教学流程，倡导学生不能只做知识的消费者，要成为知识的建构者、分享者和创造者

②教学设计比较。

小规模限制性在线课程和大规模在线开放课程在教学设计上的比较如表 9-2 所示。

表 9-2 大规模在线开放课程和小规模限制性在线课程在教学设计上的比较

比较视角	大规模在线开放课程	小规模限制性在线课程
学习者特征	人数多，身份多元化，起点水平差别大	人数相对较少，身份多元化，起点水平差别不大
教学目标	学习者共享知识，掌握学习内容	学习者共享知识，掌握知识，创造知识
教学模式	全过程都通过在线方式进行教学	以线上与线下相结合的混合式教学为主
学习环境	完全网络环境，依托大规模在线开放课程平台进行	在线与非在线相结合
教学策略	视频教学为主，讨论为辅，在线测试	翻转课堂
教学评价	在线评价方式，客观评价为主，评价较为片面	在线评价方式与传统评价方式相结合，评价较为全面

网络教育信息除了上述几种典型的传播模式以外，还存在着多种信息传播模式，并且在教学活动中，通常存在一种以上的教育信息传播模式。

四、网络教育传播实例

随着信息技术、多媒体技术和网络技术的发展，网络教育传播系统在教学中广泛存在。网络教育传播系统中随时随地想学就学的学习方式在很大程度上为学员节省了时间，适合工作繁忙、学习时间不固定的上班族。网络教育招生院校均为国内重点大学，设置专业均为就业前景良好的热门专业，注重实用性。

(一)网络教育学院的网络教育传播系统

20 世纪 90 年代中期,为全面提高全民文化素质,在教育部的带领下,我国建立了以高等学校作为依托的网络教育学院。网络教育学院的出现,发展了传统的函授教育和广播电视教育,将生动形象的课堂教学和丰富的教学资源随时随地展现给学习者。

为了迎接信息时代的挑战和落实科教兴国战略,北京大学利用现代信息技术,积极开展网络教育,于 1998 年初开始筹建现代远程教育,面向成人学习者提供优质的远程高等教育,并于 1999 年开始招生。2005 年 3 月,北京大学网络教育学院正式成立。北京大学现代远程教育本着为社会、为学生服务的宗旨,致力于教学质量的保证和提高,坚持发展北京大学优势专业的特色,充分利用北京大学雄厚的师资力量和丰富的教学资源开展远程教育。该校的网络教育传播系统具有如下特点。

1. 教育传播活动超越教学时间和空间的限制

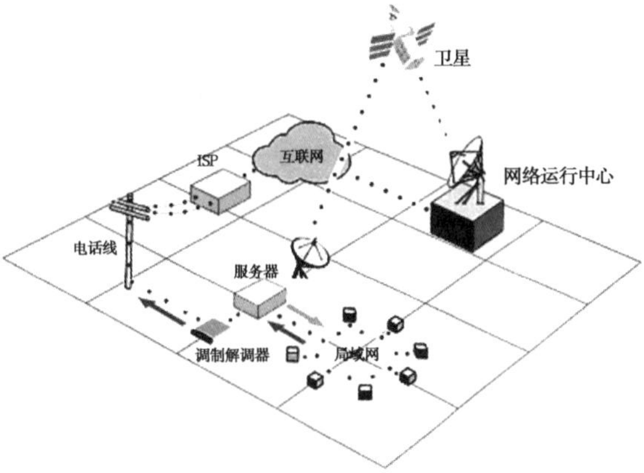

图 9-11　网络教育传播系统的网络结构

在上述的网络结构中,教师和学生在任何时间、任何地点登录图 9-12 中的网络教育平台,教育传播活动都能发生。

图 9-12　北京大学网络教育传播系统学习平台①

① 北京大学网络教育学院,http://www.pkudl.cn/。

2. 提供针对性的教学环境

教师和学生通过该平台进行教育传播活动，需要预先注册。通过注册等形式，提供有针对性的教学环境，从而净化网络教育传播环境，提高学习者的学习效率。

3. 基于网络的教育传播活动形式多样

教师注册后，可进行课程的部署，通过直播课堂、网络课件、同步或异步交流与学生进行网络教育传播活动。同时，可以进行线上答疑、课件点播等，为学生答疑解惑。其使用平台的界面如图 9-13 所示。

图 9-13　北京大学网络教育传播教师平台①

学生注册后，则根据学习需要点击直播课堂、网络课件进行单向的信息接收，是网络教育传播的受播者，也可以通过同步或异步的交流工具完成教育传播的反馈工作。其使用平台的界面如图 9-14 所示。

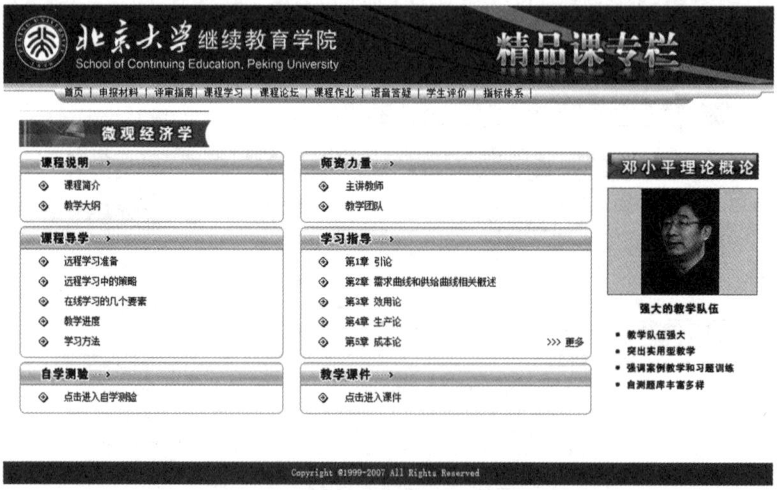

图 9-14　北京大学网络教育传播学生平台②

---

① 北京大学网络教育学院，http://www.pkudl.cn/。

② 北京大学网络教育学院，http://www.pkudl.cn/。

(二)K12 网络教育传播系统

K12 网络教育传播系统是一种致力于为中国中小学教育教学服务的专业门户网站，它以资源库为核心，涵盖了中小学教育教学的各个方面，内容包括教学用资源、教案、试题、素材、软件、论文等，如图 9-15 所示。

图 9-15　K12 网络教育传播平台①

在该教育传播系统中，传播者登录系统后，将教学资源存放在教学资源库中，以广播的形式实现资源共享；受播者登录系统后，可以根据自己的需要选择学习资源，通过系统提供的交流工具实现教育传播的反馈。教师和学生都可能是教育传播系统的传播者，同时也是教育传播系统的受播者。

(三)MOOC 网络教育传播系统

MOOC 网络教育传播系统不再局限于单纯的开展网络教育，而是提倡将网络教育与线下教育相结合，在平台中开发了大量用于课堂教学的工具，如图 9-16 所示。

图 9-16　MOOC 网络教育平台②

① K12 教学资源公共网，http://www.k12.com.cn/。

② MOOC 网络教育平台，https://www.icourse163.org/。

进入网站后，学生可以根据自身的需求，选择要学习的课程，如图 9-17 所示

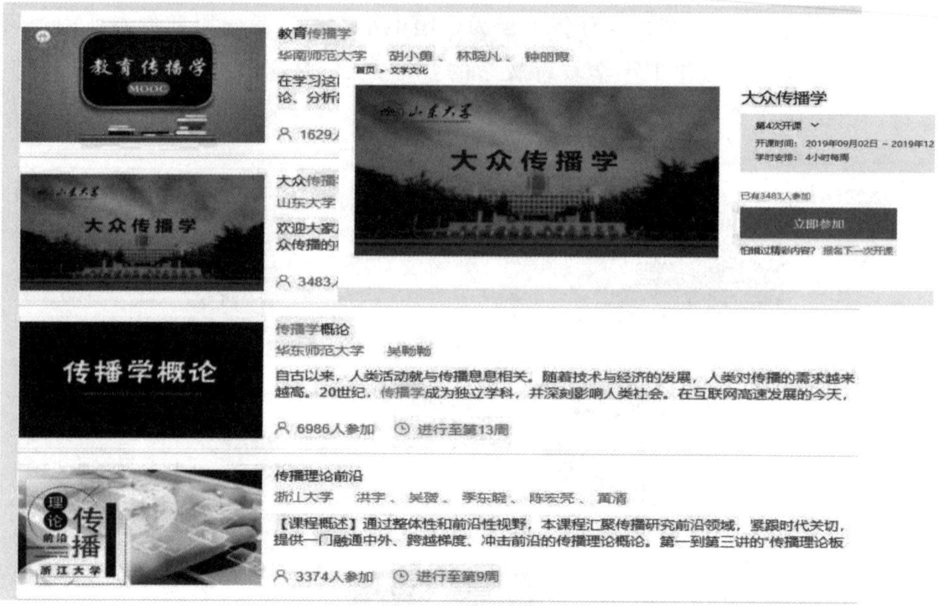

9-17　MOOC 网络教育平台课程选择①

学生可以看到课程的计划、内容以及取得成绩证书的要求，如图 9-18 所示。

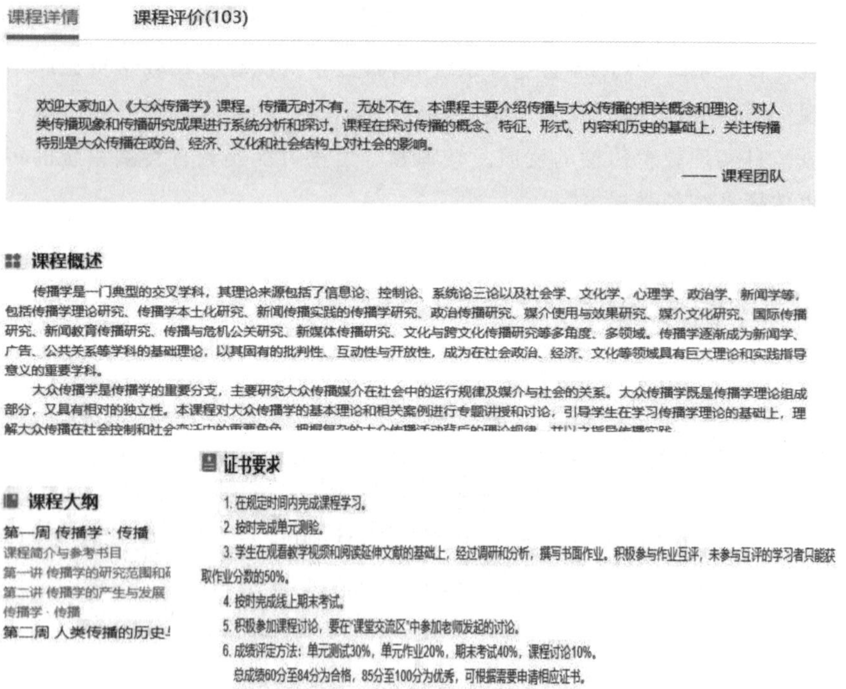

9-18　MOOC 网络教育平台课程选择②

① MOOC 网络教育平台，https://www.icourse163.org/。

② MOOC 网络教育平台，https://www.icourse163.org/。

MOOC网络教育平台的应用成功地实现了较高层次的知识交换，它和小规模限制性在线课程的结合，可以最大化实现网络教育和线下教育的优势，让学习者共享各类“金课”资源，其线上课程可以在任何地方、用任何设备进行学习。

［学习思考题］

1. 阐述网络教育、网络传播以及网络教育传播的基本概念、特点。
2. 阐述网络教育传播系统中的各要素的功能及相互关系。

主要参考文献

[1]陈龙. 大众传播学导论[M]. 苏州：苏州大学出版社,2006.

[2]程智. 网络教育基础[M]. 北京：人民邮电出版社,2002.

[3]崔保国. 信息社会的理论与模式[M]. 北京：高等教育出版社,1999.

[4]方兰生. 传播原理[M]. 台北：三民书局，1984.

[5]冯云廷等. 企业形象:战略、设计与传播[M]. 大连：东北财经大学出版社，1997.

[6]傅德荣,章慧敏. 教育信息处理[M]. 北京：北京师范大学出版社,2001.

[7]高蕴琦等. 教育传播学[M]. 上海:上海教育出版社,1992.

[8]郭庆光. 传播学教程[M]. 北京：中国人民大学出版社,1999.

[9]郭友. 新课程下的教师教学技能与培训[M]. 北京：首都师范大学出版社,2004.

[10]何克抗,郑永柏,谢幼如. 教学系统设计[M]. 北京：北京师范大学出版社,2002.

[11]胡正荣. 传播学总论[M]. 北京：北京广播学院出版社,1997.

[12]金振坤. 远程教育传播学基础[M]. 北京：中央广播电视大学出版社,2003.

[13]雷跃捷,辛欣. 网络新闻传播概论[M]. 北京:北京广播学院出版社,2001.

[14]李秉德. 教学论[M]. 北京：人民教育出版社,1991.

[15]李克东,谢幼如. 多媒体组合教学设计[M]. 北京：科学出版社,1992.

[16]李幼蒸. 理论符号学导论[M]. 北京:中国社会科学出版社,1993.

[17]李正良. 传播学原理[M]. 北京:中国传媒大学出版社,2007.

[18]路春艳,张洪忠. 大众传播学教程[M]. 北京:北京师范大学出版社,2007.

[19]马学元，吴满意. 大众传播学原理和应用(修订本)[M]. 成都:电子科技大学出版社,1999.

[20]南国农，李运林. 教育传播学[M]. 北京:高等教育出版社，1995.

[21]南国农,李运林. 教育传播学(第二版)[M]. 北京:高等教育出版社,2005.

[22]潘云泽,侯友谊,胡春燕. 现代传播技术[M]. 北京:科学出版社,2004.

[23]皮连生. 教学设计——心理学的理论与技术[M]. 北京:高等教育出版社,2000.

[24]邵培仁. 传播学[M]. 北京:高等教育出版社,2000.

[25]许雄等. 当代课堂教学传播[M]. 武汉:武汉测绘科技大学出版社,1991.

[26]杨宗凯，吴砥,刘清堂. 网络教育标准与技术[M]. 北京:清华大学出版社,2003.

[27]张海鹰,滕谦.网络传播概论[M].上海:复旦大学出版社,2001.

[28]张剑平.现代教育技术——理论与应用[M].北京:高等教育出版社,2003.

[29]中华人民共和国国家教育委员会电化教育司.教学媒体与教学设计[M].北京:高等教育出版社,1990.

[30]章伟民.教学设计基础[M].北京:电子工业出版社,1998.

[31]祝智庭,瞿堃.多媒体CAI课件设计与制作基础[M].北京:电子工业出版社,1998.

[32]祝智庭.现代教育技术——走进信息化教育[M].北京:高等教育出版社,2001.

[33]佐斌.师生互动论——课堂师生互动的心理学研究[M].武汉:华中师范大学出版社,2002.

[34][美]戴维·阿什德.传播生态学——文化的控制范式[M].邵志择,译.北京:华夏出版社,2003.

[35][美]丹尼尔·贝尔.后工业社会的来临——对社会预测的一项探索[M].高铦,王宏周,魏章玲,译.北京:商务印书馆,1984.

[36][东德]G.克劳斯.从哲学看控制论[M].梁志学,译.北京:中国社会科学出版社,1981.

[37][美]嘉格伦.网络教育——21世纪的教育革命[M].万小器,程文浩,译.北京:高等教育出版社,2000.

[38][英]罗素.人类的知识——其范围与限度[M].张金言,译.北京:商务印书馆,1983.

[39][美]拉里·A.萨姆瓦,理查德·E.波特,雷米·C.简恩.跨文化传通[M].陈南,龚光明,译.北京:生活·读书·新知三联书店,1988.

[40][美]斯蒂文·小约翰.传播理论[M].陈德民,叶晓辉,译.北京:中国社会科学出版社,1999.

[41][美]威弗尔.通讯的数学理论的新发展[M]//庞元正,李建华.系统论 控制论 信息论经典文献选编.北京:求实出版社,1989.

[42][美]威尔伯·施拉姆,威廉·波特.传播学概论[M].陈亮,周立方,李启,译.北京:新华出版社,1984.

[43][美]沃纳·赛佛林,小詹姆斯·坦卡德.传播理论:起源、方法与应用(第四版)[M].郭镇之,等译.北京:华夏出版社,2000.

[44][美]斯蒂芬·李特约翰,凯伦·福斯.人类传播理论(第九版)[M].史安斌,译.北京:清华大学出版社,2009.

[45]王继新,张屹.远程教育原理与技术[M].北京:北京大学出版社,2008.

[46]魏奇,钟志贤.教育传播学[M].南昌:江西教育出版社,1992.

[47]《信息技术词典》编写组.信息技术词典[M].北京:化学工业出版社,2005.

[48][英]Webster F.信息社会理论[M].冯建三译.台北:远流出版公司,1999.

[49]Bell D. (1976). The *Cultural Contradictions of Capitalism*. New York：Basic Books.

[50]Deutsch，K. (1952). On Communication Models in the Social Sciences. Public Opinion Quarterly 16.

[51]F. Percival, H. Elligton and P. Race(1984). *Handbook of Education Technology*. London：Kogan Page.

[52]Frank E. X. Dance(1970). The Concept of Communication. Journal of Communication 20.

[53]Melody, W. H. (1990). Communications Policy in the Global Information Economy, in Ferguson (ed.). Public Communication：The New Imperatives.

[54]Meyrowitz, J. (1985). *No Sense of Place*. New York：Oxford University Press.

[55]Porat，M. (1977). *The Information Economy：Definitions and Measurement*. Washington DC：Department of Commerce.

[56]Randall Harrison(1974). *Beyond Words：An Introduction to Nonverbal Communication*. Prentice-Hall.

[57]Theodore Clevenger，Jr. (1991). Can One Not Communicate? A Conflict of Models. Communication Studies 42.

[58]尹辉. 当代大众传播视域下的我国意识形态安全研究[D]. 兰州：兰州大学，2015.

[59]任艳妮. 大众传媒环境下大学生思想政治教育传播有效性研究[D]. 西安：西北工业大学，2015.

[60]石英，孙多金. 略论教学环境[J]. 甘肃社会科学，1998(3).

[61]汪基德. 论教育传播模式的构建与分类[J]. 河南大学学报(社会科学版)，2007(1).

[62]张九洲. 课堂教学的传播要素探析[J]. 哈尔滨学院学报，2003(12).

[63]盖永传. 教育传播过程中的干扰[J]. 中国电化教育. 1996(2).

[64]亢晓梅. 师生课堂互动行为类型理论比较研究[J]. 比较教育研究，2001(4).

[65]李为民. 现代传播理论在课堂教学中的运用[J]. 内蒙古财经学院学报，2003(4).

[66]刘晖. 教育传播过程中的互动特征初探[J]. 教育评论，1993(4).

[67]刘世清，刘珍芳，王冬. 论现代教学媒体的本质、发展规律与应用规律[J]. 电化教育研究，2005(8).

[68]楼广赤. 抓住教学传播基本要素 搞好课堂教学优化设计[J]. 电化教育研究，1996(3).

[69]王文君. 教育传播涵义及教育传播学研究范畴分析[J]. 电化教育研究，2006(8).

[70]文喆. 学习方式、传播方式与课堂教学改革[J]. 人民教育，2000(12).

[71]谢利民. 现代课堂教学的理念：知识的传播与生成[J]. 教育科学研究，2002(7).

[72]杨改学. 三种传播理论与现代远程教育[J]. 现代远程教育研究，2003(4).